全国高职高专教育土建类专业教学指导委员会规划推荐教材

管 理 原 理

(建筑工程管理与建筑管理类专业适用)

本教材编审委员会组织编写

徐永泽　主编

吴　泽　主审

中国建筑工业出版社

图书在版编目(CIP)数据

管理原理/徐永泽主编.—北京:中国建筑工业出版社,2005
全国高职高专教育土建类专业教学指导委员会规划推荐教材.建筑工程管理与建筑管理类专业适用
ISBN 978-7-112-07576-8

Ⅰ.管… Ⅱ.徐… Ⅲ.管理学—高等学校:技术学校—教材 Ⅳ.C93

中国版本图书馆 CIP 数据核字(2005)第 077952 号

全国高职高专教育土建类专业教学指导委员会规划推荐教材

管 理 原 理

(建筑工程管理与建筑管理类专业适用)

本教材编审委员会组织编写

徐永泽 主编

吴 泽 主审

*

中国建筑工业出版社出版、发行(北京西郊百万庄)
各地新华书店、建筑书店经销
化学工业出版社印刷厂印刷

*

开本:787×1092 毫米 1/16 印张:10½ 字数:254 千字
2005 年 8 月第一版 2013 年 11 月第七次印刷
定价:**18.00** 元
ISBN 978-7-112-07576-8
(20874)

版权所有 翻印必究
如有印装质量问题,可寄本社退换
(邮政编码 100037)

本书是根据全国高职高专教育土建类专业教学指导委员会工程管理类专业指导分委员会制定的建筑工程管理专业培养目标和培养方案及主干课程教学基本要求编写的。

本书以管理过程为主线系统介绍了计划原理、组织原理、人力资源管理、领导行为与理论、激励原理与理论、人力沟通技能、管理控制原理等管理知识，并介绍了管理发展历史与管理理论发展趋势和创新趋势。

本书可用作为高职院校建筑工程管理(项目管理)、资产评估与管理、物业管理、工程造价专业及相关专业的教材，也可作为一般管理人员的学习参考书。

* * *

责任编辑：张　晶　王　跃
责任设计：崔兰萍
责任校对：刘　梅　李志瑛

本教材编审委员会名单

主　任：吴　泽

副主任：陈锡宝　范文昭　张怡朋

秘　书：袁建新

委　员：（按姓氏笔画排序）

马　江　王林生　甘太仕　刘建军　刘　宇

汤万龙　汤　斌　陈锡宝　陈茂明　陈海英

李永光　李渠建　李玉宝　张怡朋　张国华

吴　泽　范文昭　周志强　胡六星　郝志群

倪　荣　袁建新　徐佳芳　徐永泽　徐　田

夏清东　黄志洁　温小明　藤永健

序　言

全国高职高专教育土建类专业教学指导委员会工程管理类专业指导分委员会(原名高等学校土建学科教学指导委员会高等职业教育专业委员会管理类专业指导小组)是建设部受教育部委托,由建设部聘任和管理的专家机构。其主要工作任务是,研究如何适应建设事业发展的需要设置高等职业教育专业,明确建设类高等职业教育人才的培养标准和规格,构建理论与实践紧密结合的教学内容体系,构筑"校企合作、产学结合"的人才培养模式,为我国建设事业的健康发展提供智力支持。

在建设部人事教育司和全国高职高专教育土建类专业教学指导委员会的领导下,2002年以来,全国高职高专教育土建类专业教学指导委员会工程管理类专业指导分委员会的工作取得了多项成果,编制了工程管理类高职高专教育指导性专业目录;在重点专业的专业定位、人才培养方案、教学内容体系、主干课程内容等方面取得了共识;制定了"工程造价"、"建筑工程管理"、"建筑经济管理"、"物业管理"等专业的教育标准、人才培养方案、主干课程教学大纲;制定了教材编审原则;启动了建设类高等职业教育建筑管理类专业人才培养模式的研究工作。

全国高职高专教育土建类专业教学指导委员会工程管理类专业指导分委员会指导的专业有工程造价、建筑工程管理、建筑经济管理、房地产经营与估价、物业管理及物业设施管理等6个专业。为了满足上述专业的教学需要,我们在调查研究的基础上制定了这些专业的教育标准和培养方案,根据培养方案认真组织了教学与实践经验较丰富的教授和专家编制了主干课程的教学大纲,然后根据教学大纲编审了本套教材。

本套教材是在高等职业教育有关改革精神指导下,以社会需求为导向,以培养实用为主、技能为本的应用型人才为出发点,根据目前各专业毕业生的岗位走向、生源状况等实际情况,由理论知识扎实、实践能力强的双师型教师和专家编写的。因此,本套教材体现了高等职业教育适应性、实用性强的特点,具有内容新、通俗易懂、紧密结合工程实践和工程管理实际、符合高职学生学习规律的特色。我们希望通过这套教材的使用,进一步提高教学质量,更好地为社会培养具有解决工作中实际问题的有用人材打下基础。也为今后推出更多更好的具有高职教育特色的教材探索一条新的路子,使我国的高职教育办的更加规范和有效。

全国高职高专教育土建类专业教学指导委员会
工程管理类专业指导分委员会
2004年12月

前　言

本书是根据全国高职高专教育土建类专业教学指导委员会工程管理类专业指导分委员会制定的建筑工程管理专业培养目标和培养方案及主干课程教学基本要求编写的。

管理原理作为建筑工程管理专业的专业基础课程，是一门着重研究管理过程普遍规律、基本原理和一般方法的课程，也是一门实践性很强的课程。在编写过程中，力求做到语言精练，通俗易懂，采众家之长，结合案例分析，注重培养学生用原理分析和解决实际管理问题的能力，力求在内容和选材上体现学以致用，理论联系实际。

本教材共九章，由新疆建设职业技术学院徐永泽担任主编，四川建筑职业技术学院吴泽担任主审。其中第一、五、九章由新疆建设职业技术学院徐永泽编写，第二、三章由内蒙古建筑职业技术学院于珊编写，第四、六章由新疆建设职业技术学院谭兵编写，第七、八章由新疆建设职业技术学院周新平编写。

由于编者学识水平有限，书中难免存在错漏与不足之处，敬请有关专家和广大读者批评指正。

目 录

第一章 管理学导论 ………………………………………………………… 1
  第一节 管理的概念 ………………………………………………… 1
  第二节 管理的演进 ………………………………………………… 4
  思考题 …………………………………………………………… 18

第二章 计划 ………………………………………………………………… 20
  第一节 计划的基础 ………………………………………………… 20
  第二节 战略管理 …………………………………………………… 30
  第三节 目标管理 …………………………………………………… 44
  第四节 计划的工具和技术 ………………………………………… 47
  思考题 …………………………………………………………… 58

第三章 组织 ………………………………………………………………… 61
  第一节 组织的基础 ………………………………………………… 61
  第二节 组织设计 …………………………………………………… 66
  思考题 …………………………………………………………… 78

第四章 人力资源管理 ……………………………………………………… 80
  第一节 人力资源计划 ……………………………………………… 80
  第二节 员工的招聘 ………………………………………………… 83
  第三节 人员的培训 ………………………………………………… 90
  第四节 绩效评估 …………………………………………………… 93
  第五节 职业计划与发展 …………………………………………… 96
  思考题 …………………………………………………………… 99

第五章 领导 ………………………………………………………………… 100
  第一节 行为基础 …………………………………………………… 100
  第二节 领导的含义 ………………………………………………… 101
  第三节 领导理论 …………………………………………………… 104
  思考题 …………………………………………………………… 107

第六章 激励 ………………………………………………………………… 108
  第一节 激励的原理 ………………………………………………… 108
  第二节 早期的激励理论 …………………………………………… 110
  第三节 当代激励理论 ……………………………………………… 113
  第四节 激励在管理中的运用 ……………………………………… 114
  思考题 …………………………………………………………… 119

第七章 人际沟通 … 120
第一节 沟通概述 … 120
第二节 个人行为因素和沟通方式 … 122
第三节 组织沟通的类型 … 124
第四节 组织沟通的障碍及其改善方法 … 127
第五节 沟通的原则与方法 … 129
第六节 常用的沟通技能 … 131
思考题 … 135

第八章 控制 … 136
第一节 控制概述 … 136
第二节 控制的基本类型 … 137
第三节 有效控制的特征 … 141
第四节 控制技术和方法 … 144
思考题 … 148

第九章 管理理论发展展望 … 150
第一节 管理理论发展趋势 … 150
第二节 "老三论"与"新三论" … 151
第三节 管理创新 … 153
思考题 … 157

结束语 … 158
参考文献 … 159

第一章 管理学导论

学习目的与要求
1. 了解管理的发展过程；
2. 熟悉管理工作的普遍性；
3. 理解管理的定义；
4. 掌握管理的职能和原则；
5. 了解管理学的学习方法和意义。

第一节 管理的概念

一、管理的普遍性

在现实社会中，人们都是生活在各种不同组织之中的，组织机构形形色色，如工厂、学校、同学会、音乐团体、医院、军队、公司等等。人们依赖组织达到自己的目的，满足自己的需要，组织是人类存在和活动的基本形式。没有组织，仅凭个体的力量，无法征服自然，也不可能有所成就；没有组织，也就没有人类社会今天的发展与繁荣。组织是人类征服自然的力量的源泉，是人类获得一切成就的主要因素。

每一个组织都有其各自的特点，有的严密，有的松散。但不管组织方式如何，一般都有以下几个共同点：都有一定的目标，否则没有存在的理由或价值；都有一些方案或方法来实现目标，否则不会有效率；都有管理人员以协助实现目标，否则就如轮船没有舵手，漂泊没有定向。有了管理，组织才能进行正常有效的活动，管理是保证组织有效地运行所必不可少的条件。有组织，就有管理，即使一个小的家庭也需要管理。作为管理者，不论身在何处其所从事的基本工作内容都是一样的，无论何种类型的组织，管理者的工作都具有共同性，他们都要作决策、设立目标、建立有效的组织结构、雇佣和激励员工、从法律上保障组织的生存，以及获得内部的支持以实现计划。管理是现实世界普遍存在的活动。

二、管理的重要性

随着人类的进步和组织的发展，管理所起的作用越来越大。管理的重要性主要表现在以下两个方面：

1. 管理使组织发挥正常功能

管理，是一切组织正常发挥作用的前提，任何一个有组织的集体活动，不论其性质如何，都只有在管理者对它加以管理的条件下，才能按照所要求的方向进行。

组织是由各种要素组成的，包括人、财、物、时间、制度、环境等，组织的要素互相作用产生组织的整体功能。然而，要素的作用依赖于管理，只有通过管理，使之有机地结合在一起，组织才能正常地运行与活动。一个单独的提琴手是自己指挥自己，一个乐队就需要一个乐队指挥，没有指挥,就没有乐队。在乐队里,一个不准确的音调会破坏整个乐队的和谐,影响整个演奏的效果。同样,在一个组织中,没有管理,就无法彼此协作工作,就无法达到既定的目的,甚至连这个组织的存在都是不可能的。组织的存在与发展主要取决于组织的管理水平。

组织的规模越大、劳动分工越精细、协作越复杂,管理就越重要。现代化大工业生产,不仅生产技术复杂,而且分工协作严密,专业化水平和社会化程度都很高,社会联系更加广泛复杂,需要的管理水平和效率就更高。

总而言之,生产社会化程度越高,劳动分工和协作越细,就越要有严密的科学的管理。组织系统越庞大,管理问题也就越复杂,庞大的现代化生产系统要求有相当高的管理水平,否则就无法正常运转。

2．管理实现组织目标

现实生活中,常常可以看到这种情况,有的亏损企业仅仅由于换了一个精明强干、善于管理的厂长,很快扭亏为盈;有些企业尽管拥有较为先进的设备和技术,却没有发挥其应有的作用;而有些企业尽管物质技术条件较差,却能够凭借科学的管理,充分发挥其潜力,反而能更胜一筹,从而在激烈的社会竞争中取得优势。

通过有效的管理,可以放大组织系统的整体功能,使组织系统的整体功能大于组织因素各自功能的简单相加之和。在相同的物质条件和技术条件下,由于管理水平的不同而产生的效益、效率或速度的差别,就是管理重要性的外在表现。

有效的管理,在于寻求人员、物资、资金、环境、政策等要素的最佳组合,使人尽其才,物尽其用,例如,对于人员来说,每个人都具有一定的能力,但却有很大的弹性。如能积极开发人力资源,采取有效管理措施,使每个人聪明才智得到充分地发挥,就会产生一种巨大的力量,从而有助于实现组织的目标。

三、学习管理原理的必要性

管理学作为一门系统的研究管理活动的基本规律和一般方法的科学,不仅运用于工商企业,也用于医院、学校、军队、机关以及科研单位的管理,是一门应用性学科。当你从学校毕业开始你的事业生涯时,不是管理别人就是被别人管理。对于那些选择管理生涯的人来说,理解管理过程是培养管理技能的基础。只要你为了生活不得不工作,那么几乎总得在某个组织中工作,或者你是管理者,或者你为管理者而工作。如果打算做个管理者,通过学习管理,可以获得管理的基础知识,将有助于成为有效的管理者。没有科学知识的医生就成了巫医,而有了科学知识他们可能成为精明的外科医生。主管人员没有理论,没有以理论构成的知识,管理就必然是靠运气、靠直观、靠过去的经验;而有了系统化的知识,就可能对管理上的问题设想出可行的、正确的解决办法。对于那些不打算从事管理的人来说,学习管理学能使他们领悟其上司的行为和组织的内部运作方式。

四、管理的概念、任务、内容

1．管理的概念

管理是在一定的环境下,管理人员通过计划、组织、领导与控制组织内的资源以实现组织目的的活动。这个概念说明:第一,管理具有目的性;第二,管理的主体是管理者;第三,管理的核心是组织内人员的关系和行为;第四,管理的职能是计划、组织、人力资源配备、领导与控制。

2．管理的任务

管理人员的任务是设计和维护一种环境,使身处期间的人们能在组织内一道工作,以求有效地完成组织的目标。

3. 管理学的内容

管理学的知识体系围绕"管理是什么"和"如何进行管理"而展开。如管理过程学派重点研究"管理是什么"的问题,而经验主义学派重点研究"如何进行管理"的问题。

在这两个问题中,"管理是什么"属于认识论的问题,"如何进行管理"属于方法论的问题。认识论是基础,方法论是目的。对于这两个问题,首先研究管理学的认识论即"管理学是什么"的问题,在此基础上,再解决管理的方法论的问题。在不了解管理的概念、本质和特征的情况下,研究管理方法是舍本求末,是无法达到学习管理学的目的的。

"管理是什么"主要涉及管理的内容和原理等。管理的内容包括管理的概念、管理的本质、管理职能以及管理行为的性质、特征等。

"如何进行管理"主要涉及管理的方法,如任务管理方法、人本管理方法、目标管理方法、系统管理方法等。

管理学的研究内容可以归为以下几个方面,即管理的职能、管理原理、管理方法等。

管理的职能。研究管理的概念、行为、职能、本质、性质和特征等,其中管理的各种行为和职能既体现管理的基本任务,又反映了管理的全过程,管理的原理和理论都要通过职能才能发挥作用。

管理原理与理论。管理原理与理论组成了一门科学的组织结构。管理原理是在总结大量管理活动经验的基础上,经过高度综合和概括而得出的具有普遍性、规律性的结论。管理原理不是一时一地的局部经验,而是被大量的管理实践所证明的行之有效的科学真理。管理原理必须反映"管理是什么"、"如何进行管理"这两个根本问题;原理是带有普遍性的、最基本的、可以作为其他规律的基础的规律,是具有普遍意义的道理;原理是基本的真理,或在一定时间内是人们所相信的真理,它寻求这门学科的共性和最一般规律。理论是把一些相互有关系的原理和知识有系统地结合在一起,使之成为一个体系。分散的数据资料如果说明不了数据间的联系,则不是有用的资料。如果有了理论知识,就能把它们联结在一起,并理解它们的含义。

管理方法。组织运用有限的人力、物力和财力取得最佳经济效益和社会效益,是靠管理方法来实现的。管理目标的顺利达到,也是正确运用各种有效的管理方法的结果。作为一种艺术,对管理方法的探求和应用是没有止境的,兵无常势,水无常形,对管理方法的研究是现代管理学中最引人注目的领域。

除此之外,管理学的研究还包括管理学的历史,研究管理的产生,管理思想的出现和管理理论的沿革,通过历史可以更好的研究管理学,知古鉴今。

五、管理的性质、职能、原则

1. 管理的性质

由上述管理的重要性内容可知管理既有同生产力、社会化大生产相联系的自然属性,又有同生产关系、社会制度相联系的社会属性。

管理是组织目标实现的必要条件,但它只能在一定的社会历史条件下和一定的社会关系中进行。社会属性是管理的内容,自然属性是管理的形式。

2. 管理的职能

管理职能,是管理过程中各项行为的内容的概括,是人们对管理工作一般过程和基本内容所作的理论概括。一般是根据管理过程的内在逻辑,划分为几个相对独立的部分。划分管理的职能,并不意味着这些管理职能是互不相关的。划分管理职能,其意义在于:管理职能把管理过程划分为几个相对独立的部分,能更清楚地描述管理活动的整个过程,有助于实现管理活动的专业化,使管理者可以运用职能观点去建立或改革组织机构,根据管理职能确定组织内部的职责和权力以及它们的内部结构。

本书按管理过程学派的内容展开,认为一般管理活动都包括下述五项职能:第一是计划,所谓计划是指管理人员预先考虑其行动,制定策略、方案、程序及目标;第二是组织,管理人员建立适当的机构,集合资源以达到预定目标;第三是人力资源配备,管理人员给每一个职位找寻一个适当的人,由于计划、目标、离职、新职位的设置等,需要不时补充空缺,因此这是一个持续性的工作;第四是领导,是指管理人员指挥与影响下属的活动,管理人员不能单独行动,必须有下属来协助其完成工作,管理人员不仅仅是发号施令,必须建立适合的环境使下属愉快地工作以达到预定的目标;第五是控制,是指管理人员试图确保组织正在向目标迈进,如果发生问题,必须找出原因,加以解决。

3. 管理的原则

原则一般指说话或行事所依据的法则或标准,原则不是普遍存在的规律,而是在某些特定条件下处理问题的准则。管理学既然是一门科学就一定有原则可遵守,如权责对等、统一命令、秩序和纪律、随机制宜(权变)、弹性、创新等。原则也具有一定的灵活性,可以为适应实际需要而变化,问题在于懂得使用它。这是一门很难掌握的艺术,它要求智慧、经验、判断和注意尺度。

管理原则可以有很多,并无限度。所有的加强社会组织或便利其发挥作用的管理规章和程序都属于原则,至少只要经验证明其够得上这个评价时,它就属于原则。事物状态的变化可以引起规章的变化,因为后者是由前者决定的。这些原则将在有关章节中阐述。

第二节 管理的演进

一、管理发展的阶段划分

管理实践活动源远流长,有数千年的历史,中国的长城和埃及的金字塔表明,几千年前,人类就能够完成规模浩大的、由成千上万人参加的大型工程。其计划、组织和控制技术的高超至今令人赞叹。但从管理实践到形成一套比较完整的理论,则是一段漫长的历史发展过程。回顾管理学的形成与发展,了解管理先驱对管理理论和实践所作的贡献,以及管理活动的演变和历史,对学习管理学是必要的。

一般来说,管理学形成之前可分成两个阶段:早期管理实践与管理思想阶段(从有了人类集体劳动开始到18世纪)和管理理论产生的萌芽阶段(从18世纪到19世纪末)。

早期的一些著名的管理实践和管理思想大都散见于埃及、中国、希腊、罗马和意大利等国的史籍和许多宗教文献之中。但只是在过去的几百年中,尤其是在19世纪,管理才被系统研究,管理学开始逐步形成。这个时期的代表人物有亚当·斯密(1723~1790)。亚当·斯密在他的代表作《国富论》中提出了分工理论。

管理学形成后又分为三个阶段:古典管理理论阶段(20世纪初到20世纪30年代行为科学学派出现前)、现代管理理论阶段(20世纪30年代到20世纪80年代,主要指行为科学学派及管理理论丛林阶段)和当代管理理论阶段(20世纪80年代至今)。

古典管理理论阶段是管理理论最初形成阶段。在这一阶段,侧重于从管理职能、组织方式等方面研究企业的效率问题,对人的心理因素考虑很少或根本不去考虑。代表人物有科学管理之父泰勒(1856～1915)、管理过程理论之父法约尔(1841～1925)以及组织理论之父马克斯·韦伯(1864～1920)。

现代管理理论阶段主要指行为科学学派及管理理论丛林阶段。行为科学学派主要研究个体行为、团体行为与组织行为,重视研究人的心理、行为等对高效率地实现组织目标的影响作用。代表人物有梅奥(1880～1949)、马斯洛(1908～1970)、赫茨伯格、麦格雷戈 1906～1960)等。

二战后40～80年代,许多学派得到长足发展,其中主要的代表学派有:管理过程学派、管理科学学派、社会系统学派、决策理论学派、系统理论学派、经验主义学派、经理角色学派和权变理论学派等。孔茨(1908～1984)称其为管理理论丛林。

当代管理理论阶段,以战略管理为主,研究企业组织与环境关系,重点研究企业如何适应充满危机和动荡的环境的不断变化。迈克尔·波特所著的《竞争战略》把战略管理的理论推向了高峰,他强调通过对产业演进的说明和各种基本产业环境的分析,得出不同的战略决策。另外,美国企业从20世纪80年代起开始了大规模的企业重组革命,重新设计企业的经营、管理及运作方式,进行所谓的"再造工程",日本企业也于90年代开始进行所谓第二次管理革命。

再造工程的引入使传统企业发生了十大变化:
(1)工作单位的变化——从职能式结构到流程式班组;
(2)工作内容的变化——从一人从事简单的单项工作到多项工作;
(3)职工角色的变化——从被监控下工作到在授权条件下工作;
(4)上岗准备的变化——从上岗前以劳动技能培训为主到接受教育为主;
(5)工作评价和奖励制度的变化——从注重行动到注重结构;
(6)先进标准的变化——从注重工作表现到注重工作能力;
(7)价值观的变化——从被动自我保护型到自觉积极创造;
(8)经理层的变化——从监督控制型到指导型;
(9)组织结构的变化——从层级式组织到扁平式组织;
(10)最高领导层的变化——从记分员到真正的领导者。

20世纪80年代末以来,信息化和全球化浪潮迅速席卷全球,顾客的个性化、消费的多元化决定了企业必须适应不断变化的消费者的需要,在全球市场上争得顾客的信任,才有生存和发展的可能。这一时代,管理理论研究主要针对学习型组织而展开。彼得·圣吉在所著的《第五项修炼》中明确指出企业惟一持久的竞争优势源于比竞争对手学得更快更好的能力。

二、各阶段的主要理论及观点
(一)古典管理理论
1.泰勒的科学管理理论
费雷德里克·泰勒是美国古典管理学家,科学管理的创始人,被管理界誉为科学管理之父。在米德维尔工厂,他从一名学徒工开始,先后被提拔为车间管理员、技师、小组长、工长、设计室主任和总工程师。在这家工厂的经历使他了解工人们普遍怠工的原因,他感到缺乏有效的管理手段是提高生产率的严重障碍,为此,泰勒开始探索科学的管理方法和理论。

在他担任米德维尔钢铁厂的工长时,发现生产效率不高是由于工人们"故意偷懒"的问题后,便决心解决它。从1881年开始,他进行了一项"金属切削试验",由此研究出金属切削工人工作日的合适工作量。经过两年的试验,给工人制定了一套工作量标准。1898年泰勒受雇于伯利恒钢铁公司期间,进行了著名的"搬运生铁块试验"和"铁锹试验"。在搬运生铁块试验中由于改进了操作方法,训练了工人,使生铁块的搬运量提高了3倍。铁锹试验研究了锹上的负载,锹的形状和规格,各种原料装锹动作的精确时间,得出了一个"一流工人"每天应该完成的工作量,使堆料场的劳动力从400~600人减少为140人,平均每人每天的操作量从16t提高到59t,每个工人的日工资从1.15美元提高到1.88美元。

他从"车床前的工人"开始,重点研究企业内部具体工作的效率。在管理生涯中,他不断在工厂实地进行试验,这些试验集中于"动作"、"工时"的研究。根据研究成果制定了科学的工作定额和为完成这些定额的标准化工具,逐渐形成其管理体系——科学管理。泰勒的科学管理主要有两大贡献:一是管理要走向科学;二是劳资双方的精神革命。

泰勒认为科学管理的根本目的是谋求最高劳动生产率,最高的工作效率是雇主和雇员达到共同富裕的基础,要达到最高的工作效率的重要手段是用科学化的、标准化的管理方法代替经验管理。泰勒认为最佳的管理方法是任务管理法,他在书中这样写道:广义地讲,对通常所采用的最佳管理模式可以这样下定义:在这种管理体制下,工人们发挥最大程度的积极性;作为回报,则从他们的雇主那里取得某些特殊的刺激。这种管理模式将被称为"积极性加刺激性"的管理,或称任务管理,对之要作出比较。

他认为每个企业的目的应该是:

(1)应该按照每个工人的能力和体力,给予最适宜的工作。

(2)应该要求每个工人做出同工种头等工人所能做出的最大工作量。

(3)当每个工人按照第一流工人的最高速度工作时,应根据其所做工作的性质,在他那一级的平均工资之外,另给30%到一倍的工资。这就是所谓高工资和低劳动成本。

这种情况不单是为雇主的最高利益服务,而且也会使每个工人做出他所能达到的最高水平的工作,因为这样可以驱使他运用自己的最好才能,迫使他成为有雄心壮志和生气勃勃的人,而且持续不变,还要给他足够的工资,使他生活得比过去更好。

泰勒还提出了一些新的管理任务:

第一,对工人操作的每个动作进行科学研究,替代老的单凭经验的办法。必须进行工时和动作研究,以制定出有科学依据的"合理的日工作量"。

第二,科学地挑选工人,并进行培训和教育,使之成长。而在过去,则是由工人任意挑选自己的工作,并根据其各自的可能进行自我培训。为了提高劳动生产率,必须为工作挑选"第一流的工人"。健全的人事管理的基本原则是:使工人的能力同工作相配合,管理当局的责任在于为雇员找到最合适的工作,培养他成为第一流的工人,激励他尽最大的努力来工作。

第三,与工人们亲密协作,以保证一切工作都按已发展起来的科学原则去办。

第四,资方和工人们之间在工作和职责上几乎是均分的,资方把自己比工人更胜任的那部分工作承揽下来;而在过去,几乎所有的工作和大部分的职责都推到了工人们的身上。

第五,在组织机构的管理控制上实行例外原则。企业的高级管理人员把例行的一般日常事务授权给下级管理人员去处理,自己只保留对例外事项的决定和监督权。

正是工人们积极性的这种配合,加上资方采取了以上这些新型的工作方法,使科学管理的效果比老的制度要好得多。

以上所述的前三个方面存在于许多情况下,并以一种小范围的初步的形式存在于"积极性加刺激性"的管理之下,但起不到多大作用,而在科学管理下,它们却是整个体制的中心环节。"积极性加刺激性"的管理要求每个工人对总的工作程序承担全部职责,包括工作中的每个细节,直到将工作全部完成。除此之外,他必须实际上承担全部的体力劳动。如果是作为一门科学来发展的话,还需要订立各种规章制度和准则,用以替代过去单靠工人个人去作的判断。在经过系统的记录、编索引的工作之后,这些规章制度便可以有效地使用了。

科学管理不仅仅是将科学化、标准化引入管理,更重要的是提出了实施科学管理的核心问题——精神革命。精神革命是基于科学管理认为雇主和雇员双方的利益是一致的。因为对于雇主而言,追求的不仅是利润,更重要的是事业的发展。而事业的发展不仅会给雇员带来较丰厚的工资,而且更意味着充分发挥其个人潜质,满足自我实现的需要。正是这种事业使雇主和雇员联系在一起,当双方友好合作,互相帮助来代替对抗和斗争时,就能通过双方共同的努力提高工作效率,生产出比过去更大的利润来。从而使雇主的利润得到增加,企业规模得到扩大;相应地,也可使雇员工资提高,满意度增加。

泰勒在美国国会听证会上的证词中说:科学管理的实质是一切企业或机构中的工人们的一次完全的思想革命——也就是这些工人,在对待他们的工作责任,对待他们的同事,对待他们的雇主态度的一次完全的思想革命。同时,也是管理方面的工长、厂长、雇主、董事会,在对他们的同事、他们的工人和对所有的日常工作问题责任上的一次完全的思想革命。没有工人与管理人员双方在思想上的一次完全的革命,科学管理就不会存在。这个伟大的思想革命就是科学管理的实质。

泰勒在他的主要著作《科学管理原理》中所阐述的科学管理理论,使人们认识到了管理是一门建立在明确的法规、条文和原则之上的适用于人类的各种活动——从最简单的个人行为到经过充分组织安排的大公司的业务活动的科学。科学管理理论对管理学理论和管理实践的影响是深远的,直到今天,科学管理的许多思想和做法至今仍被许多国家参照采用。

2. 法约尔的管理过程理论

法约尔长期担任企业高级领导职务。他的研究是以企业整体作为研究对象,从"办公桌前的总经理"出发的。他认为,管理理论是指有关管理的、得到普遍承认的理论,是经过普遍经验检验并得到论证的一套有关原则、标准、方法、程序等内容的完整体系,有关管理的理论和方法不仅适用于公私企业,也适用于军政机关和社会团体,这些正是其一般管理理论的基石。法约尔的著述很多,1916年出版的《工业管理和一般管理》是其最主要的代表作,标志着一般管理理论的形成。他最主要的贡献在于三个方面:从经营职能中独立出管理活动;强调教育的必要性;提出管理活动所需的五大职能和14条管理原则。这三个方面也是其一般管理理论的核心。

企业的全部活动可分为以下六个方面:①技术活动(生产、制造、加工);②商业活动(购买、销售、交换);③财务活动(筹集和最适当地使用资本);④安全活动(保护财产和人员);⑤会计活动(财产清点、资产负债表、成本、统计等等);⑥管理活动(计划、组织、指挥、协调和控制)。

不论企业大小,复杂还是简单,这六方面的活动(或者说基本职能)总是存在的。前五个方面的活动我们很熟悉,几句话就足以区分各自的范畴,而管理活动需要更多地说明和解释。

管理,就是实行计划、组织、指挥、协调和控制;
计划,就是为探索未来制定行动计划;
组织,就是建立企业的物质和社会的双重结构;
指挥,就是使其人员发挥作用;
协调,就是连接、联合、调和所有的活动及力量;
控制,就是注意是否一切都按已制定的规章和下达的命令进行。

因此可以理解,"管理"既不是一种独有的特权,也不是企业经理或企业领导人的个人责任,它同别的基本职能一样,是一种分配于领导人与整个组织成员之间的职能。

法约尔通过对企业全部活动的分析,将管理活动从经营职能(包括技术、商业、财务、安全和会计等五大职能)中提炼出来,成为经营的第六项职能。区别了经营和管理,法约尔进一步得出了普遍意义上的管理定义,他认为管理是普遍的一种单独活动,有自己的一套知识体系,由各种职能构成,管理是管理者通过完成各种职能来实现目标的一个过程。企业中的每组活动都对应一种专门的能力,如技术能力、商业能力、财务能力、管理能力等。而随着企业由小到大、职位由低到高,管理能力在管理者必要能力中的相对重要性不断增加,而其他诸如技术、商业、财务、安全、会计等能力的重要性则会相对下降。

法约尔认为管理能力可以通过教育来获得,缺少管理教育是由于没有管理理论,每一个管理者都按照他自己的方法、原则和个人的经验行事,但是谁也不曾设法使那些被人们接受的规则和经验变成普遍的管理理论。

法约尔根据自己的工作经验,归纳出十四项管理原则。

(1)劳动分工。分工不仅是经济学家研究有效地使用劳动力的问题,而且也是各种机构、团体、组织进行有效管理所必需的工作。

(2)权责对等。职权是发号施令的权力和要求服从的威望。职权与职责是相互联系的,在行使职权的同时,必须承担相应的责任,有权无责或有责无权都是组织上的缺陷。

(3)纪律。纪律是管理所必需的,是对协定的尊重。组织协定以达到服从、专心、鼓舞干劲以及尊重人为目的。组织内所有成员通过各方所达成的协议对自己在组织内的行为进行控制,它对企业的成功极为重要,要尽可能做到严明公正。

(4)统一指挥。组织内每一个人只能服从一个上级并接受他的命令。

(5)统一领导。一个组织,对于目标相同的活动,只能有一个领导,一个计划。

(6)个人利益服从整体利益。个人和小集体的利益不能超越组织的利益。当二者不一致时,主管人员必须想办法使他们一致起来。

(7)人员的报酬。报酬与支付的方式要公平,要给雇员和雇主以最大可能的满足。

(8)集中。指权力的集中或分散的程度问题。要根据组织的性质、人员的能力等来决定"产生全面的最大收益"的那种集中程度。

(9)等级制度。管理机构中从最高一级到最低一级应该建立关系明确的职权等级系列,这既是执行权力的路线,也是信息传递的渠道。一般情况下不要违反它。但在特殊情况下,为了克服由于统一指挥而产生的信息传递延误,法约尔设计了一种跳板,也叫法约尔桥,以便及时沟通信息,快速解决问题。

(10)秩序。组织中的每个成员应该规定其各自的岗位,"各有其位且各就其位"。

(11)公平。主管人员对其下属仁慈、公平,就可能使下属对上级表现出热心和忠诚。

(12)人员的稳定。如果人员不断变动,工作将得不到良好的效果。

(13)首创精神。在组织的纪律得到尊重的前提下,鼓励员工的创造精神,这是提高组织内各级人员工作热情的主要源泉。

(14)人员的团结。必须保持和维护集体中团结、协作、融洽的关系,特别是人与人之间的相互关系。

法约尔的一般管理理论是古典管理思想的重要代表,后来成为管理过程学派的理论基础,也是以后各种管理理论和管理实践的重要依据,对管理理论的发展和企业管理的历程均有着深刻的影响。其中某些原则甚至以"公理"的形式为人们接受和使用。因此,继泰勒的科学管理之后,一般管理理论被誉为管理史上的第二座丰碑。

古典管理理论的伟大意义在于:

(1)古典管理理论确立了管理学是一门科学。通过科学研究的方法能发现管理学的普遍规律,古典管理理论建立的管理理论使得管理者开始摆脱了传统的经验和凭感觉来进行管理。

(2)古典的管理理论建立了一套有关管理理论的原理、原则、方法等理论。古典管理理论提出了一些管理的原则、管理职能和管理方法,并且主张这些原则和职能是管理工作的基础,对企业管理有着很大的指导意义,也为总结管理思想史提供了极为重要的参考价值。

(3)古典管理学家同时也建立了有关的组织理论。韦伯提出的官僚组织理论是组织理论的基石,还就建立组织的结构,以及维护这种组织结构的正常运行,提出了一系列的原则。今天企业管理的组织结构虽然变得更加复杂,但是,古典组织理论设计的基本框架仍未失去其存在的意义。

(4)古典管理理论为后来的行为科学和现代管理学派奠定了管理学理论的基础,当代许多管理技术与管理方法皆来源于古典的管理理论,都是对古典的管理思想的继承和发展。古典的管理学派所研究的问题有一些仍然是当今管理上所要研究的问题。

古典管理理论是人类历史上首次用科学的方法来探讨管理问题,实质上反映了当时社会的生产力发展到一定的阶段对管理上的要求,要求管理适应生产力的发展。反过来管理思想的发展,管理技术和方法的进步,又进一步地促进了生产力的发展。

古典管理理论存在的问题表现在以下几个方面:

(1)首先是古典管理理论基于当时的社会环境,对人性的研究没有深入进行,对人性的探索仅仅停留在"经济人"的范畴之内。

泰勒对工人的假设是"磨洋工",而韦伯把职员比作"机器上的一个齿牙"。在古典管理理论中没有把人作为管理的中心,没有把对人的管理和对其他事物的管理完全区别开来;而在现代管理理论中,人是管理研究的中心课题,而正是因为对人性的深入探索,才使得现代管理理论显得丰富多彩。

(2)古典管理理论对组织的理解是静态的,没有认识到组织的本质。

韦伯认为纯粹的官僚体制应当是精确的、稳定的、具有严格的纪律的组织。当代的组织理论家们普遍认为,韦伯所倡导的官僚组织体制只适合于以生产率为主要目标的常规的组织活动,而不适合于从事以创造和革新为重点的非常规的非常灵活的组织活动。法约尔认为:"组织一个企业,就是为企业的经营提供所必要的原料、设备、资本、人员。大体上说,可以分为两大部分:物质组织与社会组织。"当时人们认为,组织就是人的集合体。例如,一个企业组织,就认为是经营管理者与职工的集合体;一个医院,就是医生与病人的集合体等。由此可见,法约尔的组织概念还停留在对组织的表象和功能的表述上,并没有抓住组织的本质进行深入的研究。而后来的巴纳德不是从组织结构的角度,而是从行为的角度对组织下定义。他反对把组织看成是人的集团,他说:"组织不是集团,而是相互协作的关系,是人相互作用的系统。"

(3)古典管理理论的着重点是组织系统的内部,而对企业外部环境对组织系统的影响考虑得就非常少。

古典管理理论研究的着重点是企业的内部,把如何提高企业的生产率作为管理的目标,这对企业提高生产率是有相当大的指导意义的。然而任何一个组织系统都是在一定的环境下生存发展,社会环境在不断变化,企业的生存发展是在不断地和环境变化进行相互作用下前进的,企业的经营管理必须要研究外部环境的因素和企业之间相互适应关系,使管理行为和手段都随着社会环境的变化而变化。这些都是古典管理理论没有进行研究的,由于古典管理理论对组织环境以及环境的变化的考虑较少,因此对管理的动态性未予以充分的认识和关注。

(二)现代管理主要学派及其理论要点

第二次世界大战后,在古典管理学派和早期行为学派的基础上,出现了许多新的管理理论和方法,形成许多新的学术派别。孔茨把这种管理理论学派林立的情况比喻成"热带丛林",并称之为"管理理论丛林"。罗宾斯把它描述成就像盲人摸象,每个盲人触到的都是同一头大象,对大象的认识取决于他们所处的位置,类似地,每一学派的观点都是正确的,都为理解管理作出了重要贡献,但都有局限性。

1. 管理过程学派

管理过程学派又称管理职能学派,是美国加利福尼亚大学的教授哈罗德·孔茨和西里尔·奥唐奈里奇提出的。

管理过程学派的鼻祖是法约尔。法约尔1916年出版的《工业管理和一般管理》标志着一般管理理论的形成。

在法约尔之后,孔茨和奥唐奈里奇在仔细研究管理职能的基础上,将管理职能分为计划、组织、人事、领导和控制五项,而把协调作为管理的本质。孔茨利用这些管理职能对管理理论进行分析、研究和阐述,最终得以建立起管理过程学派。孔茨是管理过程学派的集大成者,把法约尔的理论更加系统化、条理化,使管理过程学派成为管理各学派中最具有影响力的学派。

管理过程学派的主要特点是将管理理论同管理人员所执行的管理职能,也就是管理人员所从事的工作联系起来。他们认为,无论组织的性质多么不同(如经济组织、政府组织、宗教组织和军事组织等),组织所处的环境有多么不同,但管理人员所从事的管理职能却是相同的,管理活动的过程就是管理的职能逐步展开和实现的过程。管理过程学派认为,应用这种方法可以把管理工作的主要方面加以理论概括并有助于建立起系统的管理理论,用以指导管理的实践。

管理过程学派的主要贡献是：

第一，相对于其他学派而言，它是最为系统的学派。该学派对后世影响很大，许多管理学原理教科书都是按照管理的职能写的。第二，管理过程学派确定的管理职能和管理原则，为训练管理人员提供了基础。管理过程学派认为，管理存在着一些普遍运用的原则，这些原则是可以运用科学方法发现的。管理的原则如同灯塔一样，能使人们在管理活动中辨明方向。

管理过程学派存在以下缺陷：

第一，管理过程学派所归纳出的管理职能不能适用所有的组织。所归纳出的管理职能通用性有限，对静态的、稳定的生产环境较为合适，而对动态多变的生产环境难以应用。只在工会力量不大，或失业率很高、生产线稳定的情况下适用。如果在专业性组织中应用，则需要修改，其适用性须视情况而定。第二，管理过程学派所归纳的职能并不包括所有的管理行为。计划、组织、协调或控制没有描绘出经理的实际工作。它们只不过描绘出了经理工作的某些模糊的目标。第三，在管理者日常管理中，一定是先有了目标和组织，然后进行管理，而不是先有一套典型的能运用到不同的组织中去的职能。

2. 行为学派

早期的古典管理理论学家泰勒、法约尔、韦伯等都把人看成是"经济人"，即工人只是为了追求最高工资的人。认为工人在干活时常采取"磨洋工"的办法，因此，应用严格的科学办法来进行管理。如泰勒主张用"科学管理"的方法，由工程技术人员设计科学的操作方法，工人严格地照章执行即可提高生产率；法约尔则从企业整体的角度，推行一套科学的管理原则；韦伯的官僚组织体系同时也是一种科学的管理组织体系。他们的共同特点是强调组织和管理的科学性、精密性而忽视了人的因素，把工人看成只是组织中的一个零件。因而，古典管理理论在提高劳动生产率方面虽然取得了显著的成绩，却激起了工人、特别是工会的反抗，使得欧美等国的统治阶级感到单纯用科学管理等传统的管理理论和方法已不能有效地控制工人，不能达到提高生产率和利润的目的，必须有新的管理理论来缓和矛盾，促进生产率的提高，在这种情况下，行为科学理论应运而生。

行为科学开始于20年代末、30年代初的霍桑试验，创始人是美国哈佛大学教授、管理学家梅奥。霍桑试验的研究结果否定了古典管理理论的对于人的假设，试验表明工人不是被动的、孤立的个体，其行为不仅仅受工资的刺激，影响生产效率的最重要因素不是待遇和工作条件，而是工作中的人际关系。据此，梅奥提出了自己的观点：工人是"社会人"而不是"经济人"；企业中存在着非正式组织；新的领导能力在于提高工人的满意度。梅奥的这一理论在当时被称为人际关系理论，也就是早期的行为科学。

梅奥等人创建的人际关系学说经过三十年的大量研究工作，许多社会学家、人类学家、心理学家、管理学家提出了许多很有见地的新理论，逐步完善了人际关系理论。1949年在美国首先提出了行为科学这一名称，行为科学本身并不是完全独立的学科，而是心理学、社会学、人类学等研究人类行为的各种学科互相结合的一门边缘性学科。

行为科学以人的行为及其产生的原因作为研究对象。具体来说，它主要是从人的需要、欲望、动机、目的等心理因素的角度研究人的行为规律，特别是研究人与人之间的关系、个人与集体之间的关系，并借助于这种规律性的认识来预测和控制人的行为，以提高工作效率，达成组织的目标。行为学派虽然没有研究出一套完整的管理知识,却为人们提供了许多有用的素材,他们的行为论题主要有激励、领导、群体、组织设计、组织变化与发展等,二战后的行为科学主要包括马斯洛(A. H. Maslow,1908~1970)的需求层次理论、赫次伯格(F. Herzberg)的双因素理论、麦格雷戈(D. M. McGregor,1906~1964)的"X理论-Y理论"。

行为科学对管理学的贡献主要表现在以下两个方面:

第一,行为科学引起了管理对象重心的转变。传统的古典管理理论把重点放在对事和物的管理上,它强调的是使生产操作标准化、材料标准化、工具标准化,建立合理的组织结构,有效的组织系统和明确的职责分工等,而忽视了个人的需要和个人的目标,甚至把人看成是机器,从而忽视了人的主动性和创造性。行为科学与此相反,它强调要重视人这一因素的作用。它显然是认识到,一切事情都要靠人去做,一切产品的生产都要靠人去实现,一切的组织目标都需要人实现。因而,应当把管理的重点放在人及其行为的管理上。

第二,行为科学引起了管理方法的转变。随着对人性的认识和管理对象重点的变化,管理的方法也发生了重大的变化。由原来的监督管理,转变到人性化的管理。传统的古典管理理论强调自上而下的严格的权力和规章制度的作用,把人看成是会说话的机器,在管理活动中施以强大的外界压力,派工头进行严格的监督,造成工人心理上的压力而产生对立情绪,而忽视了人的社会关系和感情因素的作用以及人的主动性和创造性。与此相反,行为科学则强调人的欲望、感情、动机的作用,因而在管理的方法上强调满足人的需要和尊重人的个性,以及采用激励和诱导的方式来调动人的主动性和创造性,借以把人的潜力充分发挥出来。

行为科学也存在一些缺陷:对于行为学派存在的弱点,孔茨是这样评论的:人际行为领域并不包括管理学的全部内容。很可能一个公司的经理懂得心理学,但在管理上却并不有效。事实上,有一个相当大的公司,对各级管理者进行广泛的心理学教育,结果发现这些训练并未解决有效管理的需要。

3. 决策理论学派

决策理论学派是在第二次世界大战之后发展起来的一个管理学派。

第二次世界大战后,随着现代生产和科学技术的高度分化与高度综合,企业的规模越来越大,特别是跨国公司不断地发展,这种企业不仅经济规模庞大,而且管理十分复杂。同时,这些大企业的经营活动范围超越了国界,使企业的外部环境发生了很大的变化,面临着更加动荡不安和难以预料的政治、经济、文化和社会环境。在这种情况下,对企业整体的活动进行统一管理就显得格外重要了。

如何对组织活动进行统一管理的研究从两个方面展开:一个是以西蒙为代表的决策理论。它继承了巴纳德的社会组织理论,着重研究为了达到既定目标所应采取的组织活动过程和方法。另一个是运用数学的、统计的和计算机的方法研究在投资决策、生产、库存、运输等问题上各种制约因素的最佳组合问题的管理科学学派。

决策理论学派的主要代表人物是曾获1978年度诺贝尔经济学奖金的赫伯特·西蒙。西蒙虽然是决策学派的代表人物,但他的许多思想是从巴纳德中吸取来的,他发展了巴纳德的社会系统学派,并提出了决策理论,建立了决策理论学派,形成了一门有关决策过程、准则、类型及方法的较完整的理论体系。其理论要点归纳如下:

第一,决策贯穿管理的全过程,决策是管理的核心。西蒙指出组织中经理人员的重要职能就是做决策。他认为,任何作业开始之前都要先做决策,制定计划就是决策,组织、领导和控制也都离不开决策。

第二,系统阐述了决策原理。西蒙对决策的程序、准则、程序化决策和非程序化决策的异同及其决策技术等作了分析。西蒙提出决策过程包括4个阶段:搜集情况阶段;拟定计划阶段;选定计划阶段;评价计划阶段。这4个阶段中的每一个阶段本身就是一个复杂的决策过程。

第三,在决策标准上,用"令人满意"的准则代替"最优化"准则。以往的管理学家往往把人看成是以"绝对的理性"为指导,按最优化准则行动的理性人。西蒙认为事实上这是做不到的,应该用"管理人"假设代替"理性人"假设,"管理人"不考虑一切可能的复杂情况,只考虑与问题有关的情况,采用"令人满意"的决策准则,从而可以做出令人满意的决策。

第四,一个组织的决策根据其活动是否反复出现可分为程序化决策和非程序决策。经常性的活动的决策应程序化以降低决策过程的成本,只有非经常性的活动,才需要进行非程序化的决策。

决策理论的贡献:

第一,从管理职能的角度来说,决策理论提出了一条新的管理职能。针对管理过程理论的管理职能,西蒙提出决策是管理的职能,决策贯穿于组织活动全部过程,进而提出了"管理的核心是决策"的命题,而传统的管理学派是把决策职能纳入到计划职能当中的。"决策是管理的职能"现在已得到管理学家普遍的承认。

第二,首次强调了管理行为执行前分析的必要性和重要性。在决策理论之前的管理理论,管理学家的研究重点集中在管理行为的本身的研究中,而忽略管理行为前的分析,西蒙把管理行为分为"决策制定过程"和"决策执行过程",并把对管理的研究的重点集中在"决策制定过程"的分析中。

决策理论的缺陷:

第一,管理是一种复杂的社会现象,仅靠决策无法给管理者有效的指导,实用性不大。孔茨说:尽管决策制定对管理是重要的,但在建立管理学全面理论上是一个太狭隘的重点,而如果把它的含义加以扩展的话,则它又是一个太宽广的重点。因为决策理论既可以应用于鲁滨逊所碰到的问题上,也可以应用于美国钢铁公司的问题上。

第二,决策学派没有把管理决策和人们的其他决策行为区别开来。决策并非只存在管理行为中,人们的日常活动中也普遍存在决策,如人们日常生活做事都需要决策,组织中非管理人员的活动也需要决策,但这些决策行为都不是管理行为。

4. 管理科学学派

管理科学学派,又称作管理中的数量学派,也称之为运筹学。这个学派认为,解决复杂系统的管理决策问题,可以用电子计算机作为工具,寻求最佳计划方案,以达到企业的目标。管理科学其实是管理中的一种数量分析方法。它主要用于解决能以数量表现的管理问题。其作用在于通过管理科学的方法,减少决策中的风险,提高决策的质量,保证投入的资源发挥最大的经济效益。

从管理科学的名称看来,似乎它是关于管理的科学。其实,它主要不是探求有关管理的原理和原则,而是依据科学的方法和客观的事实来解决管理问题,并且要求按照最优化的标准为管理者提供决策方案,设法把科学的原理、方法和工具应用于管理过程,侧重于追求经济和技术上的合理性。

就管理科学的实质而言,它是泰勒的科学管理的继续与发展,因为他们都力图抛弃凭经验、凭主观判断来进行管理,而提倡采用科学的方法,探求最有效的工作方法或最优方案,以达到最高的工作效率,以最短的时间,最小的支出,得到最大的效果。不同的是,管理科学的研究已经突破了操作方法、作业研究的范围,而向整个组织的所有活动方面扩展,要求进行整体性的管理。由于现代科学技术的发展,一系列的科学理论和方法被引进到管理领域。因此,管理科学可以说是现代的科学管理。其基本特征是:以系统的观点,运用数学、统计学的方法和电子计算机技术,为现代管理决策提供科学的依据,解决各项生产、经营问题。

基于管理科学的特征,大多数管理学家认为管理科学只是一种有效的管理方法,而不是一种管理学派,它仅适用于解决特定的管理问题。

该学派有以下三个优点:

第一,使复杂的、大型的问题有可能分解为较小的部分,更便于诊断、处理;第二,制作与分析模式必须重视细节并遵循逻辑程序,这样就把决策置于系统研究的基础上,增进决策的科学性;第三,有助于管理人员估价不同的可能选择,如果明确各种方案包含的风险与机会,就有可能做出正确的选择。

但是,管理科学方法的应用也有它的局限性:

首先,管理科学学派的适用范围有限,并不是所有管理问题都是能够定量的,这就影响了它的使用范围。例如,有些管理问题往往涉及许多复杂的社会因素,这些因素大都比较微妙,难以定量,当然就难以采用管理科学的方法去解决。

其次,实际解决问题中存在许多困难。管理人员与管理科学专家之间容易产生隔阂。实际的管理人员可能对复杂、精密的数学方法很少理解,无法做出正确评价。而另一方面,管理科学专家一般又不了解企业经营的实际工作情况,因而提供的方案不能切中要害,解决问题。这样,双方就难以进行合作。

此外,采用此种方法大都需要相当数量的费用和时间。由于人们考虑到费用问题,也使它往往只适用于那些大规模的复杂项目。这一点,也使它的应用范围受到限制。

因此,管理科学不是万能的。我们要充分认识到它是一种重要的管理技术和方法,而起决定作用的还是人。所以,要求管理人员要尽快地掌握管理科学,使之与各种管理技术、管理方法相符合,以便发挥更大的作用。

(三) 当代管理理论的主要内容

1. 战略管理理论

随着社会化大生产的发展,社会生产日趋复杂,社会环境变幻莫测,组织与环境联系的日益紧密,管理所涉及到的因素日益增多、日趋复杂,组织(尤其是企业)间的竞争日趋激烈,组织能否制定和实现正确的战略构想,关系到组织的兴亡。

就企业而言,过去企业家往往追求企业战略的稳定性、长期性,期望对企业的发展施以长远地影响。但事实证明,多变的技术革新浪潮,意想不到的环境变化,往往使追求"稳定性"的企业措手不及。企业要适应全球市场的激烈竞争,必须对自己的发展有一个战略规划,要在彻底了解和准确把握企业内部条件和外部环境变化的同时,结合本企业的特点,制订出最佳的企业战略。企业如果没有科学的战略目标、长远打算,只顾眼前和一时的成就,便不可能持续发展,更不可能在竞争中取胜,企业惟有运筹帷幄,深谋远虑,才能战略制胜,才能不断壮大发展。

迈克尔·波特是哈佛大学商学研究院著名教授,开创企业竞争战略理论,是当今世界上竞争战略和竞争力方面公认的第一权威。波特博士获得的崇高地位缘于他所提出的"五种竞争力量"和"三种竞争战略"的理论观点。

波特对于竞争战略理论作出了非常重要的贡献,"五种竞争力量"——分析产业环境的结构化方法就是他的杰出思想;他更具影响的贡献是在《竞争战略》一书中明确地提出了三种通用战略。

波特认为,在与五种竞争力量的抗争中,蕴涵着三类成功型战略思想:

(1)总成本领先战略

成本领先要求在管理方面对成本给予高度的重视,使成本低于竞争对手。成本较低,意味着当别的公司在竞争中已失去利润时,这个公司依然可以获得利润。

赢得总成本最低的有利地位通常要求具备较高的市场份额或其他优势,诸如与原材料供应方面的良好联系等,或许也可能要求产品的设计要便于制造生产,易于保持一个较宽的相关产品线以分散固定成本,以及为建立起批量生产而对所有主要顾客群进行服务。

总成本领先地位非常吸引人。一旦公司赢得了这样的地位,所获得的较高的边际利润又可以重新对新设备、现代设施进行投资以维护成本上的领先地位,而这种再投资往往是保持低成本状态的先决条件。

(2)差别化战略

差别化战略是将产品或公司提供的服务差别化,树立起一些在全产业范围中有独特性的东西,包括品牌形象、技术、顾客服务、营销网络及其他方面的独特性。

波特认为,推行差别化战略有时会与争取占有更大的市场份额的活动相矛盾。推行差别化战略往往要求公司对于这一战略的排它性有思想准备。这一战略与提高市场份额两者不可兼顾。在建立公司的差别化战略的活动中总是伴随着很高的成本代价,有时即便顾客了解公司的独特优点,也并不是所有顾客都愿意或有能力支付公司要求的高价格。

(3)专一化战略

专一化战略是主攻某个特殊的顾客群、某产品线的一个细分区段或某一地区市场。专一化战略的整体是围绕为某一特殊目标服务这一中心建立的,其战略思想是:公司业务的专一化能够以更高的效率、更好的效果为某一狭窄的战略对象服务,从而超过在较广阔范围内竞争的对手们。但专一化战略常常意味着限制了可以获取的整体市场份额。

波特的竞争战略研究开创了企业经营战略的崭新领域,对全球企业发展和管理理论研究的进步,都作出了重要的贡献。

2.信息管理理论

随着以微型电脑、激光技术、新型材料、生物工程和新能源开发为中心的新科技革命的兴起与发展,信息进入重要资源的行列。丰富而准确的信息,是正确而迅速决策的前提,一个企业能否在激烈的竞争中得以生存和发展,它的产品和服务能否跟上时代的要求,首先在于该企业能否及时掌握必要和准确的信息,能否正确地加工和处理信息,能否迅速地在员工之间传递和分享信息,特别是能否把信息融合到产品和生产服务过程之中,融合到企业的整个经营与管理工作之中。管理面临着信息化的挑战,信息管理成为企业竞争致胜的重要法宝。

组织对信息管理的能力,集中表现在强大的信息网络和信息收集能力,出色的信息分析、传递和利用的能力。管理信息化正在往广度和深度发展,组织若无信息管理,也就谈不上任何管理了。

3. 人本管理理论

随着信息时代的到来,组织中最缺乏的不是资金和机器,而是高素质的人才。这促使管理部门日益重视人的因素,管理工作的中心也从物转向人。传统管理和现代管理的一个重要区别,就是管理中心从物本管理到人本管理。

在任何管理中,人是决定的因素。管理的这一特征,要求管理理论研究也要坚持以人为中心,把对人的研究作为管理理论研究的重要内容。事实上,在管理理论的研究中,差不多所有的管理理论都建立在人性的假设理论基础上。管理理论的不同,主要是出于对人的本性认识不同。20世纪之初泰勒的科学管理是基于"经济人"这一假设的,20世纪30年代梅奥等人的行为管理是基于"社会人"这一假设的,至50年代又有了基于"自我实现的人"假设的马斯洛的人性管理,80年代以来出现的文化管理,强调实现自我的企业文化和企业现象。

管理要以人为中心,把提高人的素质、处理人际关系、满足人的需求、调动人的主动性、积极作和创造性放在首位。在管理方式上,现代管理更强调用柔的方法,尊重个人的价值和能力,通过激励、鼓励人,以感情调动职工积极性、主动性和创造性,最充分地调动所有员工的工作积极性,以实现人力资源的优化及合理配置。

4. 学习型组织理论

美国麻省理工学院斯隆管理学院的彼得·圣吉教授1990年出版了他的旷世之作:《第五项修炼——学习型组织的艺术与实务》,引起世界管理理论界的轰动。"应变的根本之道是学习",就是这本书的宗旨。

圣吉教授认为,企业要在快速变化的市场中生存与发展,就要建立学习型组织;要建立这种组织,还必须具备两个本领:应变能力与创造未来能力。对企业而言,要达到如此境界,必须具备五项技能。

第一项修炼——系统思考

系统思维就是整体与动态思考。钱学森将系统定义为:"由相互作用和相互依赖的若干组成部分结合成的具有特定功能的有机整体,而且这个系统本身又是它所从属的一个更大系统的组成部分。"这个定义十分严密。系统的特点,即整体性,集合性,相关性,适应性,如果是人造系统,还有一个目的性。整体性就是思考问题必须从整体出发,不能片面化;集合性就是思考问题可以将它们分开研究,然后加以组合,即分析与综合理论;相关性就是从问题的相互关系中研究它,不能孤立地看问题;适应性,就是系统本身对它所处的环境有适应一面,适者生存,不适者就要淘汰,这是个规律。环境在变,系统本身也得变,这种变既有适应性的变,也有变革环境的变。如市场,企业有适应市场的一面,也有开拓与创新市场的一面。

系统思考有两个关键点:一是系统的观点与动态的观点。盲人摸象,一叶障目,只见树木,不见森林等的思维方式,不是系统思维。二是相互联系的观点。任何一个系统都是一个动态的系统,各个元素之间又存在着动态的互动关系,存在着反馈与滞后现象。

第二项修炼——自我超越

自我超越,是胜过自己的意思。一个事业心很强的人,一个希望事业成功的人,其目标不是满足现状,而是壮志凌云,志在千里,不达目标决不罢休。美好的前景,成功的喜悦,往往就成为人们前进的激励。所以,树立目标就成为自我超越的第一步。目标确立之后,就是自我现实的问题。利用人的"创造性张力",即改造现实与变革现实的雄心与行动,这是自我超越修炼能否成功的关键。

创造性张力来源于实现规划的动能。应当说更多的是精神方面的动能。所以也叫做精神创造性张力。发挥创造性张力的积极因素的关键之处就是以积极向上的心态去对待现状和失败。正视现状和失败,把失败看成是自己的盟友而不是敌人,也就是忠于真相,它和忠于自己的规划一样,是支持自我超越的两大支柱。二者对于产生创造性张力都是极为重要的。

第三项修炼——改善心智模式

心智模式是一种思维方法,一种深植于人们内心深处的思维逻辑。它影响着人们对社会和事物的认识以及对此所采取的行动。

不同的人,对相同的问题有不同的看法,因为他们的心智模式不同。相同的人,对相同的问题,在不同时期,也许看法不同,因为他改变了心智模式。心智模式之间之所以不同,在于其思维和逻辑推理时隐藏在人们内心世界那种先入为主的假设,往往与事实相距甚远。它严重影响了人们对客观事物的认识和判断,特别是当企业管理领导层出现这种现象时,少则使企业经营出现困难,大则将给企业带来灾难。

第四项修炼——建立共同规划

规划是一个期望的未来景象和意象,是一种召唤及驱使人向前的使命,能不断扩展他们创造的能力。个人规划的力量来源于个人对规划的深度关切和认同,而共同规划的力量来源于组织成员对这个规划的共同关切和认同。它是组织成员所共同持有的意象,它创造出了众人一体的感觉,使员工内心有一种归属感,有一种任务感,事业的使命感,并以这种感觉深植于组织中的全部活动之中,使不同的活动融汇起来。共同规划所激发的力量和勇气是巨大的。

个人的规划可以激发个人的勇气,组织的规划也只能是通过个人规划和共同规划的尽量一致来激发群体的激情。建立共同规划的组织,必须持续不断地鼓励员工发展个人规划。而且建立的共同规划应与大部分的员工个人愿望方向一致,使共同规划成为员工自己的规划,将其包容在一个伟大的事业之中,这就是从个人愿望建立共同规划的修炼原则。

共同规划要求全体员工为之奋斗,为之奉献,而不是简单地服从。要使员工奉献于共同规划,必须使规划深植于每一个员工的心中,必须和每个人信守的价值观相一致;否则,不可能激发这种热情。所以,共同规划又是一个企业的基本理念,包容了企业的目的、使命和价值观,必须使员工清楚地认识到他们在追求什么,弄清为何追求,知道如何追求。这种价值观反映出组织在向规划迈进时,全体员工日常的行动准则。

第五项修炼——团队学习

企业职工的合力如何通过有效的整体合作,取长补短,融汇成强劲的组织力量;个人的卓越,如何成为组织的卓越;如何使组织的智商高于个人的智力,这是团队学习所要达到的目的。一个乐团,仅有非凡的演奏家是不够的,最重要的是他们的合力,是他们知道如何一起演奏。团队学习是发展团体成员整体合作与实现共同目标能力的过程,是通过开放型的交流,发现问题、互相学习、取长补短达到共同目的的过程。著名物理学家海森堡说:"集体比个人更有洞察力、更为聪明。团队的智商远大于个人的智商"。这就是提倡团体学习的原因。开放型的交流是深度汇谈,目的是揭露我们思维的不一致性。在一个无拘无束的探索环境中,人人将深藏的经验与想法完全谈出来,汇集成集体的智能。在深度汇谈中,人会变成自己思维的视察者,同时修炼出集体思维,修正自己与之的不一致性。组织用深度汇谈来研究复杂的问题,而用讨论来决定问题,其目的就是集中大家有益的想法与看法,从中找出更为合理的方案。

总体而言,五项修炼是一种观念的改变,是一种信念的改变,一种思维方法的改变,也是一种管理方法的改变。它一改过去那种以"管理、组织和控制"为信条的管理思想,取而代之的是以"规划、价值观和心智模式"为理念的新思想。它的目的在创造出一种具有共同理想和规划,并为之奋斗的组织群体;同时创造出开放、平等、和睦、奉献的健康的组织环境,合理完美的心智模式以及洞察一切变化和反映灵敏的组织机制。全体员工不仅在适应这种变化中得以学习,同时在学习中创造出更美好的世界。

企业管理班子要成为一个学习班子,企业管理组织要成为一个学习组织,其前提就是这个企业的发展前景对于职工来讲,是一种激励,而不是"泄气"。如果职工对企业的发展丧失信心,那么都谈不上。如何激励职工,是经营者首先要研究的课题。

美好蓝图是学习型组织建立的前提。学习型组织并不排斥个人的私利;相反,学习型组织还提倡自我超越,主张建立个人规划,这种规划应当说是建立在个人"私利"之上的。只要这种"私利"不再是个人眼前的利益得失,而是一种个人长远的目标,个人的自我实现,就会将个人目标融入组织的规划。学习型组织应当坚定不移地致力于鼓励建立个人规划,并持之以恒地坚持建立共同规划的修炼。

学习型组织要求组织的所有成员投身于实现共同规划的努力之中,形成团队的学习。而且,学习的诱因来自于每一个成员对自己行动的真正的责任感,要求自己操纵自己的命运。同时,学习型组织要求组织对外界的变化,甚至微小的变化能够作出正确和迅速的反应。对于学习型组织来说,决策权将尽可能地延展到组织的最基层。那些最早感应到外界微小变化的神经末梢,不是高高在上的"大官",而是"地方小官"。与传统组织明显不同的是:"在传统组织中,高层管理者在思考,而基层人员在行动;而在学习型组织中,每一个人的思考与行动都必须合为一体"。因此,学习型组织日益成为以地方为主的扁平式组织。

每一个基层组织,都有其局部的和眼前的利益,系统思考的修炼就是帮助他们看清整个组织内,甚至包括组织之外的世界和自己这个基层组织的相互依存关系。尽量排除那种只对局部有利,但对整体不利,只对短期有利,但对长远不利的短期行为的发生。扁平式的组织,使得权力下放,有利于组织中高层的管理人员摆脱日常琐碎的公务;从而肩负起高层的责任,献身于引导组织发展的正确的核心价值观与使命感,使其不断演进成为行动规划。

思 考 题

1. 为什么要学习管理学?
2. 如何理解管理的概念?
3. 如何理解主管人员的任务?
4. 管理的职能有哪些?

5. 管理演进可分为哪几个阶段?
6. 泰勒制的主要内容是什么?
7. 如何理解学习型组织的含义?
8. 简述管理过程学派的主要内容。
9. 简述战略管理理论的主要内容。

第二章 计 划

学习目的与要求
1. 了解计划的定义,目标,类型,程序;
2. 熟悉战略管理的定义,环境分析,战略选择;目标管理的基本思想,特征;
3. 掌握预测、决策的基本原理,案例分析方法。

第一节 计划的基础

一、计划的定义、目的

计划是管理的重要职能之一。计划在管理的各项职能中处于首要地位,是企业管理活动的重要一环,是管理的"龙头"。没有计划,就谈不上管理,更无法管理好企业。计划既是组织在未来一定时期内对各种资源(包括人、财、物、信息、时间)的使用安排,也是行动的目标和方式在时间和空间上的进一步展开,还是进行组织、领导、控制、激励等管理活动的基础。

1. 计划的概念

"计划"一词有两种解释,既可以是动词,也可以是名词。动词意义是指拟定出工作内容或行动步骤,也就是为了实现决策所确定的目标,预先进行的行动安排,是制定计划的工作过程。而从名词意义上说,是指工作或行动以前预先拟定的比较详细具体的内容或步骤,是在制定计划的工作中形成的行动方案,是一种结果。这时的计划是用文字、指标等形式表现的,它涉及到组织和组织内部各个部门以及每个成员在未来一定时期内关于行动的方向、内容等所做的安排。它是对未来行动方案的一种说明,它告诉管理者和执行者未来的目标是什么,应该采取什么样的行动来实现这个目标。

哈罗德·孔茨说过一句话,可以很好地表示计划:"计划工作是一座桥梁,它把我们所处的此岸和我们要去的彼岸连接起来,以克服这一天堑。"这说明计划职能是管理者为实现组织的目标而为今后的工作所做的谋划与安排。

广义的计划包括制定计划、执行计划和检查计划(属于管理的控制职能)。计划为控制提供了依据,没有计划,就没有控制的标准和依据。狭义的计划仅指制定计划,即计划工作,指一个过程。本章的内容是针对狭义计划而言的。简单地说,计划就是预先决定要做什么,如何做。严格地说,计划是一种预测未来、设定目标、确定政策、选择方案的过程,最终要经济地使用现有资源,尽可能有效客观地把握未来,以期获得最大的组织成效。

从计划的概念中,我们可以得出以下结论:

第一,计划与组织的目标有关。没有目标,组织及其成员就不知道行动的方向和目的,就没有行动的动力,更无法制定实施的方案。

第二,计划是组织行动的依据。有了计划,每个部门和每个员工就有了一定时期内的工作任务和工作重点。

第三，计划是为未来而制定的。计划是以预测为基础的，由于未来具有不确定性，所以预测的准确性，决定着计划的成败。

第四，计划是思维的产物。计划是制定者经过思考、创新后的决策，所以计划制定者的能力和个人素质决定了计划的优劣。

2. 计划的内容

计划是为组织的未来确立目标和制定实现目标的方案的过程。计划工作要解决两个基本问题：组织的目标是什么；如何实现这个目标。为了解决这两个问题，应当清楚计划职能包括哪些工作，这些工作之间的关系，如何做好这些工作。

一项具体计划的工作任务和内容可以概括为"5W1H"：

做什么（what）：明确组织的使命、目标和所要进行活动的内容和要求，确定一个时期工作的重点和中心任务。如：建筑企业在未来五年要实现的战略目标；为了实现这个战略目标，企业的年度生产计划中要确定的生产的建筑产品的规格、品种、数量要求等；以及在施工生产中如何按期、按质、按量完成合同，做好质量、进度、成本"三大控制"，使企业的资源得到最充分的利用。

为什么做（why）：明确计划的原因和目的，并论证其可行性，也就是说明制定计划的依据。企业内各个部门和员工对组织的使命、目标了解得越清楚、认识得越深刻，在执行计划时就越有主动性和积极性。只有对计划有清晰的了解，并产生认同感，才能在工作中发挥主动性与创造性，变"要我做"为"我要做"。

何时做（when）：规定计划中各项工作的开始时间和完成时间，也就是规定进度，以便按计划对活动进行有效的控制和对能力及资源进行平衡。

何地做（where）：规定计划实施的地点和场所，了解计划实施的环境条件和限制，以合理安排计划实施的空间和布局。

谁去做（who）：规定由哪些部门和人员负责计划的实施。在计划中要明确每个阶段由哪个部门执行，由谁负责。

怎么做（how）：是执行计划、完成计划时所要运用的方法和可以采取的措施和手段。

3. 计划的目的

制定计划的前提是首先要明确组织的管理使命、经营目标和经营方针。当这些内容确定以后，如何实施和完成，就要靠编制计划来体现了。所以计划是以经营决策为基础，把决策所确定的目标，进行量化的表示，并把他们调整汇总成一个体系，以达到有效地使用各种资源，更好地把握未来，为使组织取得最佳经营成果而制定的行动纲领。

制定科学合理的计划，有利于管理者实施有效地领导和指挥；有利于增强工作的有序性；有利于在明确的目标下统一员工的思想和行动；有利于合理配置资源；能更有效地规避风险，取得最佳的经济效益和社会效益。

4. 计划的特征

（1）目的性

任何组织或个人制定计划都是为了有效地达到某种目标。

目标一定要明确而具体，尽可能量化，不能模糊不清。如某建筑公司的经理希望明年的利润有较大幅度的增长，这是一种不明确的目的，为此就要制定计划，分析外部环境和企业的现状,经过科学地预测之后,确定利润要增长20%,这种具体而明确的目标才能使每个部门和员工理解组织的目标,清楚组织希望他们完成什么和完成多少,以及如何完成。

(2)普遍性

计划的普遍性体现在两个方面:

第一,任何管理活动都需要计划。无论哪个组织或组织中的哪个部门,都需要制定计划。

第二,计划是所有管理者应有的职能。所有管理人员,不管是高层领导,还是基层管理人员,尽管他们所承担的职责不同,拥有的权力范围不同,但都必须拟定计划。虽然计划的广度和深度随着管理人员所处的部门、层级的不同而不同,但是要想进行有效管理,计划工作是全体管理人员必须做好的一项工作。

要注意的一点是,计划工作的普遍性中蕴含着一定的秩序。这种秩序随着不同组织的性质不同而有所变化,但最主要的秩序表现为计划工作横向间的协作性和纵向间的层次性。

(3)首要性

计划工作在管理职能中处于首要地位,管理中的其他职能只有在计划工作确定之后才能进行。如果计划工作得出的结果是一个否定结论,那么后续的组织、领导、控制等工作就没有必要进行了。例如原打算在某地新建一处住宅,首先要做的工作是进行可行性研究。如果研究的结果表明在此地建住宅不合适,那么所有的工作也就告一段落,无须再进行其他的管理职能。

计划工作的首要性还体现在计划的影响贯穿于组织工作、人员配备工作、领导工作和控制工作中,它为管理的其他工作提供了基础,指明了方向,是管理者行动的依据。管理者依据计划的任务向下级进行授权,并对下级的工作进行绩效评估。可以说,没有计划就没有有效的组织和协调。此外,计划是通过具体的指标来体现的,这些指标又为管理者进行监督和检查,及时纠正偏差、进行控制提供了基础和依据。

计划职能与其他管理职能间的关系,如图2-1所示。

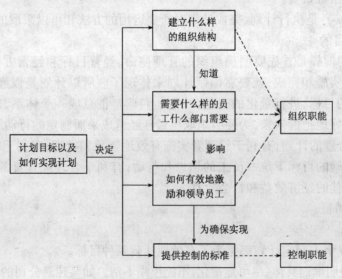

图2-1 计划职能与其他管理职能间的关系

(4)效率性

效率是指实现目标所获得的利益与在计划执行过程中所有损耗的比率,其一般含义是制定与执行计划时获得的所有产出与所有的投入之比。它关注的是在资源有限的情况下,如何使现有资源产生最大的效益。也就是说,计划工作的任务,不但要实现目标,还要从若干个能够实现目标的备选方案中选择出一个最佳的方案,通过合理配置资源,以最低的费用取得预期的成果,避免损失。效率反映组织利用其资源的程度,它涉及管理的核心问题。

对营利性组织来讲,效率是指计划的成本收益比率。此时的效率不仅包括人们所熟知的按资金、工时或成本表示的投入产出比率,例如资金收益率、劳动生产率、成本利润率等指标,还应该包括集体和个人的满意程度。所以一个完美的计划,不仅要在经济上获得最大盈利,还要同时兼顾国家、集体、个人三者的利益,只有这样,才能体现出计划的效率。

综上所述,计划职能是一个指导性、预测性、科学性、创造性很强的管理活动过程,也是一项复杂而困难的工作。加强计划工作,提高计划工作的科学性是全面提高管理水平的前提和关键。

二、计划的类型、程序

1. 计划的种类

无论是组织还是个人,在工作和生活中都会遇到计划的问题。国家为了确保未来的经济发展,要制定一个五年发展计划;企业为了增强竞争力,要制定新产品的开发计划和销售计划;家庭为了有效地安排日常生活,也要制定一个收支计划。计划是如此普遍和重要,人们在工作和生活中都离不开它。

由于组织及个人活动的复杂性和多样性,计划的种类也变得十分复杂。人们根据不同的需求,编制出了各种各样的计划。目前最常见的分类方法见表2-1。

计 划 的 分 类　　　　　　　　表2-1

分 类 原 则	计 划 的 种 类
期限(或时间界限)	长期计划　中期计划　短期计划
对象(或范围)	综合计划　部门计划　项目计划
管理层次	战略计划　战术计划　作业计划
约束力	指令性计划　指导性计划
管理涉及的领域	营销计划　生产计划　物流计划　财务计划　人力资源计划

(1)长期、中期与短期计划

按计划期的长短可以把计划分为长期计划、中期计划和短期计划。这里的长、中、短只是一个相对概念,没有明确的时间界限。一般来说。人们习惯把1年或1年以下的计划称为短期计划;把1年到5年的计划称为中期计划;而把5年以上的计划称为长期计划。但是这种划分不是绝对的。例如,一项航天项目,其短期计划的时间就可能为5年;而一个小型的建材生产厂,由于市场的变化,其短期计划可能仅有3个月。

长期计划有时又称为规划,它描绘了企业未来发展的蓝图,是为实现组织的长远目标而制定的具有战略性的、纲领性的综合发展规划。长期计划主要回答两个方面的问题:组织的长远发展目标和方向是什么;如何能实现这个长远目标。例如,一个企业在未来5年的经营期内,其经营目标、经营方针、经营策略等。

中期计划来源于长期计划,是对长期计划的细化和具体化。它根据长期计划提出的战略目标和要求,结合计划期内的实际条件,制定和说明各年应该达到的目标和应开展的工作。中期计划在长期计划和短期计划中起到衔接和协调的作用。

短期计划比中期计划更为详尽和具体,是中、长期计划的具体安排和落实。它主要说明为了实现计划期内的目标,应进行的具体工作和要求,是对各项工作的直接指导。在长期、中期、短期计划中,只有短期计划才能使用各种经济指标来考核和衡量。例如,建筑企业的年度施工生产计划、劳动计划、财务计划等。

人们常说:"人无远虑,必有近忧"。大量实践表明,那些制定了长期计划的公司,其经营业绩普遍优于那些没有长期计划的企业。

(2)综合、部门和项目计划

按计划的对象或涉及的范围,可以把计划分为综合计划、部门计划和项目计划。综合计划包括的内容是多方面的;部门计划只涉及某个特定的部门;而项目计划是为某项特定任务而制定的。

综合计划又称为总体计划,是具有多个目标和多方面内容的计划,它涉及到组织中的各个方面。人们习惯把预算年度的计划称为综合计划。在企业中,它是指年度的生产经营计划。其内容应该包括:物资供应计划、生产计划、技术组织措施计划、销售计划、劳动工资计划、财务计划等。这些计划相互联系,相互影响,又相互制约,形成了一个有机的整体。组织只有使资源在各个部门间合理分配,才能使有限的投入获得更大的产出。所以,应该把综合计划放在组织的首要位置,以此为基础,自上而下地编制计划。

部门计划也称为局部计划,是在综合计划的基础上制定的,它是综合计划的一个子计划,是为了达到组织的分目标而制定的,其内容有很强的专一性,只涉及到某一特定的部门。例如企业中生产部门的生产计划、销售部门的销售计划等,都属于部门计划。

项目计划,也称为单元计划,是针对组织中的某项特定的活动而制定的计划。例如组织中的新产品开发计划、扩建计划等都是项目计划。

(3)战略、战术和作业计划

按计划制定者所处的层次不同,可以把计划分为战略计划、战术计划、作业计划。

战略计划,是由组织的高层管理人员制定的,它涉及到组织长期的、有关全局的发展方向和前进道路方面的问题。它强调宏观层面上的系统性,以定性分析为主,强调理论和实践经验的结合,决定了一个组织带有全局性的使命和基本政策,目标宏伟,激动人心。

战术计划,是由中层管理人员制定的,它着重于在中观层面上对战略计划进行细化。在制定时可以灵活运用多种定性和定量分析方法,描述中期内如何实现组织的整体目标,战术计划注重目标的可实现性。

作业计划,是由基层管理人员制定的,它着眼于微观层面上的细节。制定时常使用固定的和定量的方法,解决短期内更为具体的目标,以确定工作流程、分配资源和任务、确定组织机构和合适的人选,明确权利和责任。作业计划更强调现实效果。

(4)指导性、指令性计划

按照计划的约束力划分,可以把计划分为指令性计划和指导性计划。

指令性计划是由上级主管部门下达的具有行政约束力的计划,它规定了计划的执行单位必须执行的任务。指令性计划一经下达,执行单位必须完全按照计划的要求,尽一切努力加以完成。

指导性计划是上级主管部门下达的具有参考作用的计划,它只给出了一般性的指导原则和大政方针,具体如何执行,执行单位具有较大的灵活性。指导性计划只为组织指明方向,统一认识,不具体规定特定的目标或某个实施方案。指导性计划下达后,执行单位不一定要完全遵照执行,可以根据本单位的实际情况决定是否按指导性计划工作,以及拟定什么样的方案去实施。随着改革开放和市场经济的发展,我国现在下达的大多是指导性计划。但是有一点要注意:下达指导性计划并不等于上级放任不管,它只是一种间接的计划方法。上级可以通过价格、税收、信贷等经济杠杆对下级进行管理和调控,也可以给予某种优惠待遇,或者通过制定经济政策和经济法规进行指导。

(5)营销、生产、物流、财务、人力资源计划

按照管理活动涉及的领域或职能部门的不同,可以把计划分为营销计划、生产计划、物流计划、财务计划和人力资源计划等。

由于组织的规模和类型不同,具体设置的职能部门也不相同。但一般来讲,通常有以下一些主要部门:供应、生产、销售、财务、人力资源、技术设备等。不同的职能部门根据自身的要求和特点以及涉及到的业务领域的不同,制定相应的计划,安排这些部门的工作,从而就出现了不同的工作计划,如营销计划、生产计划、物流计划、财务计划和人力资源计划等。

(6)按计划的表现形式,可将计划分为宗旨、目标、战略、政策、规则、程序、规划、预算等几种类型。

1)宗旨。各种有组织的集体活动,都有一个目的或使命,它是社会对该组织的基本要求。宗旨要表明组织是干什么的,应该干什么。例如,一个建筑企业的宗旨是向社会提供工程服务和工程产品;法院的宗旨是解释和执行法律;高职院校的宗旨是培养高级技术应用型人才等等。世界上成功的公司,其成功的原因首先在于有明确的宗旨。英特尔公司的宗旨是:"英特尔公司的目标是在工艺技术和经营这两方面都成为并被承认是最好的,是领先的,是第一流的。"索尼公司的宗旨是:"索尼是开拓者、永远向着那未知的世界探索。"

2)目标。目标是在宗旨指导下提出的,它具体规定了组织及其各部门的活动在一定时期要达到的具体成果。

3)战略。战略是为实现组织或企业长远目标所选择的发展方向、所确定的行动方针,以及资源分配方针和资源分配方案的一个总纲。战略是要指明方向、重点和资源分配的优先次序。

4)政策。政策是组织在决策时或处理问题时用来指导和沟通思想与行动方针的明文规定。政策要规定范围与界限,但其目的不是要约束下级使之不敢擅自决策,而是鼓励下级在规定的范围内自由处置问题,主动承担责任,是要将一定范围内的决策权授予下级,这是政策与规则的主要区别。

5)程序。程序规定处理重复发生的例行问题的标准方法。程序是指导如何采取行动,而不是指导如何去思考问题。

6)规则。规则是一种最简单的计划,是对具体场合和具体情况下,允许或不允许采取某种行动的规定。规则与政策的区别在于规则在应用中不具有自由处置权,规则与程序的区别在于规则不规定时间顺序,程序是一系列规则的总和。规则和程序,就其实质而言,旨在

抑制思考。

7）规划。规划是为了实施既定方针所必需的目标、政策、程序、规则、任务分配、执行步骤、使用资源等而制定的综合性计划。规划一般是粗线条的、纲要性的。

8）预算。是以数字表示预期结果的一种报告书,也称为数字化的计划。预算能使人们详细地去制定计划、平衡计划,使计划工作做得更细致、更精确。

计划由于其分类的依据不同,还会有其他的分类,这里就不一一叙述了。

2. 计划的程序

由于计划是管理的首要职能,计划工作的质量直接影响到企业的经营绩效。所以做好计划工作必须掌握制定计划时应遵循的程序以及编制计划的方法。

制定一项完整的计划一般需要经过8个步骤才能完成,即:评估机会、选定目标、认清前提、制定备选方案、评价备选方案、确定方案、拟定辅助计划、编制预算,如图2-2所示。

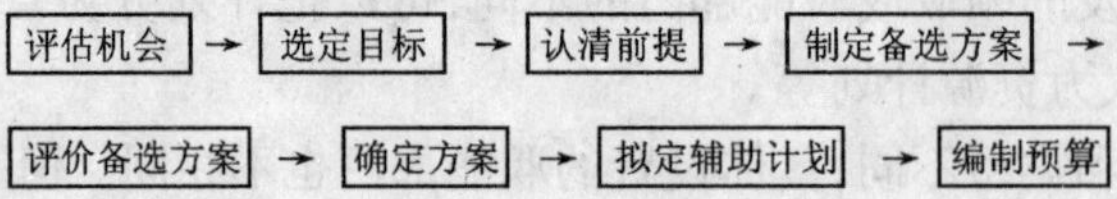

评估机会 → 选定目标 → 认清前提 → 制定备选方案 →

评价备选方案 → 确定方案 → 拟定辅助计划 → 编制预算

图 2-2　计划的程序

(1) 评估机会

评估机会是计划工作的起点。机会源于对两方面情况的分析:内部环境分析和外部环境分析,这种方法称为 SWOT 分析法。

内部环境条件	优势 Strengths	劣势 Weakness
企业外部环境	机会 Opportunities	威胁 Threats

SWOT 分析法是基于企业自身的实力,对比竞争对手,并分析企业外部环境的变化影响可能给企业带来的机会和企业面临的挑战,进而制定企业最佳战略的一种分析方法。

SWOT 分析法,实际上是企业外部环境分析和企业内部要素分析的组合分析方法。它将企业内部、外部条件等各方面的内容进行综合概括,分析企业拥有的优势、劣势;分析企业面临的机会和威胁。其中:优势、劣势分析主要着眼于企业的自身实力(包括拥有的各种资源的状况)和与竞争对手的比较;而机会和威胁则将注意力放在外部环境的变化和对企业可能的影响上,这时考虑的因素包括:宏观环境(政治、经济、法律、文化、社会)和微观环境(顾客的需求、竞争对手)。但是,同样的外部环境的变化,对拥有不同资源的企业,所带来的机会与威胁是不同的。

(2) 选定目标

只有在客观分析企业内外环境的基础之上,才能确立企业的整体目标,并为组织内部各下属部门选定目标。它是组织行动的出发点和归宿点,是组织的灵魂,也是组织最终希望达成的结果。在确立目标的同时,还要确定组织应该遵循的政策、原则、规则及任务,指明各部门工作的重点和实现目标的时间。

在选定目标时,要注意3方面的内容:

1)注意选择目标的顺序和内容

即规定在一定的时间内,哪些目标是要首先实现的。我们前面提到的兼顾国家、集体、个人三者的利益,就是为了强调组织和个人应该正确地选择目标的顺序和内容。

2)注意选择目标的重点和实现的时间

组织选定的目标不可能只有一个,在众多的目标中一定有重有轻;由于实现目标时所采取的方法和行动方案各不相同,实现目标的时间也会有所差别。

3)注意目标要有明确的衡量指标

评价和衡量目标及其实现的程度时,要尽可能使用量化指标,以便于度量和控制。例如,建筑企业衡量其计划的指标主要有:建筑产品产量指标(包括竣工面积、房屋建筑面积竣工率、实物工程量、工程形象进度),建筑产品产值指标(包括建筑业总产值、建筑业增加值、竣工产值、销售率),全员劳动生产率,工程质量优良品率,利润指标(包括利润总额、产值利润率、销售利润率、人均利润率、总资产报酬率),工程成本降低率,流动资产周转率,安全生产指标,机械设备完好率,材料节约率等。

(3)认清前提

这里所指的前提条件,是实现计划的假设条件,即计划是以什么环境为前提制定的。由于计划是面对未来的,而环境是复杂的,对组织的影响因素是多种多样的,所以编制计划时一定要预期未来的环境将会有哪些变化。这些前提条件,既是实现计划的约束条件,也是编制计划的依据,它其实是对环境的预测。

组织在认清前提条件时,一般会对政策、经济、社会、市场、销售、技术、资源等做预测,以期计划能更好地符合将来环境的变化,有利于将来更高效地实施计划。

(4)制定备选方案

我们常说"条条大路通罗马"。一个目标,往往有多种方法和途径可以实现。一个目标只有惟一的一种方法才能实现,这种情况是很少见的。管理学界有一种说法:如果某个事物只有一个方法,那么这个方法大半会是错误的。作为管理者,一定希望找出尽可能多的可行方案。在理论上,应当罗列出"所有"可行的备选方案;而在实际操作中,至少应"尽可能多地"提出各种可能的备选方案。这就要求管理者集思广益,开拓思路,充分发挥集体的创造力。

(5)评价备选方案

当发掘出各种备选方案后,必须在考虑环境影响因素的前提下,对每一个方案进行全面、彻底地分析和评价。每个备选方案都有其优、缺点,管理者必须掌握充分的信息,通过逻辑分析,定性与定量方法相结合,才能从多个备选方案中寻找出一个较为理想的方案。但是对那些不易作定量分析的情况,有时管理者的直觉和创新思维会起很重要的作用。

(6)确定方案

这是制定计划的关键一步,也是管理者作出决策的重要环节。这里的方案包含两方面的内容:一是所选中方案首先应当是可行的;二是这个可行方案与其他备选方案相比,能更好地实现目标,使目标达到最优值。在作出决策时,应当考虑在可行性、满意度、成本和效益几方面达到最优的结合。但是有的时候,由于决策过程的复杂性、决策问题的多目标性和备选方案的不完美性,有时难以找到一个各方兼顾的"最佳"方案,这时就只能退而求其次,选定一个"满意"方案。

(7)拟定辅助计划

虽然确定了方案,也规定了政策,但不能说计划是完整的,还需要制定辅助计划。辅助计划是总计划下的分计划,是组织内各个业务部门和下属单位拟定的细节计划,例如:供应计划、生产计划、销售计划、财务计划等都是组织总体计划的辅助计划。辅助计划的作用就是保证和支持总体计划的贯彻和落实。

(8)编制预算

编制预算是计划工作的最后一步。预算是数字化了的计划,是组织中各种计划的综合反映。它是评估计划的重要标准,也是下属部门进行活动的主要手段。它既是计划职能的一部分,也是控制职能的一部分。计划离不开资源分配,而资源的分配是通过预算来体现的。资源分配主要涉及到为了实现目标,需要哪些资源、各需要多少、何时投入、投入多少等问题。

预算制定得好,不仅可以成为汇总和综合平衡各类计划的一种工具,还可以成为衡量计划完成情况的重要标准。

3. 编制计划的方法

编制计划的方法有很多种,计划工作效率的高低和效果的好坏,很大程度上取决于采用的方法。现代计划方法为制定切实可行的计划提供了手段。这里仅介绍目前广泛使用的几种方法。

(1)滚动计划法

滚动计划法是一种定期修改未来计划的方法。它把短期计划、中期计划和长期计划有机地结合起来,根据近期计划的执行情况和环境的变化,定期修改未来计划,并逐步向前推移。所谓滚动计划,就是依照"近细远粗"的原则制定计划,在近期计划完成后,根据实施的结果和新的环境的变化,逐步细化和修正远期计划。滚动计划法如图 2-3 所示。

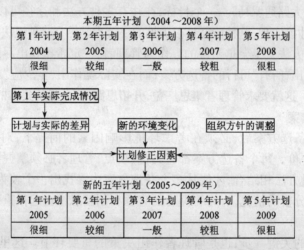

图 2-3 滚动计划法示意图

从图中可以看出,在计划期的第一阶段结束时,根据执行的情况和组织内部、外部因素的变化,对原计划进行修正和细化,再根据同样的原则逐期滚动。每次修正都使计划向前滚动一个阶段。这种方法适用于任何类型的计划编制。

滚动计划法的优点:使长期、中期、短期计划能够相互衔接,使各期计划能基本保持一致;推迟了对远期计划的决策,增加了计划的准确性,使计划更加符合实际;增加了计划的弹性,既保证了计划的长期指导性,又保证了计划应有的灵活适应性。滚动计划法的缺点:编制工作量大。但在计算机广泛应用的今天,这已经不成为一个问题了。

(2)网络计划技术

网络计划技术是20世纪50年代出现的一种较新的计划方法,是运用网络图的形式进行计划管理和组织生产的一种科学方法。它包括各种以网络为基础制定计划的方法,如关键路径法(CPM)、计划评审技术(PERT)、组合网络法(CNT)等。

网络计划技术的原理是:把一项工作分解成若干个作业,根据作业的先后顺序,运用网络的形式对整个工作进行统筹规划和控制。它标出了各项活动的先后次序和完成时间,利用网络图来表达计划任务的进度安排,反映其中各项作业之间的相互关系;使管理者能从图中找到计划完成的关键路线,明确项目的重点,优化项目的资源分配;利用时差不断改善网络,以求得工期、资源和成本的优化方案,用最少的人力、物力等资源的投入,最快地完成工作。并且在计划执行过程中,通过信息反馈进行监督和控制,保证计划目标的实现。

网络计划技术适用于各行各业,特别适用于工程项目复杂,包含上万项作业,需要几百家单位参与的大型工程项目。其优点表现在:

1)能清楚地表示工程中各项作业的时间顺序和相互关系,有利于管理者从全局出发,统筹安排。

2)指出关键路线和关键环节,管理者能进行重点管理。从网络图中能找到优化工程的可行方案,可以调动非关键路线上的人力、物力、财力从事关键作业,既能节省资源,又能加快工程进度。

3)事先评价达到目的的可能性,指出实施过程中可能出现的难点,以便事先准备好应急措施,减少完成任务时的风险。

4)对于大型复杂项目,通过分解成多个分支系统,便于组织和控制。

(3)运筹学方法

运筹学是近四十年来发展起来的一门新兴学科,它的目的是为行政管理人员在作决策时提供科学的依据。这种方法是计划工作最全面的分析方法,是一种分析的、实验的、定量的科学方法。

其核心是建立一种数学模型,把相关的因素转化成变量,通过求解来解决问题。基本步骤是:提出和形成问题→建立模型(把变量、目标和各种约束条件用一定的数学模型表示出来)→求解→解的检验→解的控制→解的实施。

这种方法适用于在物质条件已经确定的情况下,为了达到一定目的,如何统筹兼顾整个工作中各个环节之间的关系,为选择一个最优方案提供数量上的依据,通过最经济、最有效地使用各种资源,取得最优效果。最典型的运筹学方法是线性规划法,除此之外,如非线性规划法、整数规划、动态规划、排队论、库存论等也广泛应用于计划工作之中。

(4)投入产出法

这种方法是应用极为广泛的计划方法。它利用高等数学的方法对生产部门之间或投入与产出之间的数量关系进行科学分析,并对再生产进行综合平衡。

其基本原理是:任何系统的经济活动都包括投入和产出两大部分。投入是指在生产活动中的消耗,产出是指生产活动的结果。投入产出法就是利用投入和产出之间具有的一定数量上的关系,建立投入——产出表,对投入与产出的关系进行分析,用分析的结果来编制计划,并进行综合平衡。它以最终产品为目标,从整个经济系统出发,来确定达到平稳的条件。

第二节 战略管理

一、战略管理的定义、层次

1. 战略的产生

战略(Strategy)一词最早来源于军事术语,本意是"将军的艺术",现在受到西方理论界推崇、被国内外企业管理者奉为"商战宝典"的《孙子兵法》,就是研究战略的成功著作。

企业战略的很多理论都来源于军事战略。把军事理论应用于企业管理和竞争,在实际应用中还有一些争议。但是至少军事上的战略思想有助于理解企业战略管理的精髓。很多军事战略思想都可以在企业战略上加以应用。军队和企业存在着一些相似性,如:

(1)两者都有自己的目标

军队:战略目标由政府或统治者决定。

企业:战略目标由企业拥有者决定,现代社会中则是董事会。

(2)战争或竞争的态势,都是由于不同组织的目标之间出现了对立

(3)军队和企业所拥有的资源也是相似的,为了达到目的,都必须拥有人员、设备、技术、信息等

(4)两者都必须处于一定的外界环境之中

军事:讲天时、地利、人和。

企业:关注政治、经济、文化、社会和市场。

(5)军事策略在企业中的应用:

进攻、防守、消耗战、迷惑对方、包围、逐步升级等。

2. 战略的定义

从军事角度:指导战争全局的计划和策略。

从企业管理角度:有关全局的重大决策或方案。

在现代管理科学中,战略这一概念一般是指一个组织面对充满各种机遇和挑战的不断变化的环境,为寻求其长期生存和不断发展而作出的总体性谋划。本书将战略定义为:一个组织在激烈的竞争环境中,为谋求其生存和发展,实现组织的使命和目标,而制定的带有长远性和全局性的关于组织的发展方向、前进道路和行动方案的谋划。

简单地说,企业战略是指企业面对激烈变化的外部环境,为求得长期生存和不断发展而进行的总体性谋划。战略是企业制定目标、部署和配置资源的基本形式,也是企业面对市场、竞争者和环境因素的变动所做的反应。它指明了在竞争环境中,企业生存的态势和发展方向,决定着企业的业务结构和竞争形势,并要求对企业的人、财、物、技术、管理等资源进行相应的配置。

3. 战略的含义

目的:实现企业的长期目标和使命。

产生的外因:激烈的竞争环境。

产生的内因:企业要生存和发展。

内容:制定总体行动方案。
表现形式:战略规划。

4. 战略的特点

(1)长远性

这是从时间角度分析战略的特点。战略是对未来较长时期内,关于企业生存、发展而进行的策划。企业所有的战略都是在考虑未来,都是从现在出发,对未来作出准备和规划。战略在国外一般为 5 年、10 年或 15 年,在我国通常为 5 年以上,例如:国民经济 5 年发展规划。没有长远考虑的决策称不上是战略决策,战略一定会对企业造成长远的影响。

在实践中我们认为,没有战略眼光的领导人不是好的领导人;没有战略方向、没有战略规划的企业只能得过且过。

(2)全局性

这是从空间角度进行的分析。战略是一个人造的、开放的系统,是系统思维的产物。

战略要实现的是企业的总目标,而不是仅仅考虑某一个或某几个部门,企业的战略包含了企业的各种单项活动。所以战略必须以整个企业作为考虑的对象,整体谋划,全盘运作。只有站在全局的角度,才能合理调配各种资源,实现总体目标。

(3)指导性

这是战略所起的作用,是从长远性和全局性引申而来的。既然战略是站在全局的角度,对企业未来较长时期内的发展方向、前进道路、行动方案作出了整体性的谋划,那么企业的各个部门,每个员工,都要按照战略制定的方法去执行,所以,战略具有指导性。

(4)抗争性

它表明了战略的本质。制定战略的目的是为了在充满各种挑战和机遇的环境中生存并发展。所以对于环境要科学预测;对于竞争者(或对手)要做到知己知彼;对于自身要扬长避短;对于企业领导者要求有超前意识、有创新意识。

(5)客观性

制定战略必须从实际出发,以企业现状为基础,实事求是的分析自己和对手,才能拟定出切实可行战略,才能为企业的发展指明方向。这是战略的实践要求。

(6)可调性

战略具有指导意义,它标明了组织的前进方向,所以战略一旦确定下来,就不能轻易更改,具有相对的稳定性。

由于战略是对未来较长一段时期所做的预测,这种预测带有很大的不确定性。企业所处的内部、外部环境在不断发生变化,战略不可能完全准确地预知所有的未来。所以,战略要有一定的弹性,制定战略的人要有权变意识。这是当环境发生改变时,战略应有的反应。

(7)广泛性

这是从战略的范围角度而言的。战略的内容不但涵盖了企业的所有部门、所有员工,战略的内容还必须被企业所有员工所理解、接受,并能遵照执行。

(8)风险性

由于战略具有长远性、抗争性,决定了战略具有风险性。一旦决策失误,造成的损失将非常巨大,甚至无法弥补。

所以要求在拟定战略方案时,要使利益最大化、风险最小化;在执行战略方案时,要随时做好应变的准备,要有监控和信息反馈系统。

5. 战略管理

战略管理(strategic management)是指一个组织在制定和实施关于其未来发展方向、总体目标和行动方案的规划过程中,所进行的决策、计划、组织、领导、协调、评价和控制等一系列的活动,以及从事这些活动的艺术和科学。

6. 战略管理的层次

战略在组织中可分为不同的层次。这种层次的划分不仅与管理的层次相对应,而且与企业利润的来源有关。

企业战略可分解为三个层次:总体战略、经营单位战略、职能部门战略。

战略管理的第一个层次解决的首要问题就是决定企业要在什么领域里经营,这是企业的总体战略,有时也称为公司战略。它的决策和实施是由公司总部进行的。

战略管理的第二个层次称为经营单位战略,也称为竞争战略或从业战略。这个层次解决的问题是如何在选定的经营领域里与竞争者竞争。它是由公司总部和业务部共同决定,由业务部执行的。

战略管理的第三个层次称为职能战略,也称为功能战略。它是在经营单位战略的指导下,各业务部门进行各项业务活动的战略。其内容大部分是由经营单位战略所决定的,但其贯彻执行则主要由职能部门负责。

各层次间的关系及所包含的内容如图 2-4 所示。

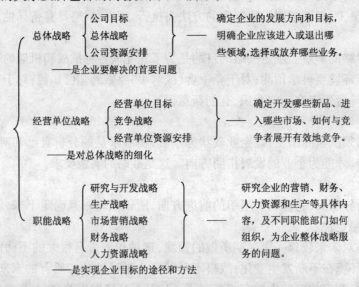

图 2-4　战略管理的层次及内容

二、战略管理的过程

战略管理是对战略制定和实施过程的管理,战略管理需要解决的是如何制定战略,以及如何形成一个规划把战略投入实施的问题。关于战略管理的过程,有许多不同的划分。有些专家把它分为三个阶段:战略分析、战略选择和战略实施;有些则分为四个阶段:战略分析、战略制定、战略实施和战略评价。实际上,战略分析是制定战略的前期工作;而战略评价是为了有效地进行战略控制,保证能够按照战略规划的要求进行战略实施而进行的一项工作。所以,本书将战略管理的过程简单划分为两个阶段:战略规划阶段和战略实施阶段。

1．战略规划阶段

战略规划是指制定战略决策方案的过程。它包括确定组织当前的宗旨与目标,分析环境,发现机会和威胁,建立战略目标体系,通过分析组织的资源、区别优势和劣势来拟定备选的战略方案,最终制定战略等六个步骤。其中分析内部、外部环境也就是我们常说的战略调研。

2．战略实施阶段

战略实施是指落实、执行和逐步实现战略规划的活动。它包括确定组织机构及其结构,落实和协调战略执行活动,检测和控制战略方案的实施,评价及进行信息反馈等四个步骤。其中信息的反馈不仅包含战略规划阶段的反馈,还包含战略实施阶段的反馈,以及从战略实施到战略规划的反馈。

以上所说的这些步骤都不是一次就能完成的,往往要经过多次的反复,不断修正,才可能达到满意的结果。

这里要注意的一点是,由于前面已经介绍过战略规划具有指导性、长远性和相对的稳定性等特点,当进入到战略实施阶段后,一般不要轻易地或大幅度地修改战略规划。但是由于环境的多变性,在战略的执行过程中,一旦发现战略规划存在严重的缺陷,不具有可行性,甚至与新的环境不相适应,这时就必须去修正战略规划,避免造成更大的损失。战略管理的过程如图2-5所示。

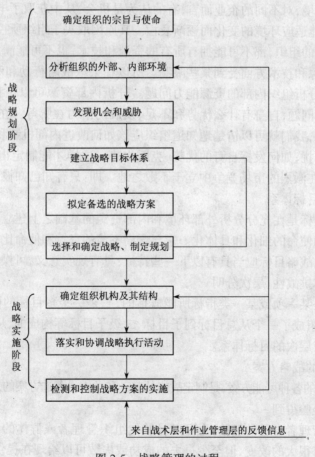

图2-5　战略管理的过程

下面对战略管理过程做一下简单的叙述。

1. 战略规划阶段

(1) 确定组织当前的宗旨与目标

确定组织当前的宗旨与目标,也就是规定组织的使命。规定任务(或使命)是企业战略的基本内容之一。企业的任务一般包括两个方面的内容:企业观念与企业宗旨。企业观念提出了企业为经营活动所确定的价值观、信念和行为准则;企业宗旨则为企业指明了企业的类型及现在和将来企业活动的方向与范围。

在目前市场经济的条件下,确定企业的宗旨与目标,应该一切从市场出发,一切以满足消费者的需求为根本。所以彼德·德鲁克认为,企业宗旨的惟一定义是"创造顾客"。

(2) 分析环境

这里主要强调分析外部环境。任何组织都处在一个开放的系统之中,它与外部环境有着千丝万缕的联系。外部环境将会影响到企业的产品类型、顾客需求、市场细分、市场定位、竞争策略、供应商和分销商的选择等。外部环境的变化会影响组织未来的生存和发展,因此在制定组织的战略目标和战略规划时,一定要首先调查和分析所处的外部环境,发现机会和威胁,并预测其未来的变化趋势。

(3) 分析组织的资源,发现机会和威胁

同样的外部环境,对不同的企业而言,有的认为是机会,从中获取了丰厚的利润;有的认为是威胁,由于不能适应环境的变化而逐渐衰亡。其原因取决于组织所控制的资源状况。

无论多么强大的组织,都不可能拥有所有的资源和技术,也不可能满足所有消费者的所有需求,都会在资源和技术方面受到某些限制。所以在采取战略行动和利用外部环境带来的机会之前,都要分析组织内部的资源能力问题。分析内部资源可以让我们了解和掌握组织的现状和存在的问题,自身有什么优势和不足,发展的潜力在哪等。在此基础上,结合外部环境的分析结果,我们就可以清楚地知道组织应该如何改进内部机制和管理水平;如何避免外界的风险和干扰;如何发挥自身的优势,克服劣势。这样才能制定出科学、可行的发展战略,才能使组织在激烈的市场竞争中立于不败之地。即:只有知己知彼,方能百战不殆。

(4) 建立战略目标体系

组织的战略目标是在充分分析外部环境和内部资源的基础之上建立起来的。战略目标是对组织的宗旨和使命的细化和具体化。它与含糊不清的宗旨和使命比起来,更加具体,也更容易衡量。所以战略目标应当具有以下一些特征:具有现实意义,可操作、能够量化、容易度量、好理解,具有挑战性、层次分明。

战略目标不是某一项或某一类指标所能概括的,它是一个多目标的体系。通过多层次的递阶分析方法,组成了一个从总目标到子目标、二级子目标等构成的,从笼统到具体、从总体到局部的一个有层次的目标体系。

(5) 拟定备选的战略方案

拟定出供选择的各种可能方案,是制定战略的基础和关键。备选方案的来源通常有两种。

1) 由过去的经验得到

经验可以是管理者自己的经验,也可以是其他组织管理者或群体的经验。虽然过去的环境与现在相比有很大的改变,但至少过去的成功或失败可以给现在提供参考。

2) 由改革创新得到

在激烈的竞争环境中,管理者应具有随机应变的能力。组织的发展需要新颖的、独创的方案。在当今社会,创新已经成为组织生存和发展的核心。

(6)制定战略

制定战略的实质,是为了获得相对于竞争对手的持久的、强有力的竞争实力。一旦选择了合适的战略方案,实现战略目标应该采取的措施和手段也就确定下来了。最终选择的方案不仅能使组织获得最有利的竞争优势,还能使这种优势能长久地保持下去。美国管理学者彼得·圣吉指出:现在全世界的管理和思维方式正在酝酿一场新的趋势,因为未来社会惟一持久的竞争优势就是"有能力比你的竞争对手超越得更快"。

2. 战略实施阶段

(1)确定组织机构及其结构

组织的目标不是选好了一个方案后就能够实现的,更重要的工作是如何执行。目标和方案的实现是靠人来完成的,寻找合适的人,建立高效的组织机构,是实现目标的基础。组织是手段,是实现战略和目标的手段。一个良好的组织机构能够大大提高组织的绩效,优化资源配置,促进战略目标的顺利实现。组织结构的形式多种多样,具体内容将在第三章中介绍。

(2)落实和协调战略执行活动

如果不能很好地实施方案,再好的战略都将毫无意义。落实和协调是指安排和实施战略执行活动,并对其中出现的问题进行调整和解决的过程。它包括制定执行进度、规定相关政策、合理配置资源(包括人、财、物、信息、时间等)、修正和完善业务流程、对员工进行约束和激励、解决矛盾、调整各种关系等工作。

落实和协调是一项长期、艰巨的工作,对整个组织来说是一个严峻的挑战。它需要组织内各层次的管理者和所有的员工同心协力,尽职尽责地去完成预定的目标。在执行过程中,难免会出现整体利益与部门利益之间、长远利益与眼前利益之间、组织利益与个人利益之间的矛盾。所以管理者必须具有良好的沟通能力,懂得领导艺术,熟练掌握协调人际关系的技能,能激励起员工工作的主动性和积极性,把员工个人价值的实现与组织的兴衰存亡联系到一起,使员工在工作中产生自豪感和使命感,使之为既定战略目标的实现而努力奋斗。

(3)检测和控制战略方案的实施

为保证执行的结果与战略规划的要求相一致,必须对实施过程进行不断监控。通过检测,发现偏差,及时地采取相应的措施来纠正和控制,才能使之回到正确的步骤上去。检测是管理控制的基石。一旦检测的结果中含有虚假成份,那么以这个错误的检测结果进行控制,其结果只会造成战略管理过程的失控和混乱。

(4)评价及进行信息反馈

评价应当是全面的和多指标的。不仅要从经济角度去评价组织战略实施的情况,还要从组织的竞争实力、创新能力、抗风险能力、团队精神、环境效益、社会效益等多方面去考察战略的实施效果。

战略评价要同时考虑近期和远期效果。短期经营效果好并不等于长期战略的成功;而长远的战略实现也不会很快在近期内取得明显的效果。所以一个组织的管理者要有清醒的头脑和战略眼光,能运用动态的观点评价战略的实施成果:既不陶醉于短期的成就,也不会被眼前的困难所吓倒。

信息反馈是把战略实施过程中检测到的情况进行收集、汇总和评价,并把结果传递到有关管理部门作为分析问题依据的过程。反馈过程不是一次完成的,它要在整个战略实施过程中不断地、重复地进行,通过检测、评价、反馈、纠偏、再检测、再反馈……如此往复进行,直到战略实施的结果达到满意。

三、环境分析

任何企业和组织都处在社会的、政治的、经济的、文化的、技术的和自然的环境之中。根据各种力量的影响不同,可以把一个组织的环境可分为内部环境和外部环境两大类。

内部环境是组织内部特有的功能、结构、优势、劣势等等及各组成部分间的联系和相互作用;外部环境是存在于组织系统外的,关于物质、经济、文化、人际和信息的总和。

内部环境主要包括内部资源环境、内部文化环境、内部综合环境;外部环境则可分为外部一般环境和外部特殊环境两类。外部一般环境,也就是我们常说的宏观环境,它是指环境中间接影响企业活动的不可控制的较大的社会力量,如政治、经济、法律、文化、生态等。外部特殊环境,也就是我们常说的微观环境,它是指环境中直接影响企业活动的各种不可控制的因素,如顾客、供应商、竞争者和社会公众等。

企业的环境分类如图2-6所示。

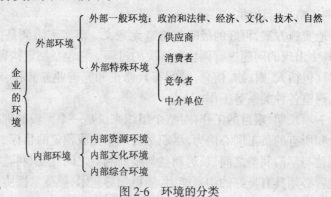

图2-6 环境的分类

1. 外部一般环境

(1) 政治和法律环境

政治环境表现为一个国家的政治体制、政府政策;法律环境表现为国家的各项与企业活动相关的立法。它又可以分为国内环境和国际环境。

1) 国内环境一般包括党和政府的各项方针、政策、路线和法规。我国的企业必须贯彻执行党的方针和政策;同时企业也受到这些方针、政策法规的调整和约束。

2) 随着我国加入世贸和经济的全球化,企业还必须了解国际环境。例如:①进口限制,是指在行政和法律上限制进口,表现为限制进口数量的各项措施和限制外国产品在本国市场上销售的措施;②外汇管制,是指一国政府对外汇的供需和利用加以限制;③关税控制,是指一国政府征收关税控制和限制某些产品的进出口;④价格管制,是指当国家面临经济危机时,政府对重要物资和产品实行价格管制;⑤国有化,是国家把所有外国人投资的企业收归国有;⑥劳工限制,是国家对劳工来源及使用方面的特殊规定。

(2) 经济环境

经济环境是企业所面临的外部社会经济条件。企业是经济系统的基本组成单元,宏观经济形势的发展必定会对企业的发展造成重大的影响。

宏观经济分析是从全局出发,运用定性和定量相结合的方法,对国内和国际宏观经济的运行状态和变化规律进行系统的分析。经济环境研究主要以经济发展运行状况研究为主,宏观经济的运行状况可以用一些定量的经济指标和定性的变化趋势加以描述,例如:国内生产总值及其增长率、固定资产投资总额及其增长率、社会消费品零售额及其增长率、进出口总额及其变化、财政收入、外汇储备、税收状况、经济周期、行业状况、人口及其增长率、居民收入水平、储蓄存款总额及其变化、购买力水平、物价指数、就业水平、物质环境状况等。

(3)文化环境

广义的文化,是指人类社会历史实践过程中所创造的物质和精神财富的总和,它包括价值观念、观点、态度等。文化既包括有形的,如建筑、服饰等;也包括无形的,如观念、信仰等。

而社会文化环境(sociocultural environment)是由生活在一定社会群体中的人们的受教育程度、文化水平、价值取向、宗教信仰、风俗习惯、生活准则、审美观点等因素构成的,它是由该地区居民长期的生活积淀所形成的。同样的活动在不同国家和地区的人们看来,其意义和所起的作用是不同的甚至是完全相反的,这些因素无时不在影响着企业的各种活动。一个企业的管理者必须适应这种环境,按照这个社会文化环境中的特有准则来制定决策和方案。

社会文化环境是不容易掌握的。首先,即便是长期生活在这个环境中的人,也很难一下子准确清晰地描述出本地区或本国的社会文化。其次,文化虽然有相当的稳定性,但却不是一成不变的,尤其是随着经济的发展和改革开放速度的加快,许多其他国家和地区的风俗习惯也慢慢渗透到本国的文化当中,这给管理者制定决策又增加了难度。所以作为管理者一定要做深入细致的调查和分析工作,适应文化的变化带给企业的影响,运用系统工程的思想研究社会文化环境的系统结构,把不同的因素分别予以分类,研究各因素的组成结构,才能使企业立于不败之地。

(4)技术环境

技术环境对企业的生存和发展有着直接重大的影响,尤其在全球都面临着能源及原材料的紧缺状况的今天,技术已经成为决定企业命运和社会进步的关键所在。在企业中,技术是指如何设计、生产、销售产品和服务的方法。新技术可以给企业带来新产品、新服务、新材料、新工艺、新设备;能带来更高的劳动生产率;带来更好的产品质量、更多的产品品种;能带来更高的生活水准。但技术是一把"双刃剑",一方面因其创造性给某些企业带来发展的机会;另一方面也会因其破坏性给另外一些企业造成巨大的威胁。例如,汉字激光照排技术的应用夺走了传统印刷业的市场份额;高性能塑料的研制严重影响到了钢铁企业的获利水平。

但是从总体来讲,新技术的发明和使用对企业的生产和社会进步而言,其积极作用是显而易见的。对企业来说,大量新产品不断投放到市场上,许多老产品被迅速淘汰,使消费者的需求得到更充分的满足,产品的生命周期大大缩短,社会进步的脚步越来越快。

技术环境分析不仅要关注本企业、本行业的相关技术,还要更多地了解国家科研投资的重点和支持的项目,了解国际最新发展动态,了解专利保护等情况。

(5)自然环境

任何企业的生产活动都与自然环境息息相关,无论制造哪种产品都需要原材料、燃料、动力和水等资源。但是随着机器化大工业的推广和我们对自然环境的忽视,我国的自然环境已遭受了严重的破坏。环境保护对企业有利有弊,长远来看,对企业发展是有利的。

自然环境包括企业及其机构所处的地理位置、矿产资源、气候条件等因素。地理位置对企业的发展有重要作用,由于地处沿海地区或经济发达地区,或享受政府给予的优惠政策,对企业的发展是十分有利的。我国目前东部和西部的差异,原因就与此有关。矿产资源的富集程度对于那些从事原材料开采及加工的企业,又提供了一个便利条件。而气候条件又对企业的从业类型提出了客观上的限制。

所以,考虑自然环境不仅对企业的经营地点选择有很大的参考作用,对于那些已经处在某一地理位置上的企业,还要求它们高效地利用当地的自然资源,变资源优势为经济优势,并与自然达成一致与和谐。

2. 外部特殊环境

企业除了要熟悉和分析各种宏观环境外,还要同各种组织和个人打交道。首先从供应商那里获得原材料和其他物料,然后经过企业内部各职能部门的协作生产出产品,再通过各级中间商送到消费者手中。

(1) 供应商

供应商是向企业及其竞争对手供应各种资源的企业和个人。随着社会分工越来越细,供应商提供的产品和服务也越来越丰富。供应商提供的原材料价格的高低、交货时间是否准确、质量是否满足要求、数量是否充足,都会影响企业产品的成本,进而影响企业的获利能力和生存状况。企业的管理人员要根据自身的实际情况,可以把供应商看成自己的竞争对手,也可以看成是合作伙伴。

企业不可能单独存在,它必须与相关的企业联合行动,形成一个"链条"。供应商是这个链条的起点,消费者或顾客是这个链条的终点,如图2-7所示。

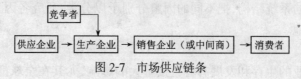

图2-7 市场供应链条

(2) 消费者

消费者(顾客)是企业产品或服务的购买者和使用者,是企业服务的对象。顾客既可以是个人、家庭,也可以是机关团体和政府部门。真正影响企业持续成功的重心不是公司的策略目标,也不是发展的计划,而是企业为顾客创造价值的力量。

世界著名的零售巨头沃尔玛,其经营原则"顾客永远是对的",使得这个公司作出了一系列的创新:开架销售、24小时营业、连锁经营、仓储式销售、会员店、全球定位系统的推出等,都是为了让顾客获得最优、最廉价、最便捷采购的商品,并带动了全球百货业的兴旺。

市场经济发展到今天,企业的管理者应该有这样一种共识:企业只有面向市场,通过满足顾客的需求,才能从中获利,才能求得生存并发展。企业面向市场,是指企业要面向某一国家或某一地区的顾客,分析目标顾客的需求,研究其购买心理和购买行为,以顾客需求为导向,结合企业实际情况,研究产品销售地区的供求状况和竞争情况,确定企业的经营方向的经营服务对象,制订生产计划、经营决策和营销策略,实现企业的经营目标。

(3) 竞争者

一般来说,为消费者服务的企业不止一个,除非进行垄断。竞争不只来自于本国市场,也来自于国际市场;不只发生在行业内,也发生在不同行业之间;甚至在企业内部的不同职能部门和每个员工之间都存在竞争。对竞争者进行分析大致包含以下内容:产品的研究与开发、产品的制造、采购、销售渠道、售后服务、财务管理等。竞争者分为现实的竞争者和潜在的竞争者两类。

(4)中介单位

多数情况下,企业的产品都要经过中介单位才能到达消费者手中。中介单位是协助企业推广、销售、分配产品的企业和个人,包括中间商(如批发商、零售商)、实体分销公司(如仓储公司、运输公司)、市场营销服务机构(如调研公司、广告公司、广告媒体)、金融机构。

3．内部环境

(1)内部资源环境

狭义的资源仅指物力资源,而现代的资源则包括人力资源、财力资源、物力资源、信息资源、时间资源等内容。考虑企业内部资源时,不但要考虑如何获得这些资源,更要考虑如何有效地使用这些资源,使其发挥最大的效益。企业根据特定的目标,输入不同的资源,经过转换后,变成产品或服务输出,完成了从资源到产品的转换,如图2-8所示。

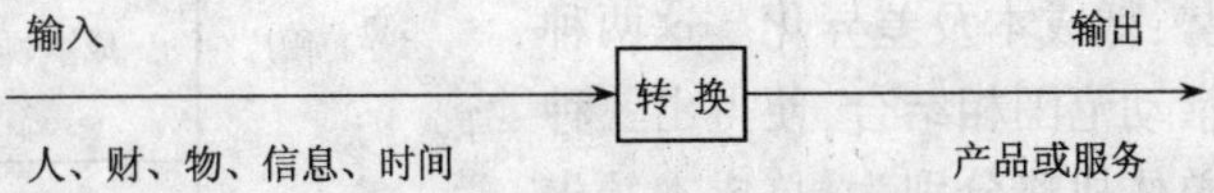

输入 → 转换 → 输出
人、财、物、信息、时间　　　产品或服务

图2-8　输入——转换——输出模型

(2)内部文化环境

现代企业的活力不仅依靠物质的代射,更与精神文化活动紧密相联。企业文化是指在一定历史条件下,企业及其员工在生产、经营和实践中逐渐形成的共同思想、作风、价值观念、行为规范和伦理道德、规章制度、精神风貌等。企业文化的实质是企业内部物质、制度和精神各要素之间的动态平稳和最佳组合,它的精髓是提高人的文化素质,重视人的社会价值,尊重人的独立人格,形成一种团队精神,最终提高企业的整体竞争力。目前我国各建筑企业都在不同程度上建设企业文化。例如,中化六建富有个性的"团结、自强、创优、争先";南京二建集团公司的"用大地人的精神,营造大地上的精品";上海一建的"一流质量、一流建设、一流服务、一流职工队伍";南京栖霞建设集团的"立广厦于天地、奉爱心于人间"等,都是企业经营理念的高度提炼,也是企业竞争力的核心所在。在激烈的市场竞争环境中,许多企业都在提倡团队精神、合作意识,努力建立学习型组织,倡导学习型社会,这都是与企业文化紧紧相联的。

良好的企业文化应该具有整体性、内聚性、稳定性、人本性、时代性和民族性。企业文化能凝聚人心、激励斗志、约束行为、协调沟通、培育员工、辐射示范,对树立企业形象、发挥职工的创造力、提高企业的经济效益、推动社会进步起着主动、积极的作用。由于企业的内在文化是全体职工在协调、适应外部环境和社会关系时形成的价值观念和群众意识,它对指导生产和经营活动有一定作用。现代企业文化中大都包含开拓精神、创新精神、竞争意识、改革意识、利润意识、危机意识等。它从侧面反映了企业的战略思想和战略方案。

(3)内部综合环境

内部综合环境分析是在内部环境分析的基础上,对企业的整体实力进行综合的分析和评价。通过对综合环境的分析,可以建立一个系统的评价体系,通过诸如企业的管理水平、决策水平、经济实力、市场适应能力、竞争能力、创新能力等指标,对企业进行全面的综合评估。

四、战略选择

战略选择是战略管理的核心。

解决这个问题时,要考虑两方面的内容:一是可选战略,即回答企业目前有哪些可选择的战略方案;二是战略评价,即用什么样的方法进行选择。

1.可选战略

可选战略首先讨论企业采取的总体战略;然后按照战略方向和战略发展的层次讨论企业可选的战略方案。

（1）总体战略

总体战略的基本思想是:竞争是一切战略的核心,它是企业参与竞争并保持其领先地位的基础。企业要确定总体战略,就要发现其竞争优势所在,并利用这个优势,在适合的领域里生存和发展。从竞争角度讲,一个企业可以拥有两种最基本的竞争优势:低成本及差异化。这两种基本优势与企业的活动范围相结合,便得出三种总体战略。这三种总体战略分别为:总成本领先战略、差异化战略和集中化战略。如图2-9所示。

	竞争优势	
竞争范围	低成本	差异化
范围广	成本领先	差异化
范围窄	成本集中	差异化集中

图2-9 总体战略

1）总成本领先战略

随着人们对经验曲线的认识,成本领先战略的应用也日益普遍起来。这种战略的主导思想是以低成本取得行业中的领先地位,并按照这一基本目标采用一系列专门的方针。成本领先要求建立起大规模、高效率的生产设施,在丰富经验的基础上控制各项管理费用,最大限度地减小研究开发、服务、广告等方面的支出,尽量降低成本,使产品的单位成本低于竞争对手。为了达到这些目标,就要在管理方面对成本控制给予足够的重视。

低成本与高利润相联,即使存在强大的竞争对手,处于低成本情况下的企业也可以获得高于行业内平均水平的收益。

成本领先的优势在于能建立行业壁垒,不但保护本企业在竞争中不受伤害,还能迫使对手由于成本居高、利润下降而退出市场,从而使本企业获得更高的市场占有率,在竞争中处于更有利地位。一旦企业的市场份额提高,其继续购买的成本会进一步降低,而且由于成本领先所获得的高利润又使企业在设备维护、设备更新等投资上继续保持领先地位,从而形成一种良性循环。为了成功地实施成本领先战略,要求所面对的市场必须有持久、稳定、大量的需求,从产品的制造、生产到销售都能广泛地推行标准化、规范化和系列化。这方面的成功案例包括麦当劳和肯德基。当推行大规模、标准化生产后,每个面包的大小,每根薯条的形状,每个鸡块的炸制时间,每个汉堡中调味酱的多少都是完全相同的;而其食品质量、环境卫生、服务态度、工作人员的操作流程等也有一套完整而严格的检验标准。通过标准化的运行,不但确保了品牌的信誉,而且使得它们成为快餐业的领头巨人。

但是有一点要注意,企业的成本领先并不等于企业的产品就具有特色,成本领先不能失去产品的独特性。因为消费者需要的是能满足其需求的富有特色的产品。产品失去了独特性,也就失去了对消费者的吸引力,最终会被市场淘汰。

2)差异化战略

差异化策略是企业在本行业中追求独特性,与其他产品有意识地保持不同,把产品的独特性作为其保持市场份额、追求利润的出发点,并且建立起竞争方面的优势。其基本思路是:将整个市场细分后,选择两个或两个以上甚至所有的细分市场作为目标市场。根据不同细分市场的特点,分别生产不同的产品,制定不同的营销策略,满足不同细分市场上顾客的不同需求。这种策略适用于财力雄厚、技术力量和管理水平较高的大型企业。

其优点是:产品品种多,能面向广阔市场,满足不同需求,市场占有率大,适应性强,风险小。但缺点是由于小批量多品种生产,要求企业有较高的管理水平;而且由于产品多样化,无法发挥规模效益,导致企业成本上升。所以运用此策略时,所能获得的经济效益要能抵消成本的提高额。

实现差异化的方式有多种,例如提高产品的性能、改善包装、完善客户服务、树立品牌形象等。其中最典型的例子就是宝洁公司,它成功地运用了差异化战略,挺进中国市场时在洗发水、洗涤用品、化妆品等方面成功地推出了多个品牌,海飞丝、飘柔、潘婷、汰渍、碧浪、玉兰油、SK-Ⅱ等这些耳熟能详的品牌,都是在细分市场的基础上,有针对性地突出产品的独特性,通过满足市场需求而占据了大量的市场份额,并使企业从中获得了高额的收益。

差异化战略与成本领先战略的不同之处在于,它是利用顾客对品牌的信任度以及由此产生的对价格敏感程度的下降而使企业避开了竞争。不但给竞争对手构成了入侵障碍,还使顾客由于缺乏比较对象而失去了对价格的评价和选择余地,而且由于竞争优势的存在使企业处于有利的地位。

值得注意的是,差异化战略并不意味着企业可以忽视成本,而是这时成本不再是企业的根本战略,这与讨论成本领先战略时提到的不能失去产品的独特性是一个道理。所以企业必须在不影响差异化的前提下,尽可能地降低成本,保持与竞争对手成本上的近似。

3)集中化战略

前面所述的两种战略都是适用于整个市场的战略,而集中性战略是针对某个细分市场或某种产品的战略。集中战略,也称为专一化战略,就是企业的产品或服务只为某个细分市场而制定,对于其他的细分市场则不予考虑。如果将集中化战略与成本领先战略和差异化战略结合,可以得到两种不同形式的集中化战略:成本集中和差异化集中。前者是企业关注于在目标市场上取得成本方面的优势;后者是企业关注于在目标市场上取得差异化。无论是哪一种,都是以某一个细分后的目标市场作为基础的。

这种战略的优点在于:企业可以集中使用有限资源,通过实行专业化的生产、销售,以其专一化的产品或服务,取得在某一个市场上较大的市场占有率。缺点是企业对目标市场依赖性太大,风险大。

集中化战略追求的不是占据整个市场份额,也不是在较大的市场上取得较小的市场占有率,而在一个或几个小市场上拥有较高的市场占有率。所以这种战略适宜于资源有限的中小企业。

(2)可选择的战略方案

企业可供选择的战略有许多种,从类型上可分为扩张型战略、防御型战略、一体化战略和多元化战略,每种战略又可细分为若干战略,具体内容如表 2-2 所示。

可供选择的战略类型　　　　　　　表 2-2

战略	内容	含义	举例
扩张型	市场渗透	扩大产品或服务的市场份额	企业加大广告投入或降价促销
	市场开发	把产品、服务打入其他地区	海尔在美国设厂,进军海外市场
	产品开发	改造现有产品、服务或开发新的产品、服务	各电视机厂纷纷生产平板电视
	收购或兼并	扩大资产或生产规模	联想集团收购 IBM 全球 PC 业务
防御型	收缩	减少成本支出,转变经营方向,以扭转利润下降	毕特丽丝公司精兵简政放弃其旗下许多公司,得以渡过经济衰退期
	剥离	将公司的一部分出售	万科公司出售怡宝蒸馏水业务
	稳定	保持现有目标不变	可口可乐公司每年提供相同的产品和服务
一体化	前向一体化	获得零售、分销所有权	面粉厂加工面包出售
	后向一体化	获得原材料、零部件所有权	家具厂制造由购买板材制造家具改为自己生产板材
	横向一体化	供应商、制造商、销售商合作或组建虚拟组织	日本资生堂与北京日化四厂合资生产华资系列化妆品
多元化	集中多元化	增加相关的产品或服务	面粉厂用麸皮做饲料
	水平多元化	为现有用户增加新的、不相关的产品或服务	食品加工制造企业生产农药
	复合多元化	增加不相关的产品、服务	石油公司经营金融和纺织业

2. 战略评价

可供选择的战略方案产生以后,要想知道战略对于企业是否合适,企业如何选定适宜自己的方案,就需要通过战略评价才能寻找到最优或满意的方案。评价是选优的基础。评价意味着确定事物的价值,它是一个探索、理解和叙述每个方案可能结果的过程。

评价常用的指标有:投资费用、投资收益率、投资回收期、劳动生产率、技术的先进性、质量的可靠性、环境保护等。评价时并不是把所有的因素都考虑进去,而是选择一些能反映方案优劣程度的主要指标。虽然评价的因素有很多,但通常要考虑以下三个方面:方案的可行性、方案的可接受性和方案的可靠性。可行性是指采取这一方案的困难程度,所需的人力、物力、财力、资金和技术的投入;可靠性是指方案实施后的出错程度,它关注于所承担风险的大小;可接受性是指方案能对现实目标起多大的作用,达到目标的程度,谁是受益者,能带来多大的回报。评价准则如图 2-10 所示。

(1)可行性

可行性评价主要围绕战略目标能否实现的问题。任何方案都涉及到资源的投入和使用,评价可行性就是找出方案可能需要的各种资源,其规模是否在企业各方面资源的允许范围内,战略实施会引起的内部调整等。实际上,评价战略的可行性,在选择战略时就应予以考虑。一般情况下,我们要评价以下内容:

1)战略是否具有足够的资金保证;

2) 以企业现有的能力能否达到战略要求的水平(如质量、服务等);
3) 战略实施前企业是否已经具有一定的竞争力和市场占有率;
4) 企业各管理层及操作层是否已具备一定的管理水平和操作技能;
5) 企业是否有完整的供销渠道;
6) 企业能否处理好市场变化所带来的压力和威胁;
7) 战略方案的实施是否会对环境造成损害。
在进行实际评价时并不仅局限于以上所列内容,应该根据具体情况具体分析。

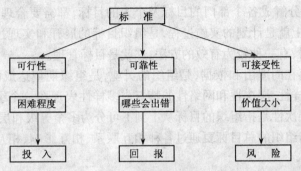

图 2-10 战略评价准则

(2) 可靠性

可靠性是评价方案在未来许多不确定因素的影响下,在运行过程中可能出现的问题及带来的风险。可能造成风险的因素有:
1) 企业面临的环境威胁;
2) 企业自身的弱点和不足;
3) 所选战略是否与企业各方面的目标相符合;
4) 所选战略能否增强企业的综合实力;
5) 战略实施后环境的可能变化;
6) 方案在企业内部造成的影响;
7) 环境中其他竞争者对战略的反应。
这些因素在评价时都要认真考虑。

(3) 可接受性

可接受性与前两项相比,有一定的不确定性,因为它与个人的主观愿望有关。所以战略的可接受性要明确是对"谁"的可接受性。可接受性是方案的执行结果对预定目标的贡献大小,实现目标的程度,或者是使目标优化的程度。要考虑的内容包括:
1) 战略方案能为企业创造多少效益;
2) 企业的资本结构会因此有哪些变化;
3) 方案实施前后企业承担的风险有什么变化;
4) 战略实施后是否会使企业内的组织结构产生重大变动;
5) 战略实施后是否会改变企业与外部相关机构的关系;
6) 方案实施后是否能使企业的产品或服务更接近顾客的需求;
7) 能否减少在创造产品或服务时出现错误的可能性;
8) 能否增加企业经营的灵活性。

当然,一个战略方案的实施不可能使各方面都能满意,所以在实际操作中要权衡利弊,重点突出,使战略方案在最大程度上实现整体目标。

第三节 目标管理

一、目标管理的基本思想、特征

当组织的最高层管理者确定了组织的宗旨后,如何使这个宗旨变成组织的目标,组织的整个目标如何才能分解成各个部门的目标及个人的目标,都需要合理的组织和落实工作。这项落实工作实际上就是计划的实施过程,是组织目标的展开和实现过程。在层层展开组织目标、落实计划时,有一种较为有效的方法,这就是目标管理。

目标,是组织存在的理由和依据,是组织的灵魂,是组织期望达成的效果和最终结果。组织的目标具有多样性、层次性和网络性的特点。多样性表现在一个组织的目标往往是多个而不是单一的;层次性是指组织的目标从上到下可分为多个等级和层次,并形成了一个目标体系;网络性是指组织的总目标要通过各种相互联系、相互影响、相互支持的活动才能完成。

1. 目标管理的思想

(1)目标管理的思想

目标管理(Management By Objectives)简称为 MBO,也称为成果管理,是由美国著名管理学家德鲁克提出的一种管理制度。他认为"企业的目的和任务必须转化为目标","一个领域没有特定的目标,这个领域必然会被忽视"。他指出,企业的目的和使命必须转化为目标,企业的各级主管必须通过这些目标对下级进行领导,以此来实现企业的总目标。如果没有方向一致的分目标来指导各级主管和管理人员,那么企业越大,资源浪费和发生冲突的可能性就越大。目标管理在指导思想上以 X-Y 理论为基础,认为在目标明确的条件下,人们能够对自己的行为负责。在具体方法上是对泰勒科学管理理论的进一步发展。它通常被看成是实施计划的一种理想技术。目标管理的优点就在于它既纠正了古典管理学派偏重以工作为中心、忽视人的一面;又纠正了行为科学学派偏重以人为中心,忽视同工作结合的一面,把工作和人的需要统一起来。它能使职工发现工作的价值进而产生兴趣,在工作中实行自我控制,通过努力工作和满足其自我实现需要的同时,组织的共同目标也因之实现。目标管理,是一个全面的管理系统,它用系统的方法,把组织的宗旨和任务转化成目标,并层层分解成部门和成员的分目标,以有效地实现组织的总目标。可见,目标管理的实质就是将组织的总目标分解为部门和成员的分目标,上级管理人员根据分目标对下属进行管理。

目标管理的主要做法是:由组织中上级和下级管理人员一起制定共同的目标;同每一个人的应有成果相联系,规定其主要职责范围;以这些规定为指导,评价每个部门或每一成员的贡献情况。由于这种做法特别适合于对各级管理人员进行管理,所以被称为"管理中的管理"。

我国从 1978 年开始在大型企业中试行目标管理。目标管理的应用非常广泛,在企业、学校、医院和政府机构中,特别是在对人员进行管理时,效果更为明显。很多人将它作为业务计划和控制的手段,还有人将它当成一种激励员工或评价绩效的工具。目标管理是一种基本的管理技能,它通过划分组织目标与个人目标的方法,将许多关键的管理活动结合起来,实现全面、有效的管理。

目标管理应用最为广泛的是在企业管理领域。企业的目标可分为战略性目标、战术性目标以及方案、任务等。一般来说,经营战略目标和高级策略目标由高层管理者制订;战术性目标由中层管理者制订;初级目标由基层管理者制订;方案和任务由职工制订,这些都同每一个成员的应有成果相联系。通过自下而上的目标期望相结合和自上而下的目标分解,使经营计划的贯彻执行建立在职工的主动性、积极性的基础上,把企业职工吸引到企业经营活动中来。

(2)目标管理的概念

目标管理就是组织内各级管理人员定期地在具体的和可考虑的目标上达成协议并形成书面文件,定期(如每季度、半年或一年)用共同制定的目标作为依据来共同检查和评价实际工作成效的一种管理方法。

目标管理包含三层含义:第一,组织的目标是各级管理人员一起协商、共同制定的,而不是上级提要求、下级作保证;第二,要根据共同制定的总目标来决定上下级的责任和分目标,决定每个部门和每个人应承担什么责任和任务、应实现哪些分目标;第三,这些目标都是今后经营、评估、奖励每个部门和每个人的依据,一切活动都是围绕达成这些目标而进行的,部门和个人的考核都以目标为依据。

2. 目标管理的特点

主要表现在以下几方面:

(1)重视人的因素

MBO中的目标不是传统的目标设定,完全由上级下达给下级,而是管理者和被管理者共同参与,用民主的方式在目标的确定和目标的实现上达成一致,目标的实现者同时也是目标的制定者。所以目标的制定过程经历了"从下而上"(下级参与目标的制定)和"从上而下"(目标确定后层层分解)两个过程。

(2)以目标为中心进行管理

目标是一切活动的开始,是组织行动的导向,也是检验任务完成情况的考核依据。明确的目标是取得良好业绩的有力保证。管理人员必须以目标为中心进行管理,才能保证组织目标的实现。

(3)要有明确的时间界限

目标的实现不可能无限期,每个目标都有一个明确的完成期限。

(4)强调评价和反馈

建立客观的评价标准和良好的信息反馈通道,在执行过程中不断将进展情况反映给部门和个人,使其能随时调整行动的方向,不至偏离和发生差错。

(5)建立目标体系

组织的管理一般分为3个层次:高层管理、中层管理和基层管理,相应的每一层管理者制定的目标称为战略目标、战术目标和作业目标。基层管理下面是执行层,执行层属于管理的对象,不属于管理范畴。管理人员必须通过目标对下级进行领导,目标必须有层次,主目标与分目标之间要相互配合,方向一致,每个部门和人员的分目标,就是企业对他的要求,也是他对企业的贡献。只有部门和个人的分目标都完成了,整体目标才有可能实现。

目标管理的理论体系如图 2-11 所示。

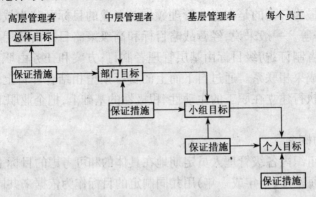

图 2-11 目标管理体系示意图

从图中可以看到,目标自上而下层层展开,措施自下而上层层保证,通过目标分解和落实,用总目标指导分目标,用分目标保证总目标,形成一个"目标——手段"链,使整体目标顺利实现。

目标管理体系的层次性有两层含义:第一,不同管理层次在制定同一类目标时,所建立的各管理层面上的目标构成了一个多层次的目标体系。即由高层、中层、基层管理者和员工构成了一个由战略、战术、作业和个人目标组成的多层次的目标体系;第二,某一管理层次的管理者在制定某项目标时,也需要自上而下地构造出一个多层次的目标体系。即从总目标到分目标,越来越细化和具体化,其最下层的目标应该是一些尽可能量化的目标函数。

要使目标管理方法成功运用,必须注意以下一些问题:①要由高层管理人员参加制定整体策略目标;②下级人员要积极参加目标的制定和实现过程;③情报资料要充分;④管理者对实现目标的手段要有相应的控制权力;⑤对实行目标管理而带来的风险应予以激励;⑥对职工要有信心。同时在运用目标管理方法时,也要防止一些偏差出现,比如:不宜过分强调定量指标,忽视定性的内容,要根据多变的环境及时调整目标等。

二、目标管理的过程

管理学家斯蒂芬·罗宾斯认为目标管理共有八个步骤,如表 2-3 所示。

根据斯蒂芬·罗宾斯目标管理的八个步骤,目标管理的过程可分为以下四个阶段:

1. 表 2-3 中第 1 步到第 5 步为第一阶段,称为制定目标阶段

MBO 的典型步骤　　　　　　　　　　　　　　　　　　　　　　　表 2-3

步骤	内容
1	高层领导制定组织的整体战略和目标
2	在部门和各经营单位之间分配主要目标,各级管理阶层制定试探性的策略目标
3	各部门和经营单位的管理者与其上级一起制定本部门的目标,各级管理人员提出各种建议,相互讨论并进行修改
4	部门的所有成员共同参与制定自己的具体目标,并就各项目标和评价标准达成共识
5	管理者与下级一起商定采取什么方案和措施来实现目标
6	实施行动计划
7	定期检查目标的进展情况,并向有关部门和个人反馈信息
8	用各种激励奖惩措施促进目标的成功实现

这一阶段的工作是建立一套完整的目标体系。这项工作是从企业的最高主管部门开始的,然后由上而下的逐级确定目标。上下级的目标之间通常是一种"目标——手段"链,某一级的目标需要用一定的手段来实现,而这个实现目标的履行者往往就属于这级人员的下属部门之中。

目标体系应与组织结构相吻合,从而使每个部门都有明确的目标,每个目标都有明确的负责人。这种明确负责现象的出现,有可能导致对组织结构的调整。从这个意义上说,目标管理还有搞清组织结构的作用。

2．表2-3中的第6步为第二阶段,称为实现目标阶段

目标既定,主管人员就应放手把权力交给下级,而自己去抓重点的综合性管理。在监督控制下为实现目标进行的过程管理,主要靠职工的自我管理和自我控制,上级只对发生的重大问题进行指导和控制。上级管理应主要体现在指导、协助、提出问题、提供情报以及创造良好的工作环境方面。

3．表2-3中的第7和第8步为第三阶段,称为检查和评价阶段

对成果进行检查和评价,就是把实现的成果同原来制定的目标相比较。对各级目标的完成情况,事先规定出期限,定期进行检查。检查的方法可灵活地采用自检、互检和责成特定的部门进行检查。检查的依据就是事先确定的目标。对于最终结果,应当根据目标进行评价,并根据评价结果进行奖罚。经过这3个阶段的循环往复,不断提高管理工作的质量。

4．第四阶段,确定新的目标,重新开始循环

第四节 计划的工具和技术

一、预测

(一)预测的概念

预测(forecasting)是根据事物过去和现在的有关资料,通过一定的科学方法,对事物的发展变化和它的未来趋势作出分析和判断。

我国两千多年前的《礼记·中庸》中就有"凡事预则立,不预则废"的朴素思想。1503年哥白尼预测地球围绕太阳运转的"天体运动规律",1869年门捷列夫发现元素周期表等都是预测的光辉范例。预测作为一门科学,萌芽于20世纪40年代。从60年代起,开始从纯理论发展到应用科学上,至今已成为一门应用十分广泛的综合性学科。目前已涉及社会领域、科学领域、技术领域、经济领域、军事领域等。

预测的方法和手段统称为预测技术。

在管理活动中,预测主要为管理者进行决策、制定计划提供前提条件,它包括对政治的、经济的、技术的、社会的等外界环境,以及那些影响计划实施的内部条件,如企业的基本方针、生产技术条件、资源状况等进行判断和假设。确定计划的前提条件,实际上就是通过预测和假设,估计未来环境中可能出现的影响计划实施的不确定因素,估计这些因素的变化发展趋势和可能的影响程度及范围,使计划工作能在这些相对确定的范围和条件下进行。为了保证目标的顺利实现,预测是一项必须进行的前期工作。

预测与计划虽然都与未来有关,但预测不同于计划。预测是对未来可能发生事件的陈述,它说明问题将来会怎样,将来的环境会发生什么样的变化;而计划是对未来行动的部署,

它说明问题将来要成为什么样,应当采取什么样的行动和措施来改变现在的条件并达到预期的目的。预测是一种假设和判断,有科学和非科学之分,正确预测的依据是建立在对客观事物发展变化规律的正确认识上。从这个意义上说,预测是一门研究未来的科学。

(二)预测的分类

预测有各种各样的分类,由于出发点不同,分类的结果也不同。

1. 按预测活动的范围不同,分为宏观预测、中观预测、微观预测。

(1)宏观预测

宏观预测的范围是整个国家。内容涉及国民生产总值及其增长速度、物价总水平及变动趋势、人口增长及就业状况、投资规模、资金市场发展及利率变化、进出口及国内贸易总额等。

(2)中观预测

中观预测是对地区、行业或部门的预测。内容包括地区性或区域性市场容量及变化趋势、产品需求结构及发展趋势、部门产业结构的变化、经济规模、资源开发、发展速度等前景预测。

(3)微观预测

微观预测是对一个项目或企业所面临的技术状况及技术进步、产品供求、价格变化趋势、生产要素、成本、利润等经济目标所进行的预测。

2. 按预测期限的长短不同,分为长期预测、中期预测、短期预测。

(1)长期预测

长期预测是对未来较长时间(如5年以上)的展望。

(2)中期预测

中期预测是对未来1~5年的展望。

(3)短期预测

短期预测一般为年度预测或季度预测,时间跨度不超过1年。

3. 按预测的对象不同,分为经济预测、技术预测、社会和政治预测。

(1)经济预测

经济预测可分为宏观经济预测和微观经济预测。宏观经济预测是为制定国民经济发展规划和经济政策服务的;微观经济预测是为企业所做的各种经济预测,其中最主要的是市场预测。市场预测是利润和现金流量预测的基础,是企业制定新产品开发计划、技术改造计划、生产计划、供应计划、薪酬计划、财务收支计划的前提和基础。

(2)技术预测

技术创新对一个国家和企业的生存与发展起着越来越重要的作用,相应地从技术创新中获取的经济效益和社会效益也越来越显著,技术预测对计划工作的影响也在加强。

(3)社会和政治预测

由于人口的增长、可再生资源的枯竭、环境污染引起人们的担忧以及生物工程、材料工程、能源工程研究的进展带给人们的希望,人们发现这些原因对一个国家的经济、技术的影响日益加大,使得社会和政治预测越来越受到重视。由此也导致了一门新型学科"未来学"的产生。现在有关政治、经济的预测和研究方兴未艾,将来社会发展预测也会像经济预测一样普遍。

4．按预测的时态不同,分为静态预测、动态预测。

(1)静态预测

不考虑资金的时间价值。

(2)动态预测

考虑资金的时间价值。

5．按预测的主体不同,分为政府预测、行业预测、企业预测、个人预测等。

6．按预测的性质不同,分为定性预测、定量预测等。

(三)预测的基本程序

1．预测的步骤

预测是一项活动,为了提高预测工作的效率和质量,一般要按一定的程序进行,通常遵循以下几个步骤。

(1)确定预测目标;

(2)确定影响因素;

(3)收集、整理、分析和加工资料;

(4)选择预测方法,进行分析判断;

(5)建立预测模型;

(6)分析评估,确定预测值;

(7)撰写预测报告。

2．预测的结构

预测的五个基本要素为:预测者,预测对象,数据或信息,预测理论、方法与手段,预测结果。基本结构如图 2-12 所示。

图 2-12　预测系统图

(四)预测方法

作为研究管理的一个领域,预测同样既是一门科学,又是一门艺术。对于预测方法来说,这种特性尤为明显。各种预测方法的开发,提高了预测的准确度,体现了预测的科学性;在预测方法的选用上,又与预测者的学识、修养、经验及判断力有关,体现了预测的艺术性。

预测方法大体分为定性方法、定量方法和定性与定量相结合三大类。如图 2-13 所示。

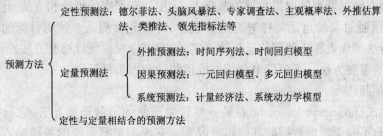

图 2-13　预测方法的分类

1. 定性预测方法

定性预测法有很多种,常用的有德尔菲法、头脑风暴法、专家调查法、主观概率法、交叉概率法、外推估算法、类推法和领先指标法等。限于篇幅,下面只介绍一些最基本的定性预测方法。

(1)德尔菲法

德尔菲(Delphi)是古希腊神话中的地名,是古希腊阿波罗神宣布神喻的所在地,城中有阿波罗神殿可预卜未来。20世纪50年代,美国的兰德公司(Rand Corporation)与道格拉斯公司协作研究,通过有控制的反馈来收集专家的意见,最后把这种预测方法用"德尔菲"命名,意思是聪明智慧,比喻高超的预见能力。至今,德尔菲法占各类预测的20%以上。

德尔菲法也称函询调查法,是依靠专家背靠背地对预测的对象及未来的发展趋势和状况作出判断。它最大特点就是专家互不见面,各自独立地发表意见,各抒己见。管理小组对专家的意见进行收集后统计汇总,再用信函的方式发给各位专家,经过几轮循环,使分散的意见逐步收敛,最终达到较高的预测精度。这种方法可以使每位专家充分发表意见,不受权威人士的干扰。

缺点:意见要经过多次反馈才能统一,信息处理的工作量较大,所需时间长,费用较高,专家选择不准确很难保证预测的准确度。

(2)头脑风暴法

请一定数量的专家,对预测对象的未来发展趋势及状况作出判断,通过面对面的信息交流,引起思维共振,进行创造性思维,在较短的时间里取得较为明显的成果。

这种方法不足之处在于所请的专家数量有限、代表性可能不充分;会受到个人自尊心的影响而随大流;个人的语言表达能力会影响其阐述自己的观点;容易被权威所左右,不常发表真实意见等。

所以对专家的选择和对会议的精心组织至关重要。一般来说,专家组的规模以10~15人为宜,会议的时间以40~60分钟为佳。

(3)主观概率法

挑选几个专家,请各专家对预测事件发生的结果和概率作出主观估计。主观概率法是对专家的经验进行综合处理,为决策者对未来事件发生的走向与期望作出估计。设第 i 个专家的主观概率为 $P_i(i=1,2,\cdots,n)$,则事件发生的预测概率的平均值为:

$$P = \frac{1}{n}\sum_{i=1}^{n} P_i \quad \text{其中} \ 0 \leqslant P_i \leqslant 1(i=1,2,\cdots,n)$$

2. 定量预测法

定量预测在经过调查已取得数据的基础上,运用一套严密的理论和方法,建立预测数学模型,用来对预测对象的运动规律进行定量描述,并由此预测某一预测目标的未来变化趋势。定量分析法的优点在于预测信息具体详实,同时可以根据统计检验方法验证结论,可靠性强,是预测的重要方法。下面简单介绍外推预测法和因果预测法。

(1)外推预测法

外推预测法(projective forecasting)是一种较为简便的定量预测方法,它只考虑变量的时间序列数据,不需要考虑数据的其他影响因素。它要求被测系统的各种输入量基本保持原有的变化规律,以此外推进行预测才有意义。由于不考虑影响因素,因此其准确性较难把握。这种方法在系统的影响因素太复杂或缺乏数据而无法使用因果模型时才采用,一般不适宜作中、长期预测。

常见的方法是时间序列预测法。它是以预测对象的历史时间序列数据为基础,运用一定的数学方法使其向外延伸,以预测未来的发展变化趋势。常用的时间序列预测法包括:简单平均法(算术平均法、加权平均法、几何平均法)、移动平均法、指数平滑法、季节指数法、趋势延伸法等。

(2)因果预测法

因果预测法(casual forecasting)是根据事物间的因果关系,考虑引起被测变量变化的影响因素,建立自变量和因变量之间的函数关系,通过确定已知变量预测未知变量的方法。因果预测相对于外推预测更为合理,它考虑了引起被测量变化的各种因素,并根据未来影响因素的变化情况来预测被测目标的值。它比简单的趋势外推法要可靠得多,可以用于中、长期预测。因果预测模型按影响因素的个数可分为一元回归法和多元回归法。

定量方法使用得当,具有准确、科学、精度高等优点。其缺点是工作量大,对于不易定量化的问题和复杂系统的预测问题,使用时就不太方便。所以在实际应用中,常采用定性与定量相结合的方法。

3. 定性与定量相结合的预测方法

单纯应用定性方法难以准确把握变量间的运动规律,单纯应用定量方法又无法全面考虑各种变化因素的相互影响。所以对于一个复杂的大系统,当涉及复杂的关系和众多的变量时,定性与定量相结合的方法是解决这类问题的有效途径。

定性与定量相结合的预测方法的基本思路是:第一步,用定性分析的方法对问题做全面系统的理论分析,了解系统内部的运行规律和外部的环境特征,对原始数据进行定性分析,得出初步结论。第二步,建立预测模型,用定量分析的方法进行预测。第三步,对定量分析的结果进行检验和修正后,根据定量分析的结果作进一步的定性分析。第四步,再回到第二步,修正预测模型。

如此反复进行,用定性与定量方法相互补充,多次修正与检验,最终得到合理的预测结果。

二、决策

(一)决策的概念

决策是现代管理的核心,无论是国家、企业还是个人,每项活动都离不开决策。对管理人员来讲,决策是最重要、最困难、最花费精力和最冒风险的事情。曾经有人向主管人员做过调查:每天最重要的事情是什么?每天花时间最多的在哪些方面?最困难的工作是什么?大多数管理人员都回答是决策。实际上管理是一个不断作出决策和实施决策的过程,没有决策,就没有管理。所以决策理论学派的代表人物 H·A·西蒙指出:管理就是决策。

决策(decision 或 decision making),通俗地讲,就是作出决定;形象地讲,决策就是在一个有多条岔路的路口选择一条正确的道路。

决策有狭义和广义之分。狭义的决策是指组织为了实现某一特定目标,从不同方案中选择一个满意方案的行为;而广义的决策是把决策看成一个过程而不是简单的选择方案的行为。这里我们采用决策的广义概念,即决策就是为实现某个特定目标,借助一定的科学方法和手段,从两个以上的备选方案(alternatives)中,选择一个最优的或满意的方案,并组织实施的全部过程。

历史上的成功决策主要依靠个人的阅历、经验和知识,如诸葛亮作"隆中对"三分天下;朱元璋采纳"广积粮、高筑墙、缓称王"的建议,建立了明王朝等,都是成功决策的例子。随着现代社会发展突飞猛进,科技日新月异,最近30年的科技成果远远超过人类历史两千多年的总和。如果还仅凭借几个人"拍脑袋",恐怕很难作出周密的决策。只有科学的决策才能满足社会发展的需要。

(二)决策的类型

由于社会活动十分复杂,决策又遍布于组织活动的各个方面,在组织中处于不同地位、执行不同管理任务的管理者,他们所做的决策是多种多样的。从不同的角度,决策可分为不同类型,见表2-4。

决策的类型　　　　　　　　表2-4

分类标准	分类结果
管理的层次	战略决策、战术决策、作业决策
决策问题的重复程度	程序化决策、非程序化决策
决策问题的确定性	确定性决策、风险性决策、不确定性决策
决策的目标	单目标决策、多目标决策
决策的依据	经验决策、科学决策
决策的评价准则	最优决策、满意决策、合理决策
决策的主体	个人决策、群体决策
决策影响时间的长短	长期决策、短期决策

显然,越是组织的高层管理者,所作出的决策越倾向于战略的、非程序化的、不确定的、长期的决策;越是组织的基层管理者,所作出的决策越倾向于战术的、程序化的、确定的、短期的决策。

表2-4中的大多数分类都很好理解,这里简单讲一下第二种分类:程序化决策与非程序化决策。

这类决策的划分标准是由于决策者所面对的问题不同,导致其复杂程度、处理的难易程度、问题的可定量程度和处理程序的灵活程度等方面的不同。程序化决策(programmed problems)是指制定出一套处理问题的固定程序,这个程序非常清晰明了。每当问题重复出现时,决策者对它的处理方法非常熟悉,与问题相关的信息也容易获得。通常也将程序化决策称为结构化决策(structured problems)或结构良好决策。与此相反,非程序化决策(non-programmed problems)表现为决策的新颖、独一无二、不重复出现,没有一套事先准备好的解决方法可以遵循,这也正是非程序化决策的难点所在。这就需要决策者具备丰富的经验、良好的专业知识和创造性思维,灵活多变的解决问题。非程序化决策也称为非结构化决策(non-structured problems)或结构不良决策。

在企业管理中,一般关系到组织的前进道路、发展方向、新产品开发、营销策略的制定时,往往更多的是非程序化决策。

(三)决策的原则

决策活动的过程,是从提出目标到实现目标的过程。正确有效的决策是遵循决策原则的结果。决策原则是指那些在进行决策时应该遵循的,能够反映决策过程客观规律和要求的准则。

1. 系统性原则

把决策对象看成一个系统,决策是要使这个系统的整体目标得到实现。

2. 方向性原则

决策是一种有目的的活动,有其自身的前进方向和目标。

3. 科学性原则

(1)确定决策目标要有充分的科学依据,不能脱离客观实际;
(2)建立在科学预测的基础之上,因为预测是决策的基础,是科学决策的基本条件;
(3)建立科学决策体制,严格按照科学的程序开展决策活动;
(4)采用科学的决策方法和手段。

4. 民主性原则

(1)充分尊重参与者的权利和地位,合理划分各层次的决策范围;
(2)相信和依靠员工,广泛听取员工的建议,依靠集体的力量进行决策;
(3)重视智囊团的作用,吸收专家、学者提出的意见;
(4)决策者要发扬民主,处理好集权与分权、民主与集中的关系。

5. 效益性原则

力求以最少的人、财、物、时间等消耗,取得最大的效益或最小的损失。效益原则要求我们要考虑以下内容:

(1)合理使用和整合组织的各种资源;
(2)充分收集和利用相关信息;
(3)尽可能寻找能实现组织目标的各种可行方案,并比较其利弊;
(4)强调决策的反馈,要根据情况的变化适时调整和完善。

(四)决策的方法

根据前面的分类,按照决策问题及环境是否确定可分为三种:

依据 { 问题所处的环境是否明确 / 每种方案有几种状态 / 每种状态的结果是什么 } ⇒ 决策分为 { 确定性决策 / 风险性决策 / 不确定性决策 }

由此产生了三种常用的决策方法。

1. 确定性决策方法

这是一种较为理想化的情况。这类决策的条件是:

{ 问题所处的环境是明确的 / 每个方案只有一个状态 / 能确切地知道每一种状态的结果是什么

在确定性条件下,自然状态只有一种,在这种确定的自然状态下,分析各方案,从中选择最优的方案以获得最好的结果。求极值、优选法、网络技术、规划等问题都属于确定性决策。

【例 2-1】 某企业准备新建一个生产预制板的工厂,现在有三种方案可供选择:A 方案:小批量生产;B 方案:中等批量生产;C 方案:大批量生产,而且确切知道下一年度市场的需求状况很好。各方案在这一需求状况下的可能收益如表 2-5 所示。问应选择哪种生产方案。

各方案收益表　　表 2-5

收益（万元）\可行方案	需求水平 高
A(小批量生产)	100
B(中等批量生产)	180
C(大批量生产)	260*

在本例中,已经明确知道未来年度对预制板的需求很大,那么这时的自然状态只有一种,那就是高水平需求,此时就应选择 C 方案进行生产。因为采用 C 方案大批量生产,其收益在三种方案中是最高的,为 260 万元。

2. 不确定性决策方法

在实际问题中,往往会遇到做决策时考虑到未来可能有多个自然状态发生的情况,但究竟会出现哪种状态,其出现的概率却无法确定。其原因可能是概率信息的缺乏。这是决策中最差的情形。这时的决策由于评判标准的不同和决策者的主观态度不同,会出现不同的结果。

(1) 乐观法

乐观法也称好中求好法或大中取大法。

乐观法的基本思想是:决策者对客观情况抱乐观态度,认为每个行动方案都会出现最好的自然状态,会取得最佳效应值。所以先从各个行动方案中选出对应的最好效应值(即收益最大或损失最小),再从这些值中选出最好的值,它所对应的行动方案就是决策方案。其计算公式为:

$$r = \max_i \{\max_j \mu_{ij}\}$$

式中　　μ_{ij}——第 i 种方案在第 j 种状态下的损益值,$(i=1,2,\cdots,m)$,$(j=1,2,\cdots,n)$

这种方法适用于把握大、风险小的决策问题。

【例 2-2】 某建材厂需要确定下一施工年度空心板的生产量,空心板的市场需求有多、中、少三种情况,可采取的生产方案有 A、B、C、D 四种,各生产方案在各种市场状态下可能获得的收益如表 2-6 所示,用乐观法则选择方案。

如果使用乐观法进行决策:

$$r = \max_i \{\max_j \mu_{ij}\} = \max_i \{90, 70, 80, 50\} = 90$$

最大的收益值是 90 万元,与其对应的生产方案为 A 方案。

各方案在不同需求下的收益　　表 2-6

损益值（万元）\方案	自然状态	S_1 需求多	S_2 需求中等	S_3 需求少
A		90	40	10
B		50	30	70
C		60	80	20
D		50	50	50

(2)悲观法

悲观法也称坏中求好法或小中取大法。

悲观法的基本思想是:决策者对客观情况抱悲观态度,认为每个行动方案都会对应最坏的自然状态。所以先从各个行动方案中选出对应的最坏效应值(即收益最小或损失最大),再从这些值中选出最好的值,它所对应的行动方案就是决策方案。其计算公式为:

$$r = \max_i \{\min_j \mu_{ij}\}$$

这种方法适用于把握不确定的决策问题。

例2-2 如果用悲观法决策:

$$r = \max_i \{\min_j \mu_{ij}\} = \max\{10,30,20,50\} = 50$$

最大的收益值是50万元,与其对应的生产方案为D方案。

(3)折衷法

折衷法也称为乐观系数法。

这种方法是把乐观与悲观两种极端情况进行折衷,用权重 α($0<\alpha<1$)表示其趋向于冒险的程度,进行决策。权重 α 称为乐观系数,它究竟在(0,1)区间内取什么值,取决于决策者的态度。在决策者很难确定是冒险还是保守时,可以取 $\alpha=1/2$。其计算公式为:

$$r = \max_i \{\alpha \max_j(\mu_{ij}) + (1-\alpha) \min_j(\mu_{ij})\}$$

上例中,如果取 $\alpha=0.6$ 时,

$$r = \max_i \{\alpha \max_j(\mu_{ij}) + (1-\alpha) \min_j(\mu_{ij})\} = \max\{58,54,56,50\} = 58$$

最大的收益值是58万元,与其对应的生产方案为A方案。

(4)等可能法

等可能法的基本思想是:由于无法确定各种自然状态出现的概率,就认为它们出现的概率是相等的。计算公式为:

$$r = \max_i \left\{\frac{1}{n}\sum_{j=1}^{n} \mu_{ij}\right\}$$

例2-2 如果用等可能法计算:

$$r = \max\{47,50,53,50\} = 53$$

最大的收益值是53万元,与其对应的生产方案为C方案。

以上四种方法可以合并到一张表中分析,如表2-7所示。

计算结果汇总表   表2-7

损益值(万元)\方案	自然状态 S_1	S_2	S_3	各方案确定的效应值			
				乐观法	悲观法	乐观系数法 $\alpha=0.6$	等可能法
A	90	40	10	90	10	58	47
B	50	30	70	70	30	54	50
C	60	80	20	80	20	56	53
D	50	50	50	50	50	50	50
选取的效应值				90	50	58	53
决策方案				A	D	A	C

(5)后悔值法

"后悔值"是指某种自然状态下可能获得的最大收益与采用某一方案所实际获得的收益的差值,也就是应当得到但由于失去机会而没有得到的那一部分收益。

基本思想:当未来出现某种自然状态时,若我们选择了这种自然状态下的最佳方案(效应值最大)我们不会后悔,若我们选择了其他方案,则一定会后悔。计算公式为:

$$r = \min_i \{\max_j [\mu'_{ij}]\}$$

式中 μ'_{ij} ——第 i 种方案在第 j 种状态下的后悔值,$(i=1,2,\cdots,m)$,$(j=1,2,\cdots,n)$

方法:首先确定各自然状态下,每个行动方案可能产生的最大后悔值,从中选择后悔值最小者所对应的方案就是后悔值决策的方案。见表 2-8 所示。

后 悔 值 决 策 表　　　　　　　　　　表 2-8

后悔值＼自然状态＼行动方案	S_1	S_2	S_3	各方案最大后悔值
A	0	40	60	60
B	40	50	0	50
C	30	0	50	50
D	40	30	20	40
最大后悔值最小者		40		
对应的决策方案		D		

3. 风险性决策方法

这种决策接近实际情况,也最常见。

当自然状态有多种情况,而且各种自然状态出现的概率已知或可以估计时,就可以用统计的方法进行决策,也称为随机决策问题。这种问题对得出的最优决策没有绝对把握,而是要冒一定风险,所以称为风险决策。

(1)最大可能性法

这种方法是按照可能性最大的那种自然状态来选取最优策略,即:挑选一个概率最大的自然状态进行决策,其他状态不予考虑。

【例 2-3】 某企业根据市场情况采取不同的生产策略,其损益值见表 2-9。

不同市场情况采取不同生产策略　　　　　　　　表 2-9

收益(万元)＼自然状态＼行动方案	行 情 好 $P(S_1)=0.3$	行 情 一 般 $P(S_2)=0.5$	行 情 差 $P(S_3)=0.2$
A	9	4	2
B	5	7	3
C	4	5	6

由于 $P(S_2)=0.5$ 最大,依据最大可能性法则,只考虑在状态 S_2 即行情一般下的方案选择。显然,此时行动方案 B 是决策的最佳选择,企业预计收益为 7 万元。

注意：这种方法只有当自然状态中某个状态出现的概率特别大，而且各种状态下的效应值差别不是很大时，应用最大可能法的效果比较好。否则，可能导致严重失误。

(2)期望值法

是把每个行动方案的期望损益值求出来，然后根据期望值的大小确定最优方案。

期望损益值=$\sum$(不同自然状态下的损益值×相应的概率)。

计算公式为：

$$E(x_i) = \sum_{j=1}^{n} \mu_{ij} P(S_j)$$

式中　$E(x_i)$——第 i 种方案的数学期望值

　　　μ_{ij}——第 i 种方案在第 j 种状态下的损益值($i=1,2,\cdots,m$)

　　　$P(S_j)$——第 j 种自然状态发生的概率($j=1,2,\cdots,n$)

在例 2-3 中：$E(A) = 9\times0.3 + 4\times0.5 + 2\times0.2 = 6.1$

　　　　　　$E(B) = 5\times0.3 + 7\times0.5 + 3\times0.2 = 5.6$

　　　　　　$E(C) = 4\times0.3 + 5\times0.5 + 6\times0.2 = 4.9$

比较结果，选方案 A 作为最优方案，此时平均来讲，企业可获得收益 6.1 万元。

(3)决策树法

期望值决策法也可以用决策树法进行分析。决策树法是利用树枝形状的图形进行风险分析，决策树的结构如图 2-14 所示。

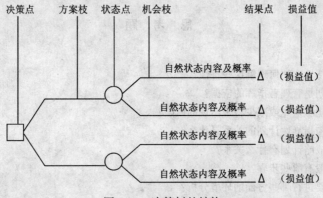

图 2-14　决策树的结构

从结构图中可以看到，方框称为决策点，从决策点引出的称为方案枝，有几种备选方案，就有几个方案枝。方案枝后连接圆圈是状态点，其后连接的是机会枝，每个机会枝上都要标出各种自然状态 S_j 及其发生的概率 $P(S_j)$。三角形称为结果点，节点后面写出某种方案在每种状态下所能获得的结果或损益值。

例 2-3 如果用决策树法计算，如图 2-15 所示。

决策树法评价的对象是方案在未来的收益和损失，其优点是直观、明晰，有实用价值。这种方法主要用于人们对未来有一定认识但又不能肯定的情况。

从例题中，可以看出用决策树法进行决策的步骤：

1)画决策树。顺序是从左向右。先画出决策点，从决策点引出方案枝，方案枝的数量与备选方案的数目相等。方案枝的右端是状态点，从状态点引出机会枝，机会枝的数目与自然状态数相等。在每个机会枝上面标出自然状态的内容及概率。在机会枝的末端画结果点,并在结果节点的右边标上损益值。

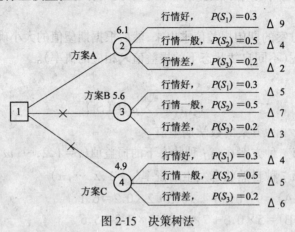

图 2-15 决策树法

在决策点和状态点上标明序号,顺序是从左向右,从上到下。
2)用公式计算各方案的期望值。
3)把期望值写在各状态点的上方并进行比较。
4)选择最优方案,并在其他没有选中的方案枝上画×,表示剪去不用。
5)给出结论。

思 考 题

1. 什么是计划?
2. 计划有哪些特性?如何理解这些特性?
3. 为什么说计划是管理者指挥的依据?
4. 为什么计划能够避免或减少将来出现的风险?
5. 指令性计划与指导性计划的关系是什么?
6. 长期计划与战略计划有什么关系?
7. 计划工作一般有哪些步骤?
8. 制定计划时要进行哪些方面的环境分析?
9. 什么是战略?
10. 战略规划和战略实施的主要区别是什么?
11. 试说明各管理层之间相互协调并形成一个有机整体的重要性。
12. 目标管理的含义是什么?
13. 有人说,战略管理比战术管理重要,战术管理又比作业管理重要,你同意这个观点吗?为什么?
14. 什么是滚动计划法?它的主要思想是什么?
15. 预测的方法有哪些?
16. 决策的概念是什么?为什么说决策是一个过程?
17. 目标管理有哪些优缺点?
18. 如何理解总成本领先战略、差异化战略与集中化战略?
19. 如何进行战略评价?
20. 简述战略管理的过程?
21. 长期计划、中期计划与短期计划如何衔接才能使它们更有效?

22．战略在整个计划工作中的地位是怎样的？

23．如何理解决策要遵循的原则？

24．为了适应市场的需要，某企业准备投资生产建材。经过市场调查，预计未来市场可能出现三种自然状态：有利、一般、不利，其发生的概率分别为：0.3、0.5、0.2。可行的投资方案有三种，分别为大规模建厂、中规模建厂和小规模建厂。不同方案在各种自然状态下的损益见表2-10所示。试分别用最大可能性法、期望值法、决策树法进行决策。

不同方案在各种自然状态的损益 表2-10

收益（万元）\自然状态\行动方案	有 利 $P(S_1)=0.3$	一 般 $P(S_2)=0.5$	不 利 $P(S_3)=0.2$
大规模建厂	100	60	-50
中规模建厂	80	40	-10
小规模建厂	40	20	10

25．某建筑企业需要对本厂的水泥生产做出决策，现在有三种方案可供选择：对原厂进行扩建、对原厂进行技术改造或建新厂。市场上有三种自然状态：高需求、中等需求和低需求。各种需求发生的概率无法估计。但可以估计出各方案投产后三年的收益或亏损，如下表所示。

试分别用乐观法、悲观法、折衷法（$\alpha=0.7$）、等可能法、后悔值法进行决策。

单位：万元

	高需求	中等需求	低需求
扩 建	15	13	-4
改 建	10	8	3
新 建	20	11	-7

26．案例

联想集团的发展战略

联想是20世纪80年代中期，在北京中关村起家的电脑代理公司，近20年来，它成功地走出了一条贸工技发展之路，类似的企业有华为、TCL、恒基伟业等。联想集团成立于1984年，由中科院计算所投资20万元人民币、11名科技人员创办，到今天已经发展成为一家在信息产业内多元化发展的大型企业集团。2002财年营业额达到202亿港币，目前拥有员工12000余人，于1994年在香港上市，是香港恒生指数成分股。2002年内，联想电脑的市场份额达27.3%（数据来源：IDC），从1996年以来连续7年位居国内市场销量第一，至2003年3月底，联想集团已连续12个季度获得亚太市场第一（除日本外）（数据来源：IDC）；2002年第二季度，联想台式电脑销量首次进入全球前五，其中消费电脑世界排名第三。

配合公司发展，联想同时在战略上实现了三个转变，即前端产品实现从单一到丰富的转变；后台产品从产品模式向方案模式转变；服务方面，由增值服务扩展到服务业务。此外，联想在全国范围内全面实施一站式服务，并更加注重服务与技术、服务与业务的结合，切实提高竞争力。

在技术竞争日益激烈的今天，联想集团不断加大对研发技术的投入和研发体系的建立。目前，已成立了以联想研究院为龙头的二级研发体系。高性能服务器事业部和研究院服务器研究室密切配合，推出高性能机群系统iCluster1800系列产品。2002年8月27日，由联想自主研发的每秒运算速度实测峰值达1.027万亿次的联想深腾1800计算机，通过了包括6位院士在内的专家鉴定组的鉴定。2002年11月，权威机构全球高性能计算机TOP500排行榜再次公布，联想深腾1800万亿次服务器排名全球第43位，成为首家正式进入排行榜前100的中国企业。联想万亿次计算机的研制成功对中国高性能计算机的产业化具有重要意义。2002年12月,首届Legend World(联想技术创新大会)在北京隆重举行,联想正式对外推出"关联应用战略",并以此作为公司的技术远景和布局,为新世纪联想的发展和腾飞奠定了基础。2003年7月31日,联想科技巡展2003(Lenovo Tech Show)在"东方明珠"上海成功启航。巡展历经全国三十余个重点城市,将Lenovo的科技之风、创新之风传遍神州,在全国大地掀起一次关注科技、互通共享的科技风潮。

2002财年(2002年4月1日至2003年3月31日)内,联想集团共申请国家专利572件,其中发明专利占到50%以上,被国家知识产权局授予全国企业技术创新和拥有知识产权最多的企业,并初步形成具有自主知识产权的核心技术体系。2002年9月,联想凭借先进的质量经营意识和卓越的质量管理水平,荣获"全国质量管理奖",是六家获奖单位中惟一的IT企业。立志于科技创新和服务转型的联想在质量管理领域同样走在了全国企业的前列。

2003年4月28日,联想集团在北京正式对外宣布启用集团新标识"lenovo联想",以"lenovo"代替原有的英文标识"Legend",并在全球范围内注册。在国内,联想将保持使用"英文+中文"的标识;在海外则单独使用英文标识。整个名称的寓意是"创新的联想",更准确地传递公司"科技创造自由"的理念。

2004年3月8日,联想开始裁员,紧缩过去执行3年的多元化战略,而专注于PC领域。柳传志坦言,正常的裁员应该是优胜劣汰,这次裁员却是整个部门地裁,是由于公司战略调整引起的。相当一部分领域,如IT服务群组和高性能服务器的业务被削减,有的连部门都撤了,员工只能成批地离开。

2004年3月26日,联想正式与国际奥委会签约,签约仪式的主题为:让世界联想中国。由此,联想正式成为国际奥委会第6期奥林匹克全球合作伙伴。除了联想,第6期TOP(The Olympic Partner,奥林匹克全球合作伙伴)行列中还包括可口可乐、源迅、通用电器、恒康人寿、柯达、麦当劳、松下、三星、斯沃琪、威士。联想用自己的实力为自己赢得了机遇。联想认为,参与到奥运会这样一个规模的平台上来,是希望借助奥运达到海外发展的目标,工作只是刚刚开始。

2004年12月8日,联想以12.5亿美元的价格收购IBM的PC业务。近现代史发展的历程表明,一个大国走向富强,大致要经历四个阶段:首先是向世界广泛输出产品;然后是输出资本品,即在全球范围内发行和投资股票、债券等并直接输出资本;其次是输出货币,即推行强势货币政策;最后是输出文化,也即其民族文化在世界范围内的广泛传播与渗透。此次联想收购IBM全球PC业务,则是中国经济发展"四步走"的第二步的走出去——对外输出资本的必然结果。

对于联想来说,这次收购可谓一次破釜沉舟的壮举,成功则能获得中国乃至全球PC产业的定价权,失败则彻底失去翻本的机会。尽管前途未卜,尽管在走出去的道路上有三星、NEC这些企业向全球扩张留下的悲壮身影,但这是中国经济发展的必经之路。

面向新世纪,联想将自身的使命概括为四为,为客户:联想将提供信息技术、工具和服务,使人们的生活和工作更加简便、高效、丰富多彩;为员工:创造发展空间,提升员工价值,提高工作生活质量;为股东:回报股东长远利益;为社会:服务社会文明进步。

【问题】(1)联想是如何制定计划的?
(2)试分析联想的战略调整过程。
(3)如何评价战略对企业的重要性?

第三章 组 织

学习目的与要求
1．了解组织工作原理、管理幅度与宽度；
2．熟悉组织设计、组织结构与职位设计选择，组织类型及其优缺点；
3．掌握组织的运行、变革与组织文化，案例分析方法。

第一节 组织的基础

一、组织理论与组织工作原理

(一)组织理论

组织(organizing)有两种解释：一是指一个组织体(名词)，如企业、学校、医院或政府机关等都称为组织。二是指组织工作或活动(动词)，它是管理的一项职能，包括为了实现企业的共同任务和目标，对人们生产经营活动进行合理的分工和协作，合理配备和使用企业的资源，正确处理人与人的相互关系等管理活动。

1．组织职能的概念及特点

组织是一种普遍的社会活动，是管理的基本职能之一。是指在组织目标已经确定的情况下，将实现组织目标所必需进行的各项业务活动加以分类组合，根据管理宽度原理，划分出不同的管理层次和部门，将监督各类活动所必需的职权授予各层次、各部门的主管人员，并规定这些层次和部门间的相互配合关系。目的是通过建立一个适于组织成员相互合作、发挥各自才能的良好环境，消除由于工作或职责方面引起的各种冲突，使组织成员都能在各自的岗位上为组织目标的实现作出应有的贡献。

组织职能的内容主要是设计、建立并保持一种组织结构。具体包括以下四个方面：
(1)根据组织目标设计和建立一套组织机构和职位系统；
(2)确定职权关系，使组织形成一个有机整体；
(3)与管理的其他职能结合，以保证所设计和建立的组织结构有效地运转；
(4)根据组织内外环境的变化，适时地调整组织结构。

组织职能有以下特点：
(1)组织职能是一个活动过程，这个过程由一系列的逻辑步骤组成。
1)确定组织目标；
2)分解目标；
3)明确实现目标所需的业务活动；
4)根据资源的最佳用途划分业务活动，建立组织层级和部门；
5)确定职权关系和信息系统；

6)授予执行有关各项业务活动的各类人员以职权和职责,使各层级、各部门成为一个有机整体。组织工作的成果,表现为一系列的组织系统图和职位说明书。组织系统图描述的是一个组织内部的各种机构(包括层次和部门)及其职位和相互关系,职位说明书则详细规定了各个职务的职权和职责以及与其相关的上下左右的关系。

(2)组织职能是动态的。组织有生命周期,就像产品和生命一样,有其产生、发展、兴旺、衰退和灭亡的过程。为了延长组织的生命周期,就要不断地与外部环境进行能量、信息、材料等的交换,就要适时对组织进行变革,以保持其旺盛的生命力。

组织的目的是实现企业的共同任务,是使人、财、物、时间、信息等各种资源得到最合理的配置和使用。为了达到该目的,采取的手段有:规定各部门及人员的责、权、利;明确人员之间的信息沟通方式,最终让他们协同努力地工作。综上所述,我们能获得如下认识:

(1)它是管理职能中的一个职能,是实现企业目标的一种手段;

(2)组织的目的是建立企业的组织系统。这个系统主要表现为人与人、人与事在关系上的一种相对稳定的结合形式;

(3)追求以最大的管理效率实现企业的目标。这就要求整个企业对人员进行分工协作,使他们能共同努力,表现为组织的高效行为。

2. 组织的作用

(1)合理组织各种生产资源,使各生产要素产生最佳组合,充分发挥生产力的作用;

(2)协调企业内外关系,抓住机会,取得有利竞争位置;

(3)有效协调职工的行动,处理好企业的整体利益与职工的个人利益的关系,使职工在实现个人价值的同时,完成组织的共同目标;

(4)通过不断调整和改进,实现组织的合理化,推动管理的现代化。

3. 组织理论的发展

从人类科技进步和组织发展的实践来看,组织理论包括古典组织理论与现代组织理论。

(1)古典组织理论

古典组织理论是在19世纪末到20世纪初形成发展的。这一理论学派认为组织中的员工只是一种劳动工具,相当于机器的零件,只有严厉的规章制度和等级观念才能对他们进行控制。当然控制的结果只能使人际关系僵化,人员无法沟通,组织缺乏弹性,所以被某些管理学者称为"无人的组织"。

古典组织理论主张以工作为中心建立组织结构,并且依赖绝对的权力来指挥组织的运行。这一学派的代表人物主要有泰勒、法约尔、韦伯等,其观点包括:

1)个人在组织中相当于机器上的一个零件,劳动者处于被控制和被支配的地位。为了提高组织的工作效率,惟一的措施就是对劳动者进行操作方法的训练,使其每个动作都符合要求。使用的控制方法有:制定工作定额、实行差别工资、进行标准化管理。

2)有明确的分工。把组织中的工作划分成基本作业分配给各个员工,明确规定各个职位的权力和任务。

3)权力的作用是命令和服从。下级必须接受上级的指挥,也必须服从上级的命令。

4)组织中的成员必须严格遵守规章制度,不能受个人感情的影响。

古典组织理论形成后,对以后的理论形成产生了一定的影响,它的许多原理和做法,至今仍在沿用。

(2)现代组织理论

第二次世界大战结束后,20世纪30年代现代组织理论有了巨大发展,出现了许多管理理论的流派,组织理论也随之迅速发展。代表性的观点有:

1)行为科学学派的组织理论。

这一学派认为,组织的基本单位不是个人而是群体,无论是上级还是下级都处在群体之中。它主张更多的分权,放松了对员工的严格控制,鼓励员工自我管理,加强沟通。

这一理论更多地考虑了员工个人需要和满足人的社会心理需求,弱化了组织的纪律和权威。所以它没有从根本上取代古典组织管理理论。

2)系统学派的组织理论。

这一学派认为组织是由群体组成的人造的、开放的系统,组织系统与周围环境时刻在发生联系,进行信息的传递和能量物质的交换,因此各部门之间信息的沟通是组织活动的关键。组织是由若干子系统构成的,组织的基本职能就是联结各子系统之间信息的输入和输出,实现预定的目标。

系统学派的组织理论,运用了系统论、信息论、控制论的原理,全面研究组织的活动,建立组织模型,强调组织结构与外部环境的关系,突破了古典组织理论的局限。

3)权变理论学派的组织理论。

权变理论学派认为,没有一种原则和方法是一成不变的、普遍适用的,一切管理的对策都必须根据企业所处的环境做出相应的调整和改变。这一学派认为,不存在一个最好的组织设计,应当根据内外环境的要素和具体条件去设计组织的结构。在设计组织结构时,要考虑诸如组织的规模、系统的功能、组织内的技术经济状况、成员的个性、个人与组织目标的一致性等因素。

权变理论学派十分重视实际管理中经验的总结,侧重于从大量实例中寻找具体的解决办法,把它归纳成几种模式,并分析造成这些模式差异的影响因素及解决方法。

4)新组织学派的组织理论。

这一学派认为,现代组织有三大支柱,即稳定性、创业性和破除旧习。提出组织机构由五个基本部分组成:工作核心层、战略层、中层、技术专家层和辅助支持人员。由此概括了组织的五种类型:简单机构、机构性行政结构、职业性行政结构、分部式结构及特别小组。

新组织学派的组织理论吸收了各学派的成果,对组织的结构进行了深入细致的研究,使组织理论不断创新和发展。

(二)组织职能

管理是通过各种职能活动实现的,职能是人、事物或机构应有的作用或功能。既然组织是为达到某一特定目标而协调人类活动的一切工作的总称,是一种活动过程,那么这些活动的发生必须建立在一定的组织机构上。关于组织职能,学者们所持的观点各不相同,但总体来说,组织职能应该包括下面一些内容:

1. 组织机构的设计

当组织目标明确之后,应该把工作内容进行划分和归类,设置横向的管理部门进行专业化管理,并划分纵向的管理层次。

2. 适度分权与正确授权

分权表示了高层管理者向下属各个部门委派权力的程度,分权要适度。适度分权与正确授权有利于组织内各部门、各层次为实现总体目标而协同工作。

3．组织文化的培育和建设

是指为创造良好的组织气氛而进行团队精神的培育和组织文化的建设。

4．组织运行和组织变革

5．人力资源管理

(三)组织工作原理

组织工作就是要把达到组织目标而必须从事的各项工作或活动进行分类组合,对人、财、物、信息、时间等在内的各种资源在一定范围内进行有效地配置。在西方管理理论中,从古典管理理论就开始讨论组织的原则问题。现代社会中,应该坚持以下组织工作的原则,才能有计划、有步骤地实现组织目标。

1．目标一致

组织是为实现共同目标而设立的有机体,共同的目标是组织产生和发展的基础。建立组织要以组织的发展战略、目标和任务为依据。把组织目标分解到各个层次后,各部门通过完成本部门的目标来实现组织的整体目标。

2．统一指挥

这一原则最早是由法约尔提出的。他认为一个下级只能接受一个上级的指挥,否则就会出现混乱局面。后来人们又把该原则发展为一个人只能接受同一个命令,如果需要两个以上领导同时指挥,那么在下达命令前,领导人必须相互沟通达成一致意见,这样才不会使下级无所适从。这一原则要求组织从最高领导层到最基层,上下级之间要形成一个没有间断的"等级链",上级领导不能越级指挥,每一个下级只能由一个上级领导。

在实际应用中,为了避免信息延误和解决各平行机构之间的横向联系问题,可以应用法约尔的"跳板"原理,在上级授权后下属机构可以直接联系,并把行动结果及时报告给各自的上级。这样既维护了统一指挥原则,又大大提高了组织的工作效率。

3．集权与分权

集权是指企业的决定权集中在上层,指生产经营的决策权、指挥权、评价权要相对地集中于领导手中。因为一个部门或单位应只有一个领导人,一切副职都是他的助手。集中领导可以提高工作效率,还可以提高领导者的责任感,使他们能独立负责、敢于负责。一般来说,技术越发展,分工越精细,就越需要集中统一的指挥与管理。集权制有利于培养企业家和管理人才。

分权是指随着组织规模的扩大和专业化程度的提高,领导将部分事情的决定权从高层移至低层,也可以把某些职能移交给下级。现代建筑企业承担的工程任务,所面对的技术和经济情况十分复杂,仅凭一个领导人是力不从心的。为了防止指挥失误和失灵,一是要加强咨询参谋机构的作用,配备得力的助手;二是要形成一个指挥等级链,实行逐级授权。集权与分权是相对的,没有绝对的集权,也没有绝对的分权。正确处理好集权与分权的关系,有利于组织的有效运行。

所以,在现代企业管理中,要把集权和分权两者结合起来。对于那些大量的、重复的、例行的、日常化的工作要规范化处理,要分权,目的是使高层领导摆脱繁琐的日常事务,把精力集中于重大问题处理上;对于那些例外的、突发的、关系到企业生存发展的重大事件的处理,要集权。

4．分工协作

专业分工是社会化大生产的特点。不但生产要分工,管理工作也要分工,只有这样才能提高管理效率,利于创新。分工就是按照管理的专业化程度和工作效率的要求,把企业的任务作横向和纵向的分解:纵向分解成战略层、战术层、作业层的任务;横向分解成不同部门、不同范围的工作内容,并明确其完成工作的方法、手段。分工是提高效率的有效手段。

协作是指在分工的基础上指各层次、各部门之间进行协调和配合的方法。要想达到分工基础之上的协作,有三点非常重要。其一,必须有高度的集权,没有高度的集权就没有统一的意志和行动;其二,进行目标管理,也就是使部门、岗位、层次的分目标成为总目标的有机组成部分;其三,责任的划分界限要明确。协作是加强沟通的有效途径。

分工协作越合理,组织结构就越精干、高效。

5. 精干高效

精干:设立组织机构的目的是实现企业的整体目标,所以在组织的设计上,要坚持精干的原则,因事设职,因职设人,尽量减少管理层次。

高效:只有机构精简、人员精干,工作效率才能提高。所以对于企业来讲,只要能实现目标,结构最简单的组织就是最好的组织。

6. 责权一致

职权是管理人员在一定职位上拥有的权力,权力是完成任务的必要工具,有了权力就必然拥有与权力相对应的义务和责任。权力不能太大也不能太小,每一个职位的权力和责任必须相适应,应该是对等一致的。责权对等主要是指根据一定职位上的管理者所承担的责任在相应的程度上授予他保证完成任务的权力。

管理者在一定职位上履行职责和完成任务,不仅需要相应职权的保证,还需要管理者本身的才智、能力和责任心。这就是我们常说的才能(或才职)相称。如果才大于职,会觉得"屈才",产生消极情绪;如果才小于职,会感到"力不从心",难以完成任务。

7. 弹性结构

弹性是指一个组织的部门结构、人员职责和职位都是可以变动的。传统的组织理论强调组织结构要稳定、明确;而现代组织理论强调为了适应环境的变化,提高竞争能力和效率,组织应该具有弹性。在组织设计的权变理论中,明茨伯格、劳伦斯和洛希的组织设计权变理论都反映了弹性组织结构的要求。

根据这一要求,首先应使部门结构富有弹性,即定期审查组织内每个部门存在的必要性,如果不需要,就要立即改组。根据工作需要,还可以设置临时工作小组,这是增加组织结构弹性的良好方法。此外,组织内的工作职位也要富有弹性,可以随时更换和调整。

二、管理幅度

管理幅度,也称为管理跨度,是指一名上级管理人员能有效管理的下级人数。由于一个人的能力和精力都是有限度的,所以一个上级领导人能够直接、有效地指挥下级的数量是有一定限度的。管理跨度原则要求领导人要有一个适当的管理跨度。

管理层次与管理幅度成反方向变动关系。管理层次,是指从最高管理者到实际工作人员的等级层次的数量。管理层次通常分为决策层、协调层、执行层和操作层。决策层的任务是确定管理组织的目标方针,它必须精干、高效;协调层主要是参谋、咨询职能,其人员应有较高的业务工作能力;执行层是直接调动和组织人力、物力、财力等具体活动内容的,其人员应有实干精神,并能坚决执行指令;操作层是从事操作和完成具体任务的,其人员应有熟练的作业技能,关系如图3-1所示。

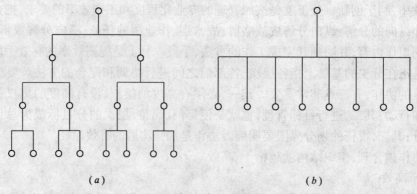

图 3-1 管理幅度与管理层次的关系
(a)垂直式;(b)扁平式

从图 3-1 中可以看出管理幅度与管理层次的关系。当最底层需要 8 人时,如果管理幅度为 2,则需要 3 个层次的管理;如果管理幅度为 8,则仅需 1 个管理层次。可见,在一个组织的管理人员总量不变的情况下,管理幅度与管理层次之间存在负相关关系,即组织的管理层次越多,管理幅度就越窄;相反,管理层次越少,管理幅度就越宽。

管理幅度的大小会影响各级管理干部的多少。并不是说管理幅度越大越好,因为管理幅度大,上级管理人员需要协调的工作量就大。所以管理幅度的大小取决于需要协调的工作量。当下级数目按算术级数增长的话,其直接的领导者需要协调的关系数目按几何级数增长,公式如下:

$$N = n(2^{n-1} + n - 1)$$

式中 N——领导者需协调的关系数目;

n——下级的数目(即管理幅度)。

需要协调的关系包括上级与下级的直接关系,下级之间相互的交叉关系和其他集体关系。当管理幅度增大时,上级需要协调的关系数会有很快的增长。由于每个人的知识、能力和精力所限,决定了管理幅度不可能无限增加。

管理幅度的大小弹性很大,影响因素很多。它与管理人员的性格、才能、个人精力、授权程度以及被管理者的素质有很大关系。此外,还与职位的难易程度、工作地点的远近、工作的相似程度、工作制度和程度等客观因素有关。确定适当的管理幅度,需要积累经验,并在实践中进行必要的调整。一个领导者所直接指挥的下属的数量,一般大中型企业上层领导 3~5 人为宜,中层领导 5~10 人为宜,基层领导 10~15 人为宜。

第二节 组织设计

一、组织结构与职位设计选择

(一)组织结构

组织结构是随着社会的发展而发展的,是企业管理层次、幅度和职责等要素的不同结合。组织结构形式多种多样,目前常用的组织结构有 5 种:直线型、职能型、直线职能型、事业部型及矩阵型结构。

1. 直线型组织结构

直线型组织结构又称单线制结构或军队组织结构,最早从古代连队移植而来,在管理权和所有权完全一致的早期企业一般运用这种形式。

主要特点:组织中各种职位按垂直系统直线排列,组织内上级管理与下级按垂直系统进行管理。他们的信息沟通和传递渠道只有一条通道,一个下级只接受一个上级管理者的命令,不设置专门的职能机构。

优点:结构简单,责权分明,便于统一指挥,集中管理,联系简便,工作效率高。

缺点:当组织规模扩大时,所有的管理职能都由一人承担,由于个人的知识、能力有限而无法应付,可能会发生失误。

适用:建筑产品单一,技术简单的小型企业;也适于现场管理。

直线型组织结构如图 3-2 所示。

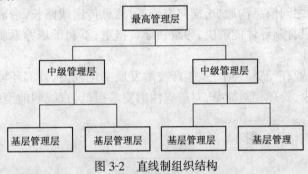

图 3-2　直线制组织结构

2. 职能型组织结构

职能型组织结构最早是由泰勒提出的,是专业分工发展的结果。

特点:在公司经理之下,按照专业分工的原则,在组织内设置一些职能机构和职能人员。上级领导把具体的专业指挥权委托给职能机构,授予相应的职权,职能机构在自己的业务范围内向下级传达命令。这种结构最明显的特点就是强调职能专业化作用,如计划、生产、财务等专家去指挥现场和职工。

优点:减少行政领导人的指挥工作,而且职能机构进行专业指挥时比较熟悉业务。

缺点:容易造成多头领导,有可能命令不统一,协调困难;妨碍了组织中必要的集中领导和统一指挥,不利于明确划分直线人员和职能科室的职责权限。

这种结构由于上述缺点,在现代各类组织中已经较少采用。

职能型组织结构如图 3-3 所示。

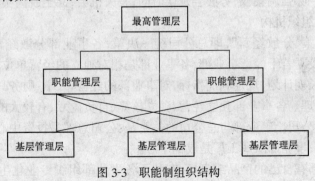

图 3-3　职能制组织结构

3. 直线职能型组织结构

也叫直线参谋制结构。直线职能型组织结构起源于20世纪初法约尔在一家法国煤矿担任总经理时建立的一种组织结构模式，故又称为法约尔模式。

特点：吸取了以上两种形式的优点，设置了两套系统。一套是按命令统一原则组织的指挥系统，一套是按专业化原则组织的职能系统。这里的职能管理人员进行专业分工，是直线指挥人员的参谋，他们只对下级进行业务指导、监督和服务，不能对下级进行直接指挥和命令。企业的经营决策权和管理权高度集中于最高管理层，公司总部是投资中心和利润中心，统筹负责整个企业的盈亏。

优点：权力高度集中，便于统一调配人、财、物等资源；各部门和各类人员实行专业化分工，职责清楚，有利于强化专业管理，提高办事效率。

缺点：高度的专业化分工使各职能部门只考虑本部门的工作，容易造成本位主义，出现摩擦和内耗；各部门之间信息沟通少，横向协调差，信息传递线路长，造成组织的适应性差；各部门的横向协调只有领导才能解决，导致领导负担重；不利于培养素质全面、能够管理整个组织的综合型人才。

适用：中小型企业；产品品种单一、生产技术发展变化较慢、外部环境较为稳定的企业。这类企业的部门较少，管理相对简单，对适应性的要求很低，直线职能型组织结构的优点能得到充分发挥。

直线职能型组织结构如图3-4所示。

图3-4 直线职能制组织结构

4. 事业部型组织结构

事业部型组织结构又称为分权组织结构。当组织规模超过中等程度时，直线职能型组织结构就不适用了。在大型企业里，尤其是建筑企业中，由于承包的工程规模大，产品多样，分布地区广，如果一味强调集权，势必会延误时间，丧失机会，甚至脱离实际而造成失误。所以产生了事业部型组织机构。

特点："集中决策、分散经营"，即总公司统一决策，各事业部分散经营。在总公司领导下，按产品或地区设立若干经营事业部，各事业部是相对独立的经营单位。制定企业的方针策略、总体目标和长期计划，规定利润指标，对事业部的经营、人事、财务只进行监督，不进行日常的行政事务管理。各事业部独立经营、独立核算、自负盈亏，有较大的生产经营权限，实际上相当于一个小公司。事业部与总公司的关系是：公司总部是投资中心；其统一领导下的事业部是利润中心；事业部所属工厂是成本中心。

优点：各事业部有自己的产品或市场，有利于各事业部组织专业化生产，发挥自身的积极性和主动性;既有高度的稳定性,又有良好的适应性;有利于培养和训练高级人才;各事业部之间进行比较和竞争,有利于增强企业的活力。

缺点:每个事业部都要设置一套职能机构,增加了管理层次和管理人员,容易造成机构重叠,协调困难;用人较多,费用增加;各事业部独立核算,只考虑本部门利益,忽视整体利益,影响事业部间的协作。

适用:规模大、产品多样、分布地区广的大型企业,如蒙牛公司。

事业部型组织结构如图3-5所示。

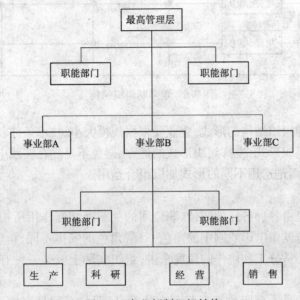

图3-5　事业部制组织结构

5. 矩阵型组织机构

矩阵型组织机构,又称为规划——目标结构或项目管理组织结构,特别适合建筑企业项目管理。这种结构是在直线职能型结构的基础上,再加上一种横向的管理系统,把按职能划分的管理部门与按项目划分的小组结合起来,使同一小组的成员既能保持与原来职能部门的垂直业务联系,又能与项目小组保持横向联系,形成管理矩阵。

特点:把按职能划分的管理部门和按项目划分的小组结合起来,形成类似数学上的矩阵;每个项目小组由项目经理和从各职能部门抽调的专业管理人员组成,项目完成后人员仍回各自所属单位;每个项目经理在公司经理领导下进行工作有一定的职责和权力;项目小组的成员既接受项目经理的领导,又同原职能部门保持组织和业务上的联系。

优点:加强了各部门的横向联系,具有较强的适应性和机动性;实行集权与分权相结合,有利于发挥专业人员的潜力;有利于各种人才的培养;富有弹性,适应性强,可以随时根据需要进行调整和重组机构。

缺点:多头领导,容易产生矛盾;组织结构复杂,对项目负责人要求较高;这种结构是临时性组织,容易导致人心不稳定。

适用:建筑企业从产品研制、开发到建设施工、销售为止的项目管理。

矩阵型组织机构如图3-6所示。

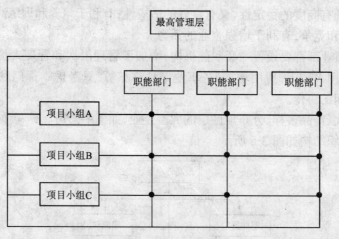

图 3-6 矩阵制组织结构

以上介绍了几种组织结构的形式,企业要根据规模大小、技术条件、专业化程度,结合外部条件选择适合的组织形式,发挥组织形式的优点,避免不足。在实践中一个企业往往不只单独采用一种形式,而是选用不同的形式加以组合运用。

(二)职位设计

组织可以看作是由各种各样的职位、职位间的关系及相互作用所构成的具有特定功能的有机体。这些职位就像电影戏剧中的角色一样,角色的安排不同,角色间的关系不同,剧情和结果就不一样。从分工和协作的角度来讲,组织实际上就是一种有意识形成的角色结构或职位结构。

要想使组织中的每一个职位都有其存在的意义,职位必须具有如下特征:有确定的目标、有明确的职责、有适当的权力。有了这些保证,才能使每个职位的工作在内容安排上能同时满足任务和人员的双重需求,才能合理确定职位的广度与深度。

职位设计,就是将若干工作任务(task)组合起来,构成一项完整的职位。职位因任务的不同而使组合方式各异,所有这些不同的组合构成了多样的职位设计方案。

设置不同职位并赋予相应权力责任的目的是更好地实现组织的整体目标,而职位的不同组合会产生完全不同的效果。人们不禁要问,有没有一种最好的职位设计,它的任务组合是最完美的,放在哪一个企业中都能达到最好的结果。答案虽然是否定的,但理查德·哈克曼(J. Richard Hackman)和格莱戈·奥海姆(Greg R. Oldham)给我们提出了职位特征模型(job characteristics model),简称JMC,可以用它来衡量一个职位对人们的激励程度:

$$MPS = \frac{技能多样性 + 任务同一性 + 任务重要性}{3} \times 自主性 \times 反馈$$

式中 MPS——激励潜力分数。

职位特征模型说明:技能的多样性、任务的同一性、任务的重要性决定了工作的意义。一个职位如果具有这三个特征,那么这个职位会被认为是重要的和有意义的;工作自主性的提高会使他对这个职位产生责任感;通过反馈还能了解自己工作的绩效。MPS得分越高,职位对人们的动机越有促动;越能产生满意的绩效;越能使员工产生主动工作的积极效果。

该模型还指出,具有高度成长需要的员工与那些只有低度成长需要的员工相比,面对

MPS得分较高的职位,在心理状态上对自尊的强调和自我实现的需要方面有更高的吸引力。即个人成长需要的强度对 MPS 也会产生影响。

总体来说,职位设计必须全面均衡地考虑到消费者、员工和组织等各方面的利益,对任何方面的忽视都会造成组织设计的失败。所以在进行职位设计时,首先要着眼于满足顾客利益,一切从顾客出发,同时能激励员工的高昂斗志,为实现组织绩效而努力。此外,还要考虑产品的质量保证、产品或服务的价值体现、环境保护以及产品、人员的持续改进,确保组织能实现优良绩效。组织必须以合理的设计来保证其能够满足经营和财务方面的目标实现;必须确保企业的厂房、设施不对环境造成损害;必须确保使用一切有利于员工和社会公众安全的方式进行运作。

二、组织设计的必要性

人们会经常问:有必要设计出一套组织机构吗?难道不能由领导一个人来管理吗?事实上,面对经济的全球化、面对飞速发展的科学技术、面对环境的日益恶劣、面对加入世贸后国际大市场的激烈竞争、面对组织的生存和发展、面对员工的不同层次的需求……人们共同的感觉是,个人的能力、精力和时间十分有限,再能干的领导也会发现自己的知识面太窄、时间不够多、精力不够用、需要决策的问题太多。在这种情况下,惟一正确的选择就是发挥团队的力量,由一群人而不是由一个人来管理。

组织的目标确定后,如何使这些目标顺利实现,需要制定并保持一种职务系统,使组织中的每一个人都能清楚地知道自己在组织中的作用以及相互之间的联系,这就是组织设计。组织设计是指对一个组织的机构进行科学严谨的规划和设计,通过创新或更新再造,希望从组织的结构上保证组织目标的有效实现。具体地说,组织设计的任务是建立组织结构、明确组织内部的相互联系,提供组织的结构图和职务说明书。一句话,组织设计就是如何发挥管理者群体的作用,有效地管理复杂多变的对象。

借用系统论的观点,组织设计的目的是:"发挥整体大于部分之和的优势,使有限的人力资源形成最佳的综合效果",即系统功能大于部分功能之和。

组织设计工作的三项具体任务:

$\begin{cases} \text{职务分析与设计:是最基础的工作。} \\ \text{部门划分和层次设计:根据工作性质及相互关系,将各职务组合为部门。} \\ \text{结构形成:据职务设计及部门划分,调整、平衡工作量,使设置更为合理。} \end{cases}$

三、组织的部门化、层级化

(一)组织的部门化

部门是指组织中主管人员为完成规定的任务而拥有管辖权的某个特定领域。军队中有师、团、营、连;企业中有分公司、职能部门;政府机构中有部、局、处、室等。部门的划分反映了组织活动的分工和安排,部门划分就是确定组织中各项任务的分配和归属,力求通过分工合理、职责明确高效地实现组织的目标。所以法约尔指出,它是"为了用同样多的努力生产更多和更好的产品的一种分工"。

组织部门划分的方法有:按职能划分、按产品专业化划分、按地区划分等。

1. 按职能划分

按职能划分是应用最广泛的部门划分方式,是以工作和任务性质划分,遵循分工和专业化原则。如高等学校的基本职能是教学、科研、人事、财务等,按职能划分其形式如图3-7所示。

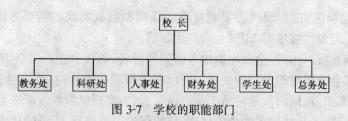

图 3-7 学校的职能部门

按工作职能划分组织的各个部门,最能体现社会化大生产专业分工协作的要求,可以提高工作的熟练程度和业务水平,提高工作效率。法约尔把企业的职能分为 6 种:技术职能、财务职能、商业职能、安全职能、会计职能、管理职能。

特点:主管人员把注意力集中在组织的基本任务上,有利于目标的实现。

缺点:各部门工作相对独立,容易造成部门间的利益冲突;容易只强调本部门目标而忽视整体目标;部门间的协作能力较差;应变能力较差。

2. 按产品专业化划分

按产品划分是企业按产品或产品系列来组织业务活动的方法,即以某一种产品为中心,把为实现管理目标所需要做的一切工作,按是否与产品有关而进行分类。凡是与产品或服务有关的工作归为一个部门,再将这些部门按职能划分为若干个职能部门。

特点:这种方法能够发挥个人的技能和专长,发挥专用设备的效率,有利于部门内部的协调;能使主管人员把注意力放在产品的改进和发展上。

缺点:机构重叠,资源浪费,难以做到集中指挥;要求主管的全面管理能力强,增加了协调和控制的困难。

3. 按地区划分

当组织地理位置位于不同地区,各地区的政治、经济、文化等因素影响组织的管理时,把各个地区的业务集中起来,把凡是与该地区经营相关的工作都归入同一部门,委派一名经理进行管理。

特点:适用于经营区域范围较大的大型组织(设立事业部)。由于责任下放到基层,有利于改善地区内的协调,取得良好的经济利益;也有利于主管人员的培养和训练。

缺点:地区之间协调困难,不易进行集中的服务工作。

4. 部门划分的其他方法

(1)按人数划分。特点是仅考虑人力安排,简单、原始,适用于基层部门的划分。

(2)按时间划分。是一种传统的划分部门的方法。如早、中、晚轮班制,日班、夜班等。

(3)按服务对象划分。这种方法适用于制造业、零售业、教育等行业。它根据顾客的需要,有针对性地划分部门,每一部门都集中为某一类用户服务。如零售分为男装、女装;学校分为全日制教育、培训等。最大的优点是能满足顾客的要求,社会效益好。

(4)按设备划分。这种方法适用于制造业。如在制造行业常将车床、冲床等集中使用,比较经济,能提高设备的使用效率。

5. 部门划分的原则

(1)精简原则。在有效实现组织前提下,维持最少的部门。

(2)弹性原则。部门应随业务的需要而增减变动。

(3)目标实现原则。为确保目标的实现应具备必要的职能;当某一职能涉及到两个以上部门时,要明确规定各部门承担的责任。

(4)任务平衡原则。责任的确定和工作量的分摊要力求均匀,各部门的任务指派应达到平衡。

(5)监督检查与执行部门分设原则。

(二)组织的层级化

划分了组织部门、确定了组织管理的幅度后,应在此基础上设置管理的等级层次。设置等级层次最明显的好处就是,组织中的每一个人都能明确地知道自己的岗位、任务职责和权限;根据自己在组织系统中的位置,清楚上级是谁、下级是谁,对谁负责;明白自己的工作程序和渠道,从何处获得信息和情报,从何处取得需要的决策和指示。组织等级层次的设置,能使管理者通过对职权等级链的逐层监督,直接控制和协调组织的活动。

根据层次设置的多寡,可分为高耸型组织和扁平型组织。

1. 高耸型组织结构

其特点是:组织层次多,管理幅度小,沟通渠道多。

例如:某个组织有48名非管理人员,管理幅度为8人,那么就需要有三级管理层次共9名管理人员,即总经理1名、中层管理者2名,基层管理者6名,如图3-8(a)所示。

2. 扁平型组织结构

其特点是:管理层次少,控制幅度大,沟通渠道少。

例如:某个组织有48名非管理人员,如果分为二级管理,则只需要3名管理者,即总经理1名、管理者2名,管理幅度为24人,如图3-8(b)所示。

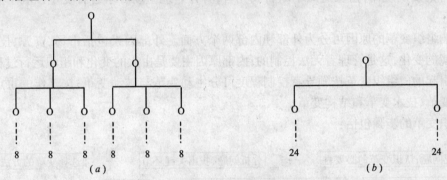

图 3-8 组织结构示意图
(a)高耸型;(b)扁平型

高耸型结构和扁平型结构各有利弊,内容见表3-1。

高耸型组织结构和扁平型组织结构比较　　　　表 3-1

特征	高耸型组织结构	扁平型组织结构
优点	组织结构严密,便于集中管理	有利于集权和分权
	分工明确、职责分明、沟通渠道多	员工能从工作中获得满足
	组织纪律严明,稳定性高	提高决策的民主化
缺点	组织内信息沟通和传递慢	管理人员负担重、日常事务工作多
	层级间的协调和控制复杂	下属人员要能自控、自律
	管理工作效率低	同级间沟通困难

随着经济的发展,组织的结构也在不断发展变化,组织结构的发展趋势是趋向于扁平化、柔性化和分立化趋势。没有一成不变的组织结构设计,也没有一种模式适合于所有企业。对于组织来说,应该根据外部环境的不断变化和内部资源状况,适时调整和改进组织结构,以增强灵活性和适应性,增强竞争力。

四、组织的运行、变革与组织文化

(一)组织运行

组织运行是一个动态过程,主要是指通过维持与变革组织结构,使组织发挥其应有作用,完成组织目标的过程。运行过程大体由三个步骤组成:

第一步,明确实现组织目标所需的各种活动,对这些活动进行分类。内容主要涉及前面所讲的组织设计工作。

第二步,将组织所需的各种活动进行组合,形成可以管理的部门。不同组织活动的组合,形成了不同类型的组织结构;在各部门配置适当的人员,并赋予相应的职责、权力。

第三步,在执行任务的过程中,从纵向和横向两个方面对组织结构进行调整和改变,使组织成为一个高效的有机体。

(二)组织变革的一般规律及管理

组织变革是指为适应内外环境的变化,而对组织要素所做的调整与修正过程。组织变革的目的是优化组织结构与功能,改进组织的管理方法,使组织能更好地适应社会实践的要求,创造出更好的经济效益和社会效益。一个健康有活力的组织必须时刻评估自己的组织,掌握自身的发展规律,扬长避短不断自我完善,有计划地主动寻求各种变革以利于生存和发展。

影响组织变革的原因可分为外部和内部两个方面。外部因素包括市场、资源、技术、文化和环境的变化,这是管理者无法控制的;内部原因主要是由人的变化和组织运行过程中的矛盾所引起的。组织变革按领导者控制程度可分主动变革与被动变革;按工作的重点可分为人员变革、技术变革和结构变革。

组织变革的步骤包括:

| 发现问题,认识变革的必要性 | → | 分析问题,找出关键环节 | → | 选择变革的方法 | → |

| 分析影响变革的制约条件 | → | 选择和确定推行变革的方式和策略 | → | 实施计划 |

美国管理心理学家李维特认为,组织是一个多变量的系统,组织变革什么,至少需要由任务、技术、结构和人员四个变量组成,任何一个变化都可能引起其他变量的变化。据此观点,我们认为产生预期效果的组织变革应遵循以下规律进行管理:

1. 通过改变结构实现组织的变革

改变结构是指对组织进行调整,建立适应社会化大生产和市场经济体制的,以产权明晰、责权明确、政企分开、管理科学为基本要求的现代企业制度,推行企业法人产权制度,明确企业法人治理结构,为现代企业制度的建立奠定基础。

2. 通过改变技术来实现组织的变革

改变技术包括两方面内容。第一,通过引进新机器、新工艺、新设备、新技术引起工作技术的改变,从而引起人——机系统的变革;第二,通过改变管理技术,对组织的结构产生深远的影响,如采用现代化的信息处理系统,使用现代化的办公系统文件,推行工程管理或程序管理的方法等。

3. 通过调节和控制外部环境来实现组织的变革

组织不仅仅要适应外部环境的变化,更要积极主动地控制进而改造环境。例如扩大与外界的信息交流,优化组织功能,开发新的市场,治理经济环境等。

4. 通过改变人的心理来实现组织变革

人是最富有生命力和创造力的最活跃的因素,提高人的素质,改变人的心理,是推动组织变革的基本条件。

组织变革的策略有三种:

独断策略:最高层自上而下的发布指令和推行变革方案。
分权策略:把权力分散给下级,由下级推行组织变革。
权力分享:最高管理层吸收下级团体和成员,在连续统一体中有领导地推行群体决策和群体变革。

(三)组织创新

创新一词最早由奥地利经济学家约瑟夫·阿罗斯·熊彼特首先提出,他认为创新是"新的生产函数的建立",是"企业家对生产的新的组合"。创新包含的范围很广,既涉及到技术创新、产品创新、企业流程创新、运行方式创新;也涉及到制度创新、政策创新、管理创新、观念创新。无论对国家还是企业,创新都是至关重要的,美国福特公司前总裁亨利·福特深有体会地说"不创新,就灭亡"。随着国际竞争越来越激烈,组织也要求创新。组织创新是在组织经营活动中,重新考虑和设计那些进行价值创造和运作的程序及方法,去除不符合组织发展目标的落后东西,从而建立企业新的组织结构和形式。

组织创新的内容非常广泛,总体来说,包括结构创新、技术创新、环境创新、人员创新和组织文化创新5个方面。

1. 结构创新

结构创新包括把现有的几个部门进行组合,精简管理的层次,扩展管理的跨度使组织扁平化,制定更详细的规章制度等,或者提高下级的分权化程度以加快决策的制定等。如果以上措施还无法实现组织的目标,就要对组织的现有结构进行重大改革。例如:重新设计职务或工作程序,结成虚拟组织,改革组织的薪酬制度,或者实行弹性工作制。

2. 技术创新

技术创新常涉及新的设备、工具、方法的引进和使用,目前的技术创新以自动化和计算机化为代表。自动化程度的提高,对企业意味着质量的提高和成本的下降,计算机的推广使产、供、销等环节效率更高,信息技术的应用和网络系统的建立实现了资源共享,给营销带来了革命性的变化。目前出现的"企业重建"热潮,均与其密不可分。

3. 人员创新

人是企业的主体,是组织中最重要的资源。人员创新的目标是通过改变员工的行为来改变提高组织适应环境变化的能力。在人员创新中要格外注意组织中个人与群体行为的改变。

4. 环境创新

工作环境的好坏直接影响工作效率的高低。泰勒在其科学管理理论中以及梅奥在其人际关系理论中都曾提及。除了工作场所的亮度、温暖程度、清洁程度、噪声大小、家具颜色等硬件外,员工之间的正常交往、非正式组织的形成和社会需要等因素都会对工作产生影响。

5. 组织文化创新

任何一个企业在生产经营过程中都会形成自己独特的文化,它具有稳定性和持久性。当某种文化对组织的发展成为阻力时,一旦想要改变这种固有的和习惯的思维定势,会使文化创新遭遇很大的困难。

组织创新的程序一般为:

寻找机会 → 提出构想 → 迅速行动 → 长期坚持

现代组织创新时要注意避免以下几点:单纯强调一致性、过分强调单一性、盲目强调肯定性。

(四)组织文化

组织文化是形成于组织内部的一种群体文化,是社会文化的一个有机组成部分,它是在长期的社会实践中,组织内部所形成的共同认可和遵守的文化形态的总和。它包括价值观、道德标准、行为规范、规章制度、精神风貌等。根据组织的不同性质,可将其分为:企业文化、校园文化、社区文化、政府文化、乡镇文化、军队文化等。这里我们只介绍与企业密切相关的企业文化。一个成功的企业一定有其自身的独特文化,它是企业生存和发展的法宝。

1. 企业文化的涵义

20世纪80年代,美国哈佛大学教授特伦斯·迪尔和麦金赛咨询公司管理顾问艾伦·肯尼迪合著出版了《公司文化——企业生存的习俗和礼仪》,标志着企业文化的诞生。

企业文化是现代管理理论和文化理论相结合的产物,也是现代管理实践的产物。它对企业的经营决策和领导风格,对企业职工的工作态度和工作作风都起着决定性作用。所以企业文化被称为从20世纪80年代登上管理学舞台的一颗"明星"。有人把企业文化看作企业的"灵魂",说它是企业成败的关键。

企业文化虽然由美国学者率先提出,却起源于日本成功的管理经验,其实关于组织文化的观念,中国传统的儒商思想也是一种组织文化。然而关于企业文化的概念,至今仍众说纷纭。

西方学者所说的企业文化,大都指在一个企业内部形成的独特的文化观念、价值观、历史传统、习惯、作风、信念、理想、道德规范和行为准则,并依赖于这些文化,组织各种内部力量统一于共同的指导思想和经营哲学之下。

我国学者对企业文化的理解也众说不一,其中最有代表性的观点有三种。

第一种,企业文化是企业中物质文化和精神文化的总和,是企业中硬件和软件的结合。这种观点把企业文化分成两大部分。一部分是企业的硬文化(外显文化),包括厂房、设施、原材料、技术、工艺、产品等;另一部分是企业的软文化(隐形文化),是以人的精神世界为依托的各种文化现象,包括管理制度、价值准则、行为规范。

第二种,企业文化包括物质文化、制度文化和精神文化三个同心圆。物质文化在外层,是企业内部的机制设备和经营的产品;制度文化在中层,是企业的人际关系、管理制度;精神文化在内层,指企业的行为规范、价值观念,这是企业文化的核心。

第三种,企业文化是一个企业以物质为载体的各种精神现象。这是以价值体系为主要内容的企业精神、思维方式,是企业在生产经营过程中形成的一种行为规范和价值观念。

2．企业文化的特征

(1)整体性

从一个综合、立体、全方位的角度研究企业,它是企业中达成共识的观念,反映了企业共同的信念和企业的整体形象。

(2)内聚性

企业文化在企业管理过程中起"粘合剂"的作用,企业通过各种形式的文化活动把它的价值观念逐步渗透到职工心中。

(3)稳定性

企业文化的形成是和企业的发展分不开的,企业文化一旦形成,不会轻易改变。

(4)人本性

企业文化最本质的内容就是强调人的价值观、道德行为准则等"本位素质",强调它在企业管理中的核心作用。人本,就是以人为本,一切活动都以人为中心。人的素质包括:身体素质、智力素质和人本素质。

从某种程度上说,离开了人,一切机器、设备都只是可能的生产要素,甚至可能成为一堆废铁。所以有人把企业文化的实质概括为:以人为中心,以文化引导为根本手段,以激发企业职工自觉行为为目的的独特的文化现象和管理思想。

(5)时代性

任何企业都处在一定的社会环境中,不可避免地要受到所处时代的影响。企业文化是时代的产物。如20世纪50年代的"鞍钢文化",60年代的"大庆文化",现在的"海尔文化"都深刻反映了时代的特点和风貌。也就是说,时代特点影响着企业文化,企业文化反映着时代风貌。

(6)民族性

不同的民族有着不同的历史文化背景。如:日本企业文化深受"忠、孝、悌"三位一体的儒教影响;美国公司文化强调个人价值、自我意识的作用。

3．企业文化的误区

(1)企业文化政治化。认为企业文化就是单纯的思想政治工作,只要求员工讲贡献,不考虑实际工作的效率,不要求职工讲价值的回报。应该是,除了讲贡献之外,还要讲激励机制,才能调动职工的积极性和创造性。

(2)企业文化口号化。提出口号无可非议,但关键是口号能否起到反映企业的价值取向、经营哲学、行为方式、管理方式;能否在职工中产生共鸣;能否真正起到凝聚力和向心力的作用。

(3)企业文化文体化。有的企业把企业文化看成是唱歌、跳舞、打球等文体活动。客观来说是必要的,但企业毕竟不是专业团体,不能靠它来留住人才,这是对企业文化的浅薄化。

(4)企业文化表象化、僵化。有人认为,企业文化就是创造优美的企业环境,注重企业外观的协调,注重花草树木的整齐,注重员工服饰的整洁大方,设备摆放的流线优美。而且认为企业文化要长期如此,百年不变。这忽略了企业文化的创新。

4．建筑企业文化建设

(1)原则

1)目标原则:企业文化建设要与完成企业目标相一致;

2)价值观念原则:企业文化建设应该促成职工建立正确的价值观念;

3)合力原则:企业文化建设要增强企业职工的凝聚力;

4)参与原则:要促进职工积极参与管理。

(2)步骤和途径

1)分析内外因素,选择价值标准

把有利于社会的积极向上的价值观念作为企业文化建设的根基。

2)明确企业文化建设的目标

目标必须是针对企业现实状况的,而且是可行的。

3)把目标条理化和具体化

4)设计企业文化体系

发动广大职工提方案使企业文化与组织的目标和管理工作相协调。

5)强化和提高

过程:认同——强化——提高——再认同。

6)适时发展

在不断更新的过程中优化、创新。

思 考 题

1. 什么是组织?
2. 组织理论包括哪些内容?
3. 如何理解组织工作原理?
4. 管理的幅度与管理层次是什么关系?
5. 试分析目前一些组织管理跨度不合理是由什么原因造成的?
6. 简述目前常用的5种组织结构的优缺点及适用条件?
7. 如何理解职位设计的必要性?
8. 高耸型组织与扁平型组织的各自特点有哪些?
9. 组织创新包括哪些领域?试分析什么样的事件会导致组织的创新?
10. 什么是企业文化?企业文化包括哪些内容?
11. 如何正确理解集权与分权?
12. 试讨论如何正确实施组织变革?你有什么体会?
13. 案例

守 寡 式 职 位

19世纪末期,世界航海业蓬勃发展起来。西班牙有一位叫大卫的船长,经营着一个巨大的航运集团,控制了通往世界各国的许多航线。在他的航运集团中,有一艘运量最大的船"莎丽号",承担着整个集团重要的航运任务,也是整个集团的王牌船舰。但是令大卫苦恼的是,"莎丽号"一直找不到一位合适的船长来主导它。大卫曾出重金从航运界中挖了几位经验丰富、有口皆碑的船长来主持"莎丽号",但是奇怪的是,每一位船长在上任"莎丽号"最高执行官一职后都失败了,他们以前在其他船队中骄人的能力表现在这里遭到了严酷的挑战——虽然船长们出尽浑身解数,但是"莎丽号"的经营业绩仍直线下降。大卫苦苦思索了许久,终于想通了一个事实:不是船长们的能力不行,而是职位设计本身存在缺陷。这个职位就像一个巨大的黑洞,任何一个踏上此职位的人都逃脱不了失败结局的命运,后人就将此种无人可以胜任的职位称为"守寡式职位"。

回顾微软(中国)公司这几年在中国的发展,再想起"莎丽号"的寓言故事,我们会发现其中有着惊人的相似性——诸位 CEO 你方唱罢我登台般地上任,但没有人跨得过这个万众瞩目职位的黑洞。

环视当今社会,包括许多世界 500 强公司和国内知名大公司,同样出现这种令其困惑不已的现象。这几年来,从微软、北大方正、MOTO、HP、科龙、乐百氏、长虹等著名企业某些高层职位人才的轮流下马与变换,透过这些现象的背后,我们可以看出所谓"守寡式职位"那种肃杀的意味。

微软(中国)CEO 的职位毫无疑问是万众瞩目的"神位",能够出任此职位的人选绝对是业界首屈一指的翘楚。但另一方面,这个职位所必须承受的压力也是超乎一般人想像。高群耀曾经无奈地说:"在中国,连扫大街的老头也知道我的位置不好坐"。在这种无奈的背后,是高群耀深刻体会到自己作为一名中国区域的 CEO,要处理好微软全球战略与微软(中国)战略之间矛盾冲突,实不容易,甚至左右为难。

微软(中国)习惯于谋求平衡,又擅长不断打破平衡。每每内部矛盾不可调和,微软总部不是通过办法令中国公司自我从内部解决问题,而是强制性地从外部引进新的经理人资源,以空降兵管理的方式去化解、协调、压制了内部矛盾的爆发,但是当"空降兵"逐渐被同化而成为微软中国企业文化的一员的时候,微软中国又引入了另一个空降兵,制造了新的不平衡。从某个角度而言,微软(中国)CEO 这一职,类似于君主立宪制国家中的国王,貌似掌握了一个庞大帝国的死生大权,但其实更多只是一种具有象征意义的职位——从吴士宏、高群耀再到唐骏,哪一个不是在上任伊始壮志满怀,但在作出一些成绩之后,准备放手再大展鸿展之际,却不断遭遇削藩的威胁。微软中国区——微软大中华区——微软亚太区,这三者之间的关系与权力架构错综复杂,正是这种令人眼花缭乱的权力之争,令微软(中国)CEO 此职位成为一处令许多精英扼腕长叹、败走麦城的"守寡式"职位。

启示:在许多企业习惯性观念中,职位是固定不变的,只有人迁就某个职位,而不可能让职位来迁就人,其实这是错误的。一个设计合理的职位既有明确的责任目标,也有一些灵活变动的指标来适应每一个履行职责的人,使其能最大限度地发挥自己的效能。职位人性化的做法正成为一些著名企业的做法。

【问题】 试分析有哪些原因造成了一些职位的黑洞无法被跨越?

第四章 人力资源管理

学习目的与要求
1. 了解人力资源计划和任务;
2. 熟悉员工招聘的方法和人员培训的方法;
3. 掌握员工招聘和人员培训案例分析方法。

第一节 人力资源计划

一、人力资源计划的概念

人力资源计划,是指为实施企业的发展战略,完成企业的生产经营目标,根据企业内部环境和条件的变化,运用科学的方法对企业人力资源的需求和供给进行预测,制定相应的政策和措施,从而使企业人力资源供给和需求达到平衡,实现人力资源合理配置,并有效激励员工的过程。

二、人力资源的任务

人力资源计划的编制和实施目的,就是要通过规划人力资源管理的各项活动,使人力资源的基本情况与组织的需求相匹配,从而确保组织总目标的实现。

人力资源计划的任务包括以下几个方面:

1. 评价组织中人力资源的需求量

人力资源计划就是要使一定时期组织内部预计的需求与组织内外人员的供给相一致。人力资源的需求量主要是根据组织中职务的数量和类型来确定的。职务数量指出了每种类型的职务需要多少人,职务类型指出了组织需要什么技能的人。

2. 选配合适的人员

随着内外环境的变化,组织中的员工总是不断变动的。为了确保担任职务的人员具备职务所要求的基本知识和技能,必须对组织内外的候选人进行筛选,这就必须研究和使用科学的人力资源管理方法,使组织中所需要的各类人才得到及时的补充。

3. 制定和实施人员培训计划

培训既是为了适应组织内部变革和发展的要求,也是为了提高员工素质,实现员工个人生涯发展的要求。要使组织中的成员、计划、活动、环境等要素更具环境的适应性,就必须运用科学的方法,有组织、有计划、有重点、有针对性地对员工进行全面培训,以培养和储备适应未来要求的各级人才。

三、人力资源计划的过程

人力资源计划实施的整个过程大致可以分为六个步骤。前三个步骤分别是:在组织战略规划框架之下编制人力资源计划、招聘员工、选用,这一阶段的结果是要发掘有能力的人才并加以选用;后三个步骤分别是:职前引导、培训、职业生涯发展,这三项活动是为了确保组织既能留住人才,又能使员工技能得以更新,符合未来的组织发展要求。上述步骤在实施中均会受到来自于政府政策和法律的约束。

编制人力资源计划是实施人力资源计划的第一步,这一步又可以细分为三个具体实施的步骤:评估现有的人力资源;评估未来所需的人力资源;制定一套相适应的方案计划,以确保未来的人力资源供需的匹配。

1. 评估现有的人力资源状况

这一步是通过工作分析法检查现有人力资源状况并提出工作说明书和工作规范。前者说明了员工应做哪些工作、如何做、为什么这样做,反映出工作的内容、工作环境以及工作条件等;后者说明了某种特定工作最低需要具备哪些知识和技能。

2. 评估未来人力资源状况

组织的目标与战略决定了对人力资源的未来需求。要使战略规划转化为具体的、操作性较强的人力资源计划,组织就必须根据组织内外资源的情况对未来人力资源情况进行预测,找出各时期各类人员的余缺分布。

3. 制定一套相适应的人力资源计划

管理者通过对现状和未来人力资源需求预测做出评估,就可以找出人员的数量和种类,制定出一套与组织战略目标及其环境相适应的人力资源计划。同时,组织还必须对此计划进行跟踪、监督和调整,以便正确引导当前和未来的人力需求,另外,此计划还需要与组织中的其他计划相互衔接。

四、人力资源计划中的人员配备原则

合理用人、用好人才是组织生存和发展的重要环节之一,也是衡量人力资源计划是否有效的一个重要指标,因此,在编制和实施人力资源计划过程中必须坚持以下几个重要的人员配备原则。

1. 因事择人原则

所谓因事择人,是指组织应该以工作的实际要求和所空职位为标准来选拔符合标准的各类人员。要使工作圆满完成并卓有成效,首先要在保证工作效率的前提条件下安排和设置职位,其次要求占据职位的人应具备相应的知识和工作能力,因此,因事择人是实现人事匹配的基本要求,也是组织中人员配备的首要原则。

2. 因材器用原则

所谓因材器用,是指根据人的能力和素质的不同,去安排不同要求的工作。只有根据人的特点来安排工作,才能使人的潜能得到最充分的发挥,使人的工作热情得到最大限度的激发。如果学非所用、大材小用或小材大用,不仅会严重影响组织效率,也会造成人力资源计划的失效。

3. 用人所长原则

所谓用人所长是指在用人时不能够求全责备,管理者应注重发挥人的长处。在现实生活中,由于人的知识、能力、个性发展是不平衡的,组织中的工作任务要求又具有多样性,因此,完全意义上的"通才"是不存在的,即使存在,组织也不一定非要选用这种"通才",而应该选择最适合空缺职位要求的候选人。有效的管理就是要能够发挥人的长处,并使其弱点减少到最小。

4. 人事动态平衡原则

处在动态环境中的组织是在不断变革和发展的，组织对其成员要求也是在不断变动的，同时，工作中人的能力和知识也是在不断地丰富和提高的，因此，人与事的配合需要进行不断的协调平衡。所谓人事动态平衡，是指要使那些能力充分发展的人去从事组织中更为重要的工作，同时也要使能力平平、不符合职务需要的人得到识别及合理的调整，最终实现人与工作的动态平衡。

五、案例

某高新技术企业按业务的分类，成立了三个针对不同产品的事业部。各事业部下设销售团队、技术支持团队和研发团队。各部门的业务收入和成本都是独立核算的，但需要平摊后勤部门（行政部/人力资源部/财务部）所产生的成本。目前，公司共有138人，其中三个事业部104人，后勤部门30人，高层领导4人。由于成立时间不到3年，客户资源还不够稳定，所承接的业务量波动较大，因此，在工作任务繁重时有些员工，尤其是研发和技术人员，会抱怨压力过大，各事业部经理也会抱怨合格人手太少，招聘来的人不能立即适应项目的工作需要；但在工作任务相对较少的时期，经理们又会抱怨本部门的人力成本太高，导致利润率下降。

1. 问题分析

该公司在人员供需状况上遇到了什么问题？请为该公司提供解决问题的建议。

2. 建议

(1)该公司主要面对的是人员供求平衡的问题，存在人员紧缺（供不应求）和人员冗余（供大于求）两种不同情况。

(2)从总体上说首先要掌握人员供求关系在时间上变化的大致规律，在时间上要提前为供需变化做准备。

(3)应对人员紧缺时采取的措施：

1)修改招聘的标准，增加某些岗位全面适应的要求。

2)制定临时人员雇佣计划，但这些人应有一定的稳定性，熟悉公司的开发流程，能尽快进入角色。

3)平时加强跨专业技术培训，提高他们的应变能力。

4)将技术人员和研发人员相互作为对方的人才储备库，平时在培训上要注意两类职位的相互替补性，能临时适应对方的工作要求。

5)短缺情况不严重时可用加班的方式来处理，但要制定延长工时增加报酬的方式。

6)改进项目管理方法，从管理机制的角度来提高效率。

7)将项目外包，在外寻求合作伙伴。

(4)应对人员冗余时采取的措施：

1)改进人员评估方法，永久性辞退能力差、工作表现差的员工。

2)控制公司的相对规模，其他服务后勤部门的编制过于冗余，增加了管理成本，可考虑服务性外包或合并精简这些部门人员。

3)在业务相对清淡的时期，对员工进行针对性的业务培训。

4)在业务相对清淡的时期，减少员工的工作时间，适当降低工资水平。

5)在业务相对清淡的时期，采用多个员工分担一个或几个人的工作任务，减少员工的工作量，降低工资成本。

第二节 员工的招聘

一、员工招聘的标准

员工招聘是指组织及时寻找、吸引并鼓励符合要求的人到本组织中任职和工作的过程。员工招聘是落实人力资源计划的一个重要的步骤，必须依据一定的标准慎重决策。因为员工一旦被聘用，即使能力和业绩平平，组织也很难迅速予以解聘，因此，在员工招聘初始，就应对不同层次员工的具体要求总结出一些基本的相同点，以供决策时参考。

1. 管理的愿望

如果招聘的是管理人员，则强烈的管理愿望是有效开展工作的基本前提。对于某些管理人员来说，担任管理工作，意味着在组织中将取得较高的地位、名誉以及与之相对应的报酬，这将产生很强的激励效用；但对大多数员工来说，管理意味着可以利用制度赋予的权利来组织劳动，意味着可以通过自己的知识和技能以及与他人的合作来实现自我，这将获得心理上极大满足感。管理意味着对种种权利的运用。管理低下、自信心不足或对权利不感兴趣的人，自然也就不会负责任地有效地运用权利，这就很难达到理想而积极的工作效果。

2. 良好的品德

良好的品德是每个组织成员都应具备的基本素质。对于管理人员来说，担任管理任务意味着拥有一定的职权，而组织对权利的运用不可能随时进行严密、细致、有效的监督，所以权利能否正确运用在很大程度上只能取决于管理人员的自觉、自律行为，因此，管理人员必须是值得信赖的，并且要具有正直而高尚的道德品质。对于一般员工来说，良好的品德，意味着对上不曲意逢迎、阳奉阴违，敢于坚持真理，修正错误，对下则一视同仁，不以个人的好恶和偏见论是非，不拉帮结派、亲此疏彼。品行优良意味着脚踏实地的工作，而不是为了哗众取宠做表面文章。总之，良好的品德应该成为员工的基本要求，特别是在一个学习型的团队组织中，如员工缺乏这种品质就可能会涣散人心而使团队合作无法进行。当然，只有正直的品质而无工作能力之人也不能成为一名合格的技术或管理人才，组织必须予以充分地考察，慎重取舍。

3. 勇于创新的精神

对于一个现代组织来说，管理的任务决不仅仅是执行上级的命令，维持系统的运转，而是要能在组织系统或部门的工作中不断创新。只有不断创新，组织才能充满生机和活力，才能不断发展。创新意味着要打破传统机制的束缚，做以前没有做过的事，而这一切都没有现成的程序或规律可循，因此，创新需要冒很大的风险，且往往是，希望取得的成功越大，需要冒的风险也越多。要使组织更具创新活力，组织就必须努力创造敢于冒风险、鼓励创新的良好氛围。

4. 较高的决策能力

随着组织权利的日益下移，组织中员工的决策能力要求有不断提高的趋势。为了更好地完成组织的任务，对管理人员来说，不仅要计划和安排好自己的工作，而且更重要的是要通过一系列的决策，组织和协调好部署的工作，如本部门在未来一段时期内要从事何种活动？这种活动需要达到怎样的工作效果？谁去从事这些活动？如何授权？利用何种条件、在何时完成这些活动？等等。对于一般人员来说，要通过建立广泛的合作尽可能使工作中的决策得到各方面的支持与拥护。

二、员工招聘的来源与方法

(一)员工招聘的来源

员工招聘的来源可以是多方面的,如学校、人才市场、部队转业等,但招聘工作的有效性更多地要依赖于劳动力市场的状况、组织内部空缺职位的高低、组织规模大小、组织形象等因素。显然,劳动力市场越大,人员就容易招聘,而职位越高或要求的技能越多,招聘的范围就可能越为宽泛。一般而言,组织规模越大,可选机会也就越大;组织形象越好,社会地位也就越高。显然,一个组织中,发展的机会越多,应聘者也就越多。

一般来讲,组织可以通过以下几种渠道来获得必要的人力资源。

(1)广告应聘。通过广播、报纸、电视、网络等传媒渠道发布用人信息广告是最常用的招聘方式。应聘者可以根据自己的情况选择自己适合的职业,减少盲目应聘,组织也可以通过此办法集中挑选需要的人员。一般而言,组织中空缺职位越高或者所需具备的技能越强,广告的辐射范围就应该越广。

(2)员工或关联人员推荐。研究表明,经内部员工或关联人员推荐的人员要比广告等其他形式招募来的满意度高。因为,做这样的推荐事关推荐人的名声,并且本人对组织也比较了解,容易形成凝聚力,另外,也可以省去部分招聘成本。

(3)职业介绍机构推荐。对于规模小而且没有正式人事机构的组织而言,职业介绍机构能使组织以较低的成本找到职业应聘者,当然,大规模组织也可以求助于此类机构,因为这类机构拥有的专业技术可能会比组织的人事部门强。职业介绍机构有三种类型:一种是公营的机构,该类机构所雇佣的职员不必具备太强的技术或太多的培训,因此收费较低;另一类是私营机构,这类机构介绍的职位较高,提供的服务也较为完整,因此收费较高;第三种是管理顾问公司,也称"猎头公司",这种公司收费最为昂贵,主要推荐的是中层至高层管理人员,它比上述两类机构服务更周全、信息更完整,因此成功率也更高。

(4)其他来源。除了上述机构以外,许多高中、大专院校都有职业介绍的服务,用人单位可以向这些学校征求所需人才;同时还有很多专业组织也能够提供职业介绍的服务。

人力资源计划中最为关键的一项任务是能够招到并能留住有才能的员工,因此,组织提升制度对招聘工作有着非常重要的影响。依据招聘的内外环境不同,组织大致可以通过外部招聘和内部提升两种方式来选择和填补员工的空缺。

1. 外部招聘

外部招聘就是根据组织制定的标准和程序从组织外部选拔符合空缺职位要求的员工。选择员工具有动态性,特别是一些高级员工和专业岗位,组织常常需要将选择的范围扩展到全国甚至全球劳动力市场。

外部招聘具有以下的优势:

(1)具备难得的"外部竞争优势"。所谓"外部竞争优势"是指被聘者没有太多顾虑,可以放手工作,具有"外来和尚会念经"的外来优势。组织内部成员往往只知外聘工目前的工作能力和实绩,而对其历史,特别是职业生涯中的负面信息知之甚少,因此,如果他确有工作能力,那么就可能迅速地打开局面。相反,如果从内部提升,部下可能对新上司在成长过程中的失败教训有着非常深刻的印象,这反而会影响后者的权威性和指挥力。

(2)有利于平息并缓和内部竞争者之间的紧张关系。组织中某些管理职位的空缺都可能会引发若干内部竞争者的较量,事实上,组织中的每个人都希望获取晋升的机会。如果员工发现处在同一层次上、能力相差无几的同事得到提升而自己未果时,就可能产生不满情绪,这种情绪可能会带到工作上,从而影响组织任务的完成,这反而会给组织造成负面的影响。而从外部选聘则可能会使这些竞争者得到某种心理上的平衡,有利于缓和他们之间的紧张关系。

(3)能够为组织输送新鲜血液。来自外部的候选人可以为组织带来新的管理方法与经验。他们没有太多的框框程序束缚,工作起来可以放开手脚,从而给组织带来更多的创新机会。此外,由于他们新近加入组织,没有与上级或下属历史上的个人恩怨关系,从而在工作中可以很少顾忌复杂的人际网络。

外部招聘也有很多局限性,主要表现在:

(1)外聘者对组织缺乏深入了解。外聘者一般不熟悉组织内部复杂的情况,同时也缺乏一定的人事基础,很难一下进入工作角色,因此,外聘者需用相当一段时期的磨合才能与组织现有的文化相适应,也才能真正开展有效的工作。

(2)组织对外聘者缺乏了解。在选聘时虽然可以借鉴一定的测试和评估方法,但一个人的能力是很难通过几次短暂的会晤或测试就得到确认的。被聘者的实际工作能力与选聘时的评估能力可能存在很大差距,因此组织可能会聘用到一些不符合要求的员工。这种错误的选聘可能会给组织造成一定的危害。

(3)外聘行为对内部员工积极性造成打击。大多数员工都希望在组织中能有不断升迁和发展的机会,都希望能够担任越来越重要的工作。如果组织过于注重从外部招聘管理人员,就会挫伤他们的工作积极性,影响他们的士气。同时,有才华、有发展潜力的外部人才在了解到这种情况后也不敢轻易应聘,因为一旦定位,虽然在组织中已有很高的起点,但今后升迁和发展的路径却很狭小。

2. 内部提升

内部提升是指组织内部成员的能力和素质得到充分确认之后,被委以比原来责任更大、职位更高的职务,以填补组织中由于发展或其他原因而空缺了的管理职务。

内部提升制度具有以下优点:

(1)有利于调动员工的工作积极性。内部提升制度给每个人带来希望和机会,且会带来示范效应。如果每个组织成员都知道,只要在工作实践中不断学习,努力提高业务能力,就有可能被分配担任更重要的工作,这常常可以鼓舞士气、提高员工的工作热情。当然,职务提升的前提是要有空缺的管理岗位,而空缺管理岗位的产生主要取决于组织的发展,只有组织发展了,个人才可能有更多的提升机会。因此,内部提升制度还能更好地维持成员对组织的忠诚,鼓励那些有发展潜力的员工更加自觉、积极地工作,以促进组织的发展,同时也为自己创造更多的职务提升机会。

(2)有利于吸引外部人才。内部提升制度表面上看是排斥外部人才、不利于吸收外部优秀人才的,其实不然。真正有能力和发展潜力的人知道,加入到这种组织中,尽管担任管理或技术职务的起点比较低,可能有时还会从头做起,但是凭借自己的知识和能力,可以在较短的时间内熟悉基层的业务,从而能有条件提升到较高的管理或技术层次上。由于内部提升制度也为新来者提供了美好的发展前景,因此外部的人才也会乐意应聘到这样的组织中工作。

(3)有利于保证选聘工作的正确性。已经在组织中工作若干时间的候选人,组织对其了解程度必然要高于外聘者。候选人在组织中工作的经历越长,组织越有可能对其工作能力、业绩以及基本素质作全面深入的考察、跟踪和评估,从而保障选聘工作的正确性。

(4)有利于被聘者迅速展开工作。被聘者能力的有效发挥要取决于他们对组织文化的融合程度以及对组织本身及其运行特点的了解。在内部成长提升上来的被聘者,由于熟悉组织中错综复杂的机构、组织政策和人事关系,了解组织运行的特点,所以可以迅速地适应新的工作,工作起来要比外聘者显得更加得心应手,从而能迅速打开局面。

内部提升制度也可能会带来如下一些弊端:

(1)可能会导致组织内部"近亲繁殖"现象的发生。从内部提升的人员往往喜欢模仿上级的管理方法。这虽然可使过去的经验和优良作风得到继承,但也有可能使不良作风得以发展,这极不利于组织的管理创新和管理水平的提高。

(2)可能会引起同事之间的矛盾。在若干个候选人中提升其中一名员工时,虽可能提高员工的士气,但也可能使其他旁落者产生不满情绪。这种情绪可能出于嫉妒,也可能出于"欠公平感觉",无论哪一种情况都不利于被提拔者展开工作,不利于组织中人员的团结与合作。

(二)员工招聘的程序与方法

为了保证员工招聘工作的有效性和可行性,应当按照一定的程序并通过竞争来组织选聘工作,具体的步骤是:

1. 制定并落实招聘计划

当组织中出现需要填补的工作职位时,有必要根据职位的类型、数量、时间等要求确定招聘计划,同时成立相应的选聘工作委员会或小组。选聘工作机构既可以是组织中现有的人事部门,也可以是代表所有者利益的董事会,或由各方利益代表组成的专门或临时性机构。选聘工作机构要以相应的方式,通过适当的媒介,公布待聘职务的数量、类型以及对候选人的具体要求等信息,向组织内外公开"招聘",鼓励那些符合条件的候选人积极应聘。

2. 对应聘者进行初选

当应聘者数量很多时,选聘小组需要对每一位应聘者进行初步筛选。内部候选人的初选可以根据以往的人事考评记录来进行;对外部应聘者则需要通过简短的初步面谈,尽可能多地掌握每个申请人的工作经历及其他情况,了解他们的兴趣、观点、见解、独创性等,及时排除那些明显不符合基本要求的人。

3. 对初选合格者进行知识与能力的考核

在初选的基础上,需要对余下的应聘者进行材料审查和背景调查,并在确认之后进行细致的测试与评估,其内容是:

(1)智力与知识测试。该测试是通过考试的方法测评候选人的基本素质,它包括智力测试和知识测试两种基本形式。智力测试的目的是通过候选人对某些问题的回答,测试他的思维能力、记忆能力、应变能力和观察分析复杂事物的能力等。知识测试是要了解候选人是否具备待聘职务所要求的基本技术知识和管理知识,缺乏这些基本知识,候选人将无法进行正常工作。

(2)竞聘演讲与答辩。这是对知识与智力测试的一种补充。测试可能不足以完全反映一个人的素质全貌,不能完全表明一个人运用知识和智力的综合能力。发表竞聘演讲,介绍自己任职后的计划和远景,并就选聘工作人员或与会人员的提问进行答辩,可以为候选人提供充分展示才华、自我表现的机会。

(3)案例分析与候选人实际能力考核。在竞聘演说与答辩之后,还需对每个候选人的实际操作能力进行分析。测试和评估候选人分析问题和解决问题的能力,可借助"情景模拟"或称"案例分析"的方法。这种方法是将候选人置于一个模拟的工作情景中,运用各种评价技术来观测考察他的工作能力和应变能力,以判断他是否符合某项工作的要求。

4．选定录用员工

在上述各项工作完成的基础上,需要利用加权的方法,算出每个候选人知识、智力和能力的综合得分,并根据待聘职务的类型和具体要求决定取舍。对于决定录用的人员,应考虑由主管再一次进行亲自面试,并根据工作的实际与聘用者再作一次双向选择,最后决定选用与否。

5．评价和反馈招聘效果

最后要对整个选聘工作的程序进行全面的检查和评价,并且要对录用的员工进行追踪分析,通过对他们的评价检查原有招聘工作的成效,总结招聘过程中的成功与过失,及时反馈到招聘部门,以便改进和修改。

(三)选聘工作的有效性分析

员工的选聘必须坚持慎重的原则,必须将错误发生的可能性降至最低,增加正确决策的概率,这是开展组织工作的基本前提。

选聘工作的基础是有效性。

所谓有效性是指员工选聘时所选用的各种凭证,诸如招聘表、测试、面谈或背景考察,必须有效,并且这些凭证和员工实际绩效之间要有某种相关性。

选聘工作的有效性要求被选用的凭证具有规范性、客观性和可靠性。选用凭证的内容包括:

1．招聘表

这种表格包括应聘者的姓名、住址、电话、学历、履历、技术类型以及过去的工作经验或成就等。由于表格中的各个项目的重要性权数会随着各个特定的工作发生变化,所以随着时间的推移必须不断地加以调整。

2．书面测试

书面测试包括智力测试、性格测试、能力测试等。对于组织而言这些测验可以适度地预测出应聘者是否能够胜任相应的职位,当然,主管人员应更加注意工作绩效的模拟测验。

3．绩效模拟测验

这种测验以工作分析的资料为依据,由实际的工作行为组成,因此比传统式的任何书面测试都更能证实与工作的相关性。工作抽样法和评估中心法是两种典型的绩效模拟测验,前者适用于一般工作职位,后者适用于管理阶层。

工作抽样法的设计思想是先设计出一种小型的工作样本,然后让应聘者实际去做,看其是否具备必须的才能。工作样本是根据工作分析的资料琢磨出来的,里边含有各个工作所必须的知识、技术与能力。工作样本中的各项要素必须与工作绩效要素相搭配。

评估中心法是由直线主管、监督人和受过培训的心理学者用2～4天让应聘者去模拟处理他们将遇到的实际问题,然后由评估的中心人员考核评分。评估中心法所进行的活动包括面谈、模拟解决问题、群体讨论、企业决策竞赛等。

4．面谈记录

面谈可以对应聘者有一个初步的印象,不过,这种方式和往后的工作绩效并无多大的关系,其有效性比较低,需要克服的缺点是:面试者在初评时容易产生印象偏差,因为固有的模式往往使面试者倾向于喜欢和他有同样态度的应聘者,这样,面试者所下的权数比重可能会有偏差。尽管如此,面试对于决定应聘者的智力、勤奋程度以及人际沟通方面的能力还是有一定预测效果的。

5．背景调查

背景调查有两种类型:审评应聘材料和调查一些参考附件。前者提供的信息很有价值,而后者通常只是一种参考。审核的原因是一些应聘者往往会夸大他以前的经历、成就或隐瞒某些离职的原因,因此向以前的用人单位了解过去的工作情况颇有必要。当然,还可以通过他的朋友等其他渠道来了解他过去的情况。

6．体检

体检的目的是确定应聘者的一般健康状况,检查其是否有工作职务所不允许的疾病或生理缺陷,以减少员工因生病所增加的费用支出以及由于员工存在生理缺陷或体能不支对今后工作带来的负面影响。

三、员工的解聘

如果人力资源规划过程中存在冗员,组织面临结构性收缩要求或者员工存在违反组织政策的行为时,组织应当裁减一定的员工,这种变动叫做解聘。解聘的方式有多种,表 4-1 概括了主要的解聘方案。

几种主要的解聘方案　　　　　　　　　　　　　　　表 4-1

方　　案	说　　明
解　　聘	永久性、非自愿地终止合同
临 时 解 聘	临时性、非自愿地终止合同;可能持续若干天时间,也可能持续几年
自 然 减 员	对自愿辞职或正常退休腾出的职位空缺不予填补
调 换 岗 位	横向或向下调换员工岗位,通常不会降低成本,但可减缓组织内的劳动力供求不平衡
缩 短 工 作 周	让员工每周少工作一些时间,或者进行工作分担,或以临时工身份做这些工作
提 前 退 休	为年龄大、资历深的员工提供激励,使其在正常退休期限前提早离位

四、案例

N 公司的招聘工作

N 公司是一家民营企业,主要经营软件开发,几个月前又将另外一家颇有实力的 R 软件公司收购过来,除了少数人不愿做"亡国奴"外,R 公司的大部分骨干员工以及管理层都搬到新公司上班。这样,几个月下来,N 公司的总经理感觉到很多问题不像以前那么好处理,尤其是工资的问题,原来的 R 公司人员的总体工资比 N 公司高,当时为了稳定、安抚 R 公司员工的人心,工资方面暂时没做变动,这样一来,自己原来公司的员工未免怨声载道。尤其是年底绩效考核和奖金的发放,更让他头痛。原来公司的员工与新来的员工简直势同水火。

不仅如此,原 R 公司的总经理也在其中兴风作浪,拉着他带来的一帮人和老 N 公司的人明争暗斗。想想真是气人,自己对这位原 R 公司总经理不薄,不仅他原公司的人马照单全收,让他们仍然担任原职,而且,还给原 R 公司的总经理一个副总经理职位。N 公司的总经理这时十分后悔收购这家公司,但是,木已成舟悔之晚矣。并且,自己越来越感觉公司原来的人力资源部经理在如此关键时候不仅帮不了自己,还在全公司的中高层会议上(当然有 R 公司的管理者)出尽洋相,一气之下真想立即换掉她。但是,一想到她自从公司组建便从部队分到公司的行政人事部,那时候她才二十多岁,每天早来晚回,十几年如一日,任劳任怨,工作勤勤恳恳,从不计较个人得失。再说了,公司的工资状况一直都是她在掌管,自己可真不放心交给新招聘来的外人。现在的一些年轻人不踏实,做事敷衍了事。再说了,即便要换人,也要换自己熟悉的人,项目工程部的小李就不错,他已经来公司 3 年了,虽然他没有人力资源管理经验,但至少他的人品我是了解的,至于经验,在实际中慢慢学习便有了。

想不到,自己的想法得到广泛的支持。甚至人力资源部的经理也非常赞同。自己的眼光真是不错,老同志就是老同志,觉悟高、人品好。好吧,小李就做人力资源部的经理,原人力资源部的经理就做副经理。

小李真是好样的,一上任便写报告要求给总经理招聘秘书。原来这总经理作风非常朴实,从来没有秘书,自己的事情从来都是自己做,从来不假手他人。公司很多人也颇得总经理的真传,小李也不例外。总经理在小李上任的第 3 天,便看到了小李亲自起草并加班打印出来的招聘启事。

招 聘 启 事

(公司介绍略)

N 公司现诚聘秘书一名,要求:正直、诚实、勤奋、肯干。

年龄:30 岁以下,女,名牌大学文秘专业毕业,本市户口,有 3 年以上的工作经验。符合条件者,请将简历寄到某某公司某某收。合则约见,勿电勿访。资料概不退回。

(一)问题分析

(1)该公司为什么会出现这种错综复杂的斗争局面?

(2)如果你是人力资源部负责人,应采取何种措施缓解乃至于消除这种斗争局面?

(3)总经理将对人力资源部做如此的人事安排是否有助于解决当时的问题,为什么?

(4)分析"招聘启事"的缺陷,并重新设计一个"招聘启事"。

(二)建议

(1)公司收购都会遇到一个融合的问题,但是,该公司的矛盾主要是由于在收购时只考虑到物质资源、市场资源等非人力资源的收购与整合,而没有考虑到在进行诸如收购这样大的战略决策中不得不重视的人力资源问题,以至于在工资、人事安排等问题上,一再失误,直到 R 与 N 两个公司由于在价值观、经营哲学、人力资源管理等诸多方面差异较大,而产生很多问题与矛盾时候,还没有意识到人力资源管理的重要,只是做无谓的后悔状。

(2)先从薪酬入手,进行薪酬的外部调查。衡量公司员工薪酬的竞争性以及原因,为内部薪酬的评价与调整提供有利的依据,保证薪酬的内部公平、外部公平和员工个人的人际公平。

(3)显然不行。最好竞争上岗或借助外招以解决公司的薪酬问题。薪酬公平与否是影响员工作的积极性与热情的主要因素。

(4)"招聘启事"存在的缺陷是：

1)歧视问题，如性别歧视、年龄歧视、地域歧视、非名牌大学歧视等。

2)资料不退回问题。后招聘时代，招聘工作作为公司的市场宣传的窗口，不应出现这类问题。

3)任职资格要求与岗位要求要明确，而不是一些容易引起歧义的主观模糊的词语。

4)此外，截止日期、所需提供的资料、联系方式、岗位所属部门、薪酬待遇、培训等要予以表明。

例如：

招 聘 启 事

N公司现诚聘总经理秘书一名，任职条件：

年龄：20岁以上。

教育程度：文秘或相关专业、大专以上学历。

语言：良好的普通话及粤语水平，并具有一定程度(大学英语四级以上)英语水平。

专业资格：人力资源、秘书职业资格证书。

电脑水平：熟悉基本操作，能运用常用的办公软件。

个性：积极热情，沟通协调能力强，有高度的责任心和上进心，学习能力强，耐心细致。

岗位要求：1. 熟悉传真机、复印机、速印机、装订机等办公设备的使用。

2. 具有档案管理和公文写作等文秘技能。

3. 对成本、质量、效益、安全和服务(内部及外部)及相互的关联性有深刻的认识、理解。

薪酬待遇：岗位工资1000元+绩效工资500元，企业一年提供2次有关培训机会。如有意者，请将简历资料及相关学历、工作经验证明资料于2004年×月×日前寄到N公司人力资源部×××收，联系地址：××××××××××，联系电话：×××××××。

第三节 人员的培训

一、人员培训的目标

培训是指组织通过对员工有计划、有针对性的教育和训练，使其提高目前知识和能力的一项连续而有效的工作。培训旨在提高员工队伍的素质，促进事业的发展，实现以下四个方面的具体目标。

1. 补充新知识，提炼新技能

随着科学技术进步速度的加快，人们原有的知识与技能在不断老化。为了防止各层次人员工作技能的衰退，必须对员工进行不断地培训，使他们掌握与工作有关的最新知识和技能。这些知识和技能，虽然可以在工作前的学校教育中获取，但更应该在工作中根据实际情况不断地加以补充和更新，因为它们可以在实践中不断地得到锤炼和提升。

2. 全面发展能力，提高竞争力

员工培训的一个主要目的,是根据工作的要求,努力提高他们在决策、用人、激励、沟通、创新等各方面的综合能力,特别是随着工作的日益复杂化和非个人行为化,组织内部改进人际关系的能力要求不断提高,这使得组织对合作的培训要求变得愈发重要,这也是衡量组织竞争力的重要体现。

3. 转化观念,提高素质

每个组织都有自己的文化、价值观念、基本行为准则。员工培训的重要目标就是要通过对组织中各个成员,特别是对新聘管理人员的培训,使他们能够根据环境和组织的要求转变观念,逐步了解并融于组织文化当中,形成统一的价值观念,按照组织中普遍的行为准则来从事管理工作,与组织目标同步。

4. 交流信息,加强协作

培训员工的基本要求是加强员工之间的信息交流,特别是使新员工能够及时了解组织在一定时期内的政策变化、技术发展、经营环境、绩效水平、市场状况等方面的情况,熟悉未来的合作伙伴,准确而及时地定位。

二、人员培训的方法

一个组织中的培训对象主要有:新来员工、基层员工、一般技术或管理人员、高级技术或管理人员。员工培训的方法有多种,依据所在职位的不同,可以分为对新职工的培训、在职培训和离职培训三种形式。

1. 新来员工的培训

应聘者一旦决定被录用之后,组织中的人事部门应该对他将要从事的工作和组织的情况给予必要的介绍和引导,西方国家称之为职前引导。

职前引导的目的在于减少新来人员在新的工作之前的担忧和焦虑,使他们能够尽快地熟悉所从事的本职工作以及组织的基本情况,如组织的历史、现状、未来目标、使命、理念、工作程序及其相关规定等,并充分了解他应尽的义务和职责以及绩效评估制度和奖惩制度等等,例如有关的人事制度、福利以及工作时数、加班规定、工作状况等等。这一方面可以消除新员工中那些不切实际的期望,充分预计到今后工作中可能遇到的各种困难和问题,了解克服和解决这些困难和问题的渠道,另一方面可以引导新员工了解工作单位的远景目标、工作中的同事以及如何进行合作等。组织有义务使新员工的不适应降至最低,并应使其尽快地调整自我,尽早地适应工作环境。

2. 在职培训

对员工进行在职培训是为了使员工通过不断掌握新技术和新方法,从而达到新的工作目标要求所进行的不脱产培训。工作轮换和实习是两种最常见的在职培训。所谓工作轮换是指让员工在横向层级上进行工作调整,其目的是让员工学习多种工作技术,使他们对于各种工作之间的依存性和整个组织的活动有更深刻的体验和更加开阔的视野。所谓实习是让新来人员向优秀的老员工学习以提升自己知识与技能的一种培训方式。在生产和技术领域,这种培训方式通常称为学徒制度,而在商务领域,则称为实习制度。实习生的工作必须在优秀的老员工带领和监督之下进行,老员工有责任和义务帮助实习生克服困难,顺利成长进步。

3. 离职培训

离职培训是指为使员工能够适应新的工作岗位要求而让员工离开工作岗位一段时间,

专心致志于一些技能培训。最常见的离职培训方式包括教室教学、影片教学以及模拟演练等。教室教学比较适合于给员工们集中灌输一些特殊的信息、知识，可以有效地增进员工在管理和技术方面的认知。影片教学的优点在于它的直观示范性，可以弥补其他教学方式在示范效果方面的不足。而如何在实践中处理好人际关系问题，如何提高解决具体问题的技能，则最适于在模拟演练中学习。这包括案例分析、经验交流、角色模拟以及召开小群体行动会议等。有效利用现代高科技及电脑的模式也属于模拟演练的一种，如航空公司用此方法来培训驾驶员等。另外还有辅导培训，也是模拟演练的一种有效方式。员工在实际上岗前先在同样的设施内模仿他们日后的工作，为日后开展的实际工作打下了基础，如大型的连锁零售商可以在一个模拟营业情形的实验里教导收款员如何操作电脑记账机，这样可以让错误在学习过程中及早暴露和解决，就能大大提高以后的营业效率。

依据培训的目标和内容不同，培训又可分为以下几种形式。

4. 专业知识与技能培训

专业知识与技能培训有助于员工深入了解相关专业的基本知识及其发展动态，有助于提高人员的实际操作技能。专业知识与技能培训可以采取脱产、半脱产或业余等形式，如各种短期培训班、专题讨论会、函授、业余学习等。

5. 职务轮换培训

职务轮换培训是指人员在不同部门的各种职位上轮流工作。职务轮换有助于受训人全面了解整个组织的不同工作情况，积累和掌握各种不同的工作经验，从而提高他们的组织和管理协调能力，为其今后的发展和升迁打好基础。

6. 提升培训

提升是指将人员从较低的管理层级暂时提拔到较高的管理层级上，并给予一定的试用期。这种方法可以使有潜力的管理人员获得宝贵的锻炼机会，既有助于管理人员扩大工作范围，把握机会展示其能力和才干，又能使组织全面考察其是否适应和具备领导岗位上的能力，并为今后的发展奠定良好的基础。

7. 设置助理职务培训

在一些较高的管理层级上设立助理职务，不仅可以减轻主要负责人的负担，而且有助于培训一些后备管理人员。这种方式可以使助理接触到较高层次上的管理实务，使他们不断吸收其直接主管处理问题的方法和经验，在特殊环境中积累特殊经验，从而促进助理的成长。

8. 设置临时职务培训

设置临时性职务可以使受训者体验和锻炼在空缺职位上的工作情景，充分展示其个人能力，避免"彼得现象"的发生。劳伦斯·彼得曾经发现，"等级制度的组织中，每个人都崇尚爬到能力所不待的层次"。他把这种由于组织中有些管理人员被提升之后不能保持原来的成绩，反而可能给组织效率带来大滑坡的现象归结为"彼得原理"。

三、案例

你们公司的合作者——国外某著名培训公司，根据双方协议同意为你们公司集中培训几位高级管理人员。如果培训后这几名高级管理人员回公司工作，必将极大地促进公司的发展；但如果他们培训后离职，则会对公司造成不可估量的损失。

(一)问题分析

如果你是这个合作项目的负责人,并决定接受这个培训项目,将如何处理上面提到的矛盾?

(二)建议

由题意可知,此题涉及到公司利益与成本的权衡及员工流动性问题,所以,应试者必须着眼于公司利益和员工利益考虑解决该矛盾的措施。

1．能够全面考虑接受这个项目所带来的结果,也能够考虑到接受这个项目可能隐含的风险,从而制定规避风险的各种方案。

2．签订契约以约束员工的自愿离职行为。

3．寻求企业和管理人员双方共同的发展目标,为学习者设计职业发展规划。

4．关心其家庭,或赢得同事、家庭成员的支持。

第四节 绩效评估

一、绩效评估的定义和作用

所谓绩效评估是指组织定期对个人或群体小组的工作行为及业绩进行考察、评估和测度的一种正式制度。用制定的标准来比较员工的工作绩效,记录并及时将绩效评估结果反馈给员工,可以起到有效的检测及控制作用。

绩效评估是组织与员工之间的一种互动关系,在实际工作中,绩效评估因为在制度设计、评估的标准及方法、执行程序等诸多方面很难真正做到客观和准确,所以,管理人员与员工之间往往会发生一些矛盾和冲突。也由于绩效评估给人力资源的各个方面提供了反馈信息,并与组织中的各个部分紧密联系在一起,因此,实施绩效评估一直被认为是组织内人力资源管理中最棘手也是最强有力的方法之一。

在人力资源管理中,绩效评估的作用体现在以下几个方面:

1．绩效评估为最佳决策提供了重要的参考依据

绩效评估的首要目标是为组织目标的实现提供支持,特别是在制定重要的决策时,绩效评估可以使管理者及其下属在制定初始计划中及时纠偏,减少工作失误,为最佳决策提供重要的行动支持。

2．绩效评估为组织发展提供了重要的支持

绩效评估另一个重要目标是提高员工的业绩,引导员工努力的方向,使其能够跟上组织的变化和发展。绩效评估可以提供相关的信息资料作为激励或处分员工、提升或降级、职务调动以及进一步培训的依据,这是绩效评估最主要的作用。

3．绩效评估为员工提供了一面有益的"镜子"

绩效评估使员工有机会了解自己的优缺点以及其他人对自己工作情况的评价,起到了有益的"镜子"作用。特别是,当这种评价比较客观时,员工可以在上级的帮助下有效发挥自己的潜能,顺利执行自己的职业生涯计划。

4．绩效评估为确定员工的工作报酬提供依据

绩效评估的结果为确定员工的实际工作报酬提供了决策依据。实际工作报酬必须与员工的实际能力和贡献相结合,这是组织分配制度的一条基本原则。为了鼓励员工出成绩,组织必须设计和执行一个公正合理的绩效评估系统,对那些最富有成效的员工和小组给予明

确的加薪奖励。

5. 绩效评估为员工潜能的评价以及相关人事调整提供了依据

绩效评估中对能力的考评是指通过考察员工在一定时间内的工作业绩,评估他们的现实能力和发展潜能,看其是否符合现任职务所具备的素质和能力要求,是否具有担负更重要工作的潜能。组织必须根据管理人员在工作中的实际表现,对组织的人事安排进行必要的调整。对能力不足的员工应安排到力所能及的岗位上,而对潜能较强的员工应提供更多的晋升机会,对另一些能力较为平衡的员工则可保持其现在的职位。当然,反映员工过去业绩的评估要与描述将来潜能的评价区分开来,为此,组织需要创设更为科学的绩效评估体系,为组织制定包括降职、提升或维持现状等内容的人事调整计划提供科学的依据。

二、绩效评估的程序与方法

绩效评估的有效性依赖于一定的执行程序。在执行程序之前,首先要对影响绩效评估过程的内外环境因素进行分析,确定哪些因素影响到了评估的有效性,例如,一个封闭型的、缺乏信任的组织文化很难为个人或团队的努力提供需要的环境,而在这样一个环境中,即使个人付出很大的努力,业绩也往往难以实现。因此,在绩效评估过程中,组织应避免使用那些不能动态反映内外环境变化的执行程序。

绩效评估可以分为以下几个步骤:

1. 确定特定的绩效评估目标

在不同的管理层次和工作岗位上,每一个员工所具备的能力和提供的贡献是不同的,而一种绩效评估制度不可能适用于所有的评估目标,例如,有些组织想要确定中层员工的潜能,而另一些组织想对一般员工进行工资的调整,显然,两者的侧重点不同,选用的评估制度也不同。所以,在考评员工时,首先要有针对性地选择并确定特定的绩效评估目标,然后根据不同岗位的工作性质,设计和选择合理的考评制度。

2. 确定考评责任者

考评工作往往被视为人事管理部门的任务。实际上,人事部门的主要职责是组织、协调和执行考评方案,要使考评方案取得成效,还必须使那些受过专门评估培训的直线管理人员直接参与到方案实施中来,因此直线领导可以更为直观地识别员工的能力和业绩,并负有直接的领导责任。当然,下属和同事的评价也可以列为一种参考。

3. 评价业绩

在确定了特定的绩效评估目标和考评责任者之后,就应当通过绩效评价系统对员工特定的目标评估内容进行正确的考评。考评应当客观、公正,杜绝平均主义和个人偏见。在综合各考评表得分的基础上,得出考评结论,并对考评结论的主要内容进行分析,特别是要检查考评中有无不符合事实以及不负责任的评价,检验考评结论的有效程度。

4. 公布考评结果,交流考评意见

考评人应及时将考评结果通知本人。上级主管可以与被考评对象单独面谈,共同讨论绩效评估的结果。这种面谈应该被看作是一次解决问题而不仅仅是发现错误的良机。及时通报考评结论,可以使本人知道组织对自己能力的评价以及对所作贡献的承认程度,认识到组织的期望目标和自己的不足之处,从而确定今后需要改进的方向。如果认为考评有不公正或不全面之处,也可在认真反思和考虑之后进行充分申辩或补充,这有利于本人的事业发展,也有利于组织对本人工作要求的重新认识。

5. 根据考评结论,将绩效评估的结论备案

根据最终的考评结论,可以使组织识别那些具有较高发展潜力的员工,并根据员工成长的特点,确定其发展方向。同时还需要将绩效评估的结果进行备案,为员工今后的培训和人事调整提供充分的依据。

上述对绩效评估程序的讨论通常是在一种文化背景下进行的,而在跨文化背景之下则必须考虑评价系统的可转换性问题,在动荡的环境之下,评价系统必须具有灵活性和可行性。

组织确定使用某种绩效评估方法就是为了达到理想的考核目标。尽管绩效评估的方法有很多,但是还没有一种适合一切评估目标、适用于一切组织的、一切目的的通用方法,因此,管理者必须根据实际的需求对绩效评估的各种方法进行选择,使评估结果既能达到评估目的,又能适合组织的具体特点。

组织所采取的传统绩效评估方法主要有:个人自我评价法、小组评价法、工作标准法、业绩表评估法、排列评估法、平行对比评估法等。现代绩效评估更多采用目标管理法。

在传统的绩效评估方法中,组织往往更多地把员工的个人品质作为主要的业绩评价标准,同时也过多地掺杂了考评者的个人偏好和主观意见。而目标管理法则把评估的重点放在员工的贡献上,通过管理者与员工共同建立目标的方式,实现了双方工作态度的彻底转变。共同的目标使管理者由评判人转化为工作顾问,而员工也由消极的旁观者变为过程的积极参与者,双方将始终保持密切的合作和联系。这样,在绩效评估的每一个阶段,双方都会努力解决存在的问题,并为下一个评价期建立更为积极的目标。

三、案例

某影像设备公司的技术服务部有 24 名技术服务人员,他们的主要工作是协助销售员向客户说明产品的技术性能和操作规范,以便于进行产品的安装和调试。这些员工绝大多数的工作时间是在客户和用户单位度过的,他们彼此工作独立,基本没有合作。这些员工的考核是由部门的经理来负责,部门经理由于无法直接观察到他们的实际工作情况,所以依据技术人员自己提供的工作报告来对他们进行考核。通常大部分技术人员的考核业绩都处于相同的水平,只有个别人员的业绩被评为优秀或差。

(一)问题分析

请指出绩效考评中的问题所在,并提出相应的考评方法来保证考核的准确性和公正性。

(二)建议

部门经理无法观察到技术服务人员的工作行为而只是根据他们提供的工作报告来对他们进行考核,这是片面的,不科学的,也是不客观的。

在考虑绩效考评的方法时,一般有以下几个基本的原则:

(1)对于其成果产出可以有效进行测量的工作,采用结果导向的考评方法:以实际产出为基础,考评的重点是员工工作的成效和劳动的结果。

(2)考评者有机会有时间观察下属的需要考评的行为时,采用行为导向的考评方法:首先利用各种技术,对员工的工作行为加以界定,然后根据员工在多大程度上显示出了这些行为作为评价。

(3)前面两种情况都不存在,可以考虑采用品质特性导向的考评方法:如品质修养(是否诚实负责、言行一致、是非分明等)、职业操守(是否公私分明、保守职业秘密、严于自律)、可

靠度、协作精神、政治素质等。

(4)前面(1)、(2)两种情况都存在,既采用行为导向,也采用结果导向的考评方法,两者综合考虑。

案例中技术服务人员的成果产出不能有效测量,部门经理无法直接看到下属技术服务人员的工作情况和表现,我们似乎可以考虑品质特征为导向的考评方法,确实如此,这是一种方法,但具体情况要具体分析。其实我们还可以用行为导向的考评方法。技术服务人员外出为客户服务,虽然他的部门经理看不到他的工作行为表现,但是我们可以从客户那里获取信息。在实践中,我们可以设计包括客户服务满意度、工作及时性、主动性、积极性、工作效率等指标在内的调查问卷,交给客户填写,由客户对他们进行考评,然后部门经理再根据客户的评价对他们下属技术服务人员进行客观公正的评价。

第五节 职业计划与发展

一、职业计划与发展的意义和特点

(一)职业计划与发展

所谓职业计划是指员工根据自己的能力和兴趣,通过规划职业目标以及实现目标的手段,使自己在人生的各个不同阶段得到不断发展。

现实中,每个人都有自己不同的志趣、经历和背景,因此,每个人都会产生不同的职业偏好,特别是组织结构日趋扁平阻碍了人们的纵向流动,这使员工的职业计划不能单单偏重于组织层次职位上的不断升迁,而更多地应体现在员工的技术和管理能力、工资、成就感、安全感、业务能力扩展等各个方面的心理满足感。

所谓职业生涯发展是指组织在发展过程中要根据内外环境变化的要求对员工进行动态调整,以使每个员工的能力和志趣都能与组织的需求相吻合。

(二)职业生涯发展的意义及特点

组织要想在激烈的竞争环境条件下生存并发展,人才是最为关键的组织要素,杰出的人才更是一种稀缺资源。一般来讲,组织总是希望能够通过各种方法留住人才。然而,人才并不都是在职业生涯的每一时刻都能表现出卓越才华的,实践证明,他们的精力、兴趣和能力都会随着新的工作环境及其工作内容的改变而发生变化的,这种变化势必会影响到他们的职业生涯。因此,组织应当能够充分认识到这样一种事实,及时帮助员工设计一条切实可行的未来职业生涯发展路径,通过各种有效的方式使得组织中的人力资源得到充分利用。

设计并管理职业生涯发展计划的优点表现为以下几个方面:

1. 确保组织获得需要的人才

职业生涯发展计划与人力资源计划具有目标上的一致性,并且是对后者的必要补充。人力资源计划指出了组织在未来需要哪些人力资源,而职业生涯发展计划指出了员工的需求与理想怎样才能与组织相吻合。

2. 增加组织的吸引力以留住人才

每个组织都希望招到并留住最优秀的人才,而这种人才往往会考虑到他们自己的发展道路,期望能够在更好的组织环境中发挥他们的才能。如果组织对他们的职业生涯有所安排和建议的话,他们的忠诚度就会比较高。

3. 使组织中的成员都有成长和发展的机会

组织不仅要考虑特殊人才的生涯发展道路,同时也要使组织中的每一个成员都有成长和发展的机会。职业生涯发展计划应该包括增加培训、横向调动等增加员工价值的方法,使员工相信组织并不歧视任何员工。

4. 减低员工的不平衡感和挫折感

员工受教育的程度越高,他们对工作的期望目标也就越高。然而,由于经济周期波动以及组织不断变革的影响,每个组织都不可能有太多的升迁机会。当两者无法匹配时,员工便会产生强烈的心理不平衡和挫折感。职业生涯发展能够切实地增加员工的信心。

二、职业生涯发展的阶段及其特点

一个人的职业生涯将经历五个阶段:摸索期、立业期、生涯中期、生涯后期和衰退期,每一个阶段都有其特点。

1. 摸索期

对于大多数人而言,职业生涯摸索期是指从学校毕业到步入工作岗位这段时期。正是在这段时期人们形成了对职业生涯的一种预期,其中有很多是颇有抱负的理想,甚至是不切实际的幻想。这些理想或幻想在工作一开始可能会潜藏不露,到后来会逐渐地暴露出来。如果这些理想或幻想能够实现,员工将会产生极大的成就感;反之,如果个人愿望不能够跟组织的实际安排相吻合,将使员工本人和组织都遭受挫折和损失。

2. 立业期

立业期是指员工从寻找工作并找到第一份工作开始到三十多岁第一次体验工作经历为止。在这段时间内,员工需要经历与同事相处、做好本职工作、处理好个人生活问题以及经受现实中成功或失败感受等过程。这个时期的特征是员工需要通过个人的思考和努力,调整自己的行为并与组织合拍,在磨合中不断改进自己的工作,一旦发生错误,要有勇气承认并加以改正。

3. 生涯中期

生涯中期是指从面临第一次严重的职业危机开始一直到走出困境为止这样一段经历。在这一时期,一个人的绩效水平可能会继续改进提高,也可能保持稳定,或者开始下降。这一阶段的重要特征是人们此时已不再是一个学习者,不会再有更多的试错机会,如犯错误将会付出巨大的代价。特别是在一层级组织中,如能够经受得住这一考验就可能获得更大的发展机会,反之,则可能要面临调整和变换工作或者寻求其他的变换方式走出困境,诸如继续深造、变换工作环境等等。

4. 生涯后期

生涯后期是指经历了中期考验之后一直到退休这段时间。显然,对于那些成功地进行了中期转换获得了继续发展的人们来说,这段时期意味着收获季节的到来,事业成功,工作轻松,他们可以凭借自己多年积累的经验和判断力以及非凡的能力向组织证明其存在的价值。

然而对于那些经历了挫折或停滞不前的人来讲,这一段时期可能会遭遇来自各个方面的压力,会感觉到过去曾经想像的那种理想很遥远,也正是在这一时期,人们会意识到需要减少工作的流动性,从而可能会更安心现在的工作。

5. 衰退期

衰退期是指退休之后的人生经历。这一段时期，对于成功的人士来讲，意味着几十年的成就和绩效表现就要停止，容易使人感到有一种失落感，而对于那些人生经历和绩效表现一般的人来讲则可能会有一个令人舒心的时期，因为此时他们可以把工作中的烦恼抛在脑后。

三、有效管理职业生涯的方法

职业生涯的阶段模型提示我们，处在不同时期的员工其特点是不一样的，有效管理职业生涯必须针对员工的具体特点分别对待。

对于摸索期的新员工来说，他们常常对自己的职务抱有不切实际的期望。因此，组织应该加强职前引导，及时客观地告知有关工作职务和组织的正面和负面信息，避免由于目标的不匹配给组织和个人造成的震荡。

对于立业期阶段的员工来讲，必须给他们必要的培训和指导，以确保他们知识和技能的及时更新，使其能更好地开展组织工作，并及时对他们提供指导和鼓励。

对于职业中期阶段的员工，组织要及时提醒他们失误可能招致的代价，管理者应该做好必要的准备，帮助员工克服各种不稳定因素并使工作变得更富有弹性。

职业后期的员工希望有更多的时间或从事压力更轻一些的工作。组织应该通过不断的调整及时开发利用这些员工的才能，保证组织在人才年龄结构上的合理一致性。

最后，组织应当认识到处于衰退期的每个人或许都会遇到情绪低落的时候，如若处理不好就会发生矛盾，甚至于发生敌视或攻击挑衅行为，组织应当对其有所防范，特别是要做好这些人的思想工作，防止不必要的冲突和难堪。

总的来讲，成功管理职业生涯需要注意以下几个方面：

1. 慎重选择第一项职务

员工在组织中的起点，对于其今后的职业生涯发展具有重大的影响。实践证明，如果机会适宜，一个人应当选择一个最有权利的部门作为自己管理生涯的开始。因为，一开始就在组织中权利影响大的部门工作，就有可能在今后的职业生涯中得到快速的提升。另外，在第一项管理职务中不应停留太久，除非能预期作出更大成绩来。如果能够很快地转移到不同的工作岗位上，一方面可以锻炼自己找到更好的升迁路径，另一方面，会产生一种快速升迁的感觉，增加自我成就实现感。

2. 努力掌握工作中的平衡

良好的工作绩效是职业生涯成功的一个必要条件但却不是充分条件。成功固然令人欣喜，会给以后的提升带来有益的帮助，但失败也是常常发生的，这对未来的发展会造成不利的影响。员工应当通过努力减少这样的失败。员工也应该熟悉组织的权力结构，了解并努力争取对组织中那些稀缺而又十分重要的资源加以控制，如知识、技术、经验等等，以提高自己在组织中的价值。

3. 适时表现自我

由于员工绩效的评估具有相当的主观性，因此，通过自己的努力并让主管和组织中的权利人认识到自己的贡献是非常重要的。特别是应当明确组织对个人的要求和期望，了解组织文化的特点以及如何与组织中的关键人员协调关系等等。如果自己的工作可表现性很差或自己的特定贡献难以与别人区分，就必须采取一些手段，如及时向上级或其他人汇报自己的工作进展情况，出席各种社交集会，与正面评价你的人结成有力的同盟，当然，不要给人一种不踏实的印象。

4. 要善于同上级处好关系

自己的未来往往掌握在上级的手中,如本身缺乏足够的实力对上级提出挑战,那么明智的办法是努力帮助你的上级取得成功,特别是在上级处于被动时应当给予大力配合和支持,不能拆台、挖墙脚。经验表明,为了实现个人的目标,还应该努力找到组织中居于权力核心的某个人作为自己的推荐人,如果上司很有才干并拥有权力基础,那么自己升迁的速度将会很快,自己的才能会得到快速的认可。否则,即使自己工作绩效再明显也不会及时得到认可,这就必须借助于推荐人的帮助及时进行工作轮换,寻找其他发展路径。

5. 保持一定的流动性

随着现代管理组织扁平化趋势以及购并、重组的不断发生,工作环境也变得动荡不定。显然,如长期陷于那些成长缓慢、不景气或衰退中的组织,自己的职业发展进程可能会得不到更好的促进,进而会扼杀自己的进取心,成为"汤锅中的青蛙",并失去发展的能力。因此,适时跳出这样的组织,保证一定的工作流动性,可以给人提供更广泛的工作经历和背景,同时激发人的工作积极性,使工作变得更富有挑战意义。

思 考 题

1. 人力资源计划要经过几个步骤?
2. 如何理解人员配备的几个原则?
3. 从一般意义讲,组织应招聘符合哪些基本标准要求的员工?
4. 请对比分析内部提升和外部招聘的优缺点。
5. 为何要进行员工培训?该怎样进行员工培训?
6. 绩效评估有何意义?组织应该怎样安排绩效评估工作的进行?
7. 员工如何成功管理自己的职业生涯?

第五章 领 导

学习目的与要求
1. 了解人的行为、态度、个性、知觉；
2. 理解领导的含义；
3. 了解领导与管理的区别；
4. 熟悉领导权力的类型；
5. 掌握领导基本技能；
6. 熟悉领导理论。

第一节 行 为 基 础

一、行为

行为,即人的活动。组织行为,即组织的活动。组织行为中我们能看到的只是战略、目标、政策、程序、结构、技术、权力和信息渠道,大量的组织行为是看不见的,如组织中个体的态度、知觉、学习和动机、群体的规范、角色、非正式交往、团队建设、人际的和群体间的冲突等。群体中个体的行为与个人单独的活动是不一样的。罗宾斯分析过街上犯罪团伙的行为,当团伙中的成员个人单独行动时,可能不会卷入伤害市民的行为中,而把他们放在一起,其活动就不一样了。员工在组织中既是个体又是群体成员,就需要从两个角度研究他们。管理者必须能够解释员工为什么表现出这样的行为而不是那样的行为,并能预测员工将对管理所采取的各种活动作出什么样的反应。

二、态度

态度是关于物体、事物的评价性陈述,反映了一个人对某件事情的感受。态度由认知、情感和行为组成。态度的认知成分由一个人所持有的信念、观点、知识或信息组成;态度的情感成分是态度中的情绪或感受部分;态度的行为成分是指以某种方式对某人或某事作出反应的意向。管理者不是对员工所持有的所有态度都感兴趣,而是只对与工作有关的态度感兴趣。最重要的态度是工作满意度、工作投入和组织承诺。工作满意度是员工对自己的工作的一般态度;工作投入是指员工认可自己的工作,主动参与工作,认为工作绩效对自己的个人价值很重要的程度;组织承诺是指员工对组织的忠诚性、认可程度及参与程度。管理者必须激发员工积极的工作态度。

三、个性

个性是个体的各种心理特质的综合,如安静、被动、活泼、进取、雄心、外向、自尊、忠诚、紧张、冲动、冒险、传统、时尚、社会性等。管理者应努力在恰当的个性与恰当的工作之间进行匹配。当个性与职业相匹配时,会有最高的满意度和最低的离职率。社会型的个体应该从事社会型的工作；传统型的个体应从事传统型的工作。理解个性差异有助于个性类型与职业的匹配，有助于拥有更高绩效和更满意的员工，还可以对员工的满意度作出预期，如那些相信自己能主宰命运的员工属于内控型，而认为自己受命运操纵、凡事受运气和机遇支配的员工属于外控型，一般后者比前者对工作的满意度更低，且更不情愿对自己的活动负责。

四、知觉

知觉是个体为了对他们所在的环境赋予意义而组织和解释感觉印象的过程。个体看到同样的客体，会产生不同的认知。比如，对于助手常常需要好几天时间才作出重大决策这一事实，一名管理者可能会将其解释为行动缓慢、缺乏组织性、畏惧作决策；另一名管理者则会对同一助手的同样行为解释为考虑周全、细致。前者对他的助手评估消极；而后者则对此人的评估积极。其原因在于，没有人真正看到事实，我们只是对自己看到的东西作出解释并称其为事实。每个人都是根据自己的知觉进行活动的。

人们主观上的态度、性格、动机、兴趣、过去的经验和期望，客观上的地点、光线、背景、环境等都会影响到我们的知觉。但管理者关注的是对人的知觉。组织中的个体不可能吸收他所观察到的所有信息，只能有选择的接收，而且接收的是零碎的信息。这些信息不是随即选择的，而是以自己的兴趣、背景、经验和态度进行的主动选择。选择性知觉使管理者可以快速阅读他人，但要冒信息失误的风险。其中影响较大的是晕轮效应。员工根据知觉而不是客观现实作出反应，管理者应明确这一点，要密切注意员工对他们的工作和管理实践的知觉。

第二节 领导的含义

一、管理者与领导者

(一)领导的概念

领导是率领并引导下属对组织目标的实现作出自发行动的能力。现代领导理论是建立在下列三个观念上的：

(1)领导实践肯定了不平等身份的出现，即上司作领导，下属被领导；

(2)领导的实现是基于一个不均衡权利的授予的局面，即上司的权利比下属大；

(3)领导的成功有赖于权利的适当运用及被下属认同。持有法定权利的上司对下属的指挥及影响能力以及下属是否甘心或被迫接受上司的命令，会使领导的成功率发生疑问。

管理中的领导工作，是指对组织内每个成员(个体)和全体成员(群体)的行为进行引导和施加影响的活动过程，其目的在于使个体和群体能够自觉自愿而有信心地为实现组织的既定目标而努力。领导是一种说服他人热心于一定目标的能力。

领导工作的实质，就是对被领导者施加影响力，使之适应环境的变化，以统一意志、统一行动，保证组织目标的实现。在领导工作中，管理艺术得到充分体现。在各种要素和资源中，人是最重要最活跃的要素和资源，他直接或间接地影响组织的效果，因此调动人的积极性，发挥人的创造潜力，处理好人与人之间的关系，成为领导工作所要完成的任务。

(二)管理者与领导者

美国前总统尼克松在他所著的《领导者》一书中，提出了领导与管理、领导者与管理者的不同之处。他说:"伟大的领导者是一种特有的艺术形式,既需要超群的力量,又需要非凡的想像力。尽管领导需要技术,但领导远远不是有技术就行。就某种意义来说,管理好比写散文,领导好比写诗。在很大程度上,领袖办事必然是靠符号、形象,以及成为历史动力的、能启发觉悟的思想。人们可以被道理说服,但要用感情感化。领袖必须既能说服人们,又能感动人们。管理者考虑的是今天和明天,领袖必须考虑后天。经理代表一个过程,领袖代表历史的方向。因此一个没有管理对象的管理者就不成其为管理者,但是一个领袖即使失去了权力,也能对其追随者发号施令。"

管理者是任命的,他们拥有合法的权力进行奖励和处罚,其影响力来自于他们所在的职位所赋予的正式权力。领导者可以是任命的也可以是从一个群体中产生出来的,领导者可以不运用正式权力来影响他人的活动。

领导绘出蓝图,使人们对未来充满期望,并鼓励人们将之付诸实现。领导主要是透视未来,影响和激励人们实现组织目标。管理主要是执行和实施计划,并解决在实施与计划之间出现的问题。领导是对个体和群体进行方向上的引导,在使下属明确方向后,鼓励他们的热情,使他们心甘情愿地为实现既定目标而努力工作。组织变革的成功70%~90%归功于领导能力,只有10%~30%来自管理。

领导工作是在一定环境下,个体与群体之间的一种特殊的相互作用的过程,同样也是影响人们为达到组织目标而自觉遵从的一种行为。在管理过程中,作为一个主管人员,对其下属来说,不应是站在后面推动与鞭策他们,而应该站在前面去率领和引导他们前进,鼓舞他们努力实现组织的目标。因此,领导工作就是为使人们或组织心甘情愿地、群策群力地为实现既定目标而努力所施加影响的活动过程。它不仅仅使人们乐意去工作,而且使人们热情并信心十足地去工作。尽管许多管理实践者和学者已总结出许多领导方面的理论和原则可资借鉴,但仍然需要管理者在实际工作中发挥其能动性和随机应变的能力,使得领导工作更加富有成效。可见,领导工作需要科学理论指导,更需要可操作的技巧和诀窍,是科学和艺术的结合。

领导是为组织的活动指出方向、创造态势、开拓局面的行为;管理则是为组织的活动选择方法、建立秩序、维持运动的行为。领导与管理的区别如表5-1所示。

领导与管理的区别 表5-1

领 导 涉 及	管 理 涉 及
确定远景及实现远景的策略	准备具体的计划和预算
通过交流向人们展示组织的美好前景,并促使他们紧跟变革的步伐	组织实施计划
激励和鼓舞	监控变革、识别背离计划的现象、解决问题
创造:变革	创造:预见和秩序

(三)领导的作用

1. 指挥作用

在组织活动中,需要有头脑清醒、胸怀全局,能高瞻远瞩、运筹帷幄的领导者帮助组织成员认清所处的环境和形势,指明活动的目标和达到目标的路径。

2. 协调作用

组织在内外因素的干扰下,需要领导者来协调组织成员之间的关系和活动,朝着共同的目标前进。

3. 激励作用

表现为领导者为组织成员主动创造能力发展空间和职业发展生涯的行为。人们愿意在愉快的环境里工作,有知己的同事,进行有趣味的活动,受到重视,有成功的机会等。领导者要创造这样一种环境,在实现组织目标的前提下,在条件许可的范围内,满足个人的需求,使人们对组织产生一种信任和依靠的感情,调动积极性,使他们以持久的士气和最大的努力,为实现组织目标作出贡献。

二、领导的权力

下属为什么会服从上司的命令?管理人员能促使下属甘心或被迫接受指挥的权力基础可分为下列五项:

(1)合法权力:管理人员在组织中有合法的身份及授权,如主任、经理、院长等。

(2)奖赏权力:上司对下属的良好工作表现所给予的奖励,如升级、奖金、较好的工作环境及待遇等。

(3)强制权力:上司在下属工作表现欠佳时施予有效的惩罚,如降级、减薪、停职停薪等。

(4)认同权力:上司的特殊能力、地位或印象令下属对他欣赏、折服,以他为榜样,努力模仿和学习他,从而受其影响和控制。

(5)权威权力:上司在某方面有特殊的表现而被誉为专家,当他发号施令,下属都因他的专长、经验及知识而言听计从。

管理人员可以同时拥有以上权力,拥有权力的数目越多,他的影响力及有效指挥的可能性就越高,例如:同一个组织中同等职级的管理人员,他们对下属的领导能力可能大有区别。他们虽然有相同的合法权力,甚或奖赏与强制权力也都一样,但他们对下属的认识会影响权力运用的有效性;而认同权力及权威权力就完全因人而异。

三、领导方式

领导方式是一个回答怎样领导的问题,大体上有三种类型:专制型领导、民主型领导、放任型领导。

专制型领导是指领导者个人决定一切,布置下属执行。这种领导者要求下属绝对服从,并认为决策是自己一个人的事情。

民主型领导是指领导发动下属讨论,共同商量,集思广益,然后决策,要求上下融洽,合作一致的工作。

放任型领导是指领导者撒手不管,下属愿意怎样做就怎样做,完全自由,他的职责仅仅是为下属提供信息并与企业外部进行联系,以利于下属的工作。

四、领导的基本技能

1. 开放的思维和改变自己的愿望

领导者要有开放的思维,能够接受新的想法、不同的观点和可能的解决办法,要在很多方面改变自己,比如:

(1)假设——找出其他人真正思考和相信的事;

(2)观察——站在别人的立场看问题;

(3)风格——少说多听；

(4)对人和事持开放的态度。

2．灵活性

灵活对待不断变化的环境、他人的观点和领导别人的方式。

3．能够激励他人

有正义感、热情、乐观、激情。

4．能够影响他人

通过树立榜样引导他人，通过倾听他人的想法和互换立场考虑得失以及接受意见等，建立自己与团队成员的信任关系。采取主动的方法将自己的想法传达给其他人，了解他人的反应和态度。

5．毅力

即使在矛盾重重、无路可走的艰难时刻，仍能继续坚持。

6．给予支持的能力

能预见并帮助人们渡过难关。

7．交流的能力

能及早、清晰、经常、真诚地与下属沟通；能积极倾听他人的观点，提出问题，引出信息。

8．处理困难局面的能力

能驾驭困难局面，妥善处理冲突和难题。

9．终身学习的能力

广泛地接受新思想、新办法，并愿意进行学习，愿意改变自己舒适的现状，能谦虚的自我反省，真实评估自己的成功和失败。

第三节　领　导　理　论

一、特质理论

研究有关领导问题的理论可以归结为三大类：领导的性格理论、领导行为理论和领导权变理论。

学者们最早以领导本质为目标作有系统性研究的是领导者的特性理论。他们认为领袖是天生而不是人为培养的结果，这些天生有领导才能的领袖是与众不同的。只要经过研究，发现那些只有成功的领导人士才共同拥有的成功特质，就可提供一个客观的领袖选拔标准，被选中的领袖便可做最有效的领导工作。

经过研究，学者们指出了不少良好的领导人应具备的性格特质，其中为多数人接受的特质有：先见之明，思想敏捷，有自信心，性格外向，有上进心，正直诚实等。不少人坚信杰出领袖的成功，与他们个人独有的超凡的魅力是不可分割的。但这种理论存在很多缺点：①不少研究报告有互相矛盾的地方；②研究报告未能提供每一种特质对成功领导的影响比重；③忽略了环境的因素。具备恰当的特质只能使个体更有可能成为有效的领导人，但他还需要采取正确的活动。而且，在一种情境下正确的活动在另一种情境下却未必正确。从20世纪40年代开始，特质理论就不再处于主导地位了。

二、行为理论

当特质理论缺乏突破性的发展而放缓的时候,学者们便把研究对象由领导者的内在特性转移到他们待人处事的行为方面。希望了解有效领导者的行为是否有什么独特之处。如果行为研究找到了有关领导方面的关键决定因素,把它列为领袖训练课程,则可以通过训练而使人们成为领导者。

在这方面最具权威性的是美国俄亥俄州立大学及密歇根大学各自发表的研究报告,两份都有相似的发现。

(一)四分图理论

四分图理论是美国俄亥俄州立大学领导行为研究者提出来的。初期的报告分析把管理人员的领导行为分为两类:①以人为重,关心体恤员工,如他愿意帮助下属,聆听他们的意见等;②以工作为重,认为组织纪律能带来效率,如他倡导有纪律的行动,发号施令给下属遵守。第一类行为能促使上下关系改善,彼此尊重、信任和体恤;第二类行为能使工作在推进时有条不紊。进一步的研究把以上两类行为分成四种领导风格,如图5-1所示。

图5-1左上角的第1号方格代表以关心体恤下属为重的领导风格,右上角第2号方格代表对人对事两方面并重的风格,右下角第3号方格是以工作效率为重的领导风格,左下角第4号方格是指两方面都不受重视的领导风格。经过长期研究,人们发现四种领导风格都未能绝对地促使下属在工作上既有良好表现,同时又能在工作中得到满足感。

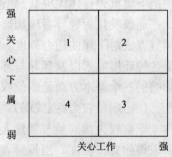

图5-1 领导风格的层面

(二)管理方格图

布莱克和莫顿于1964年设计了一个巧妙的管理方格图,令人醒目地表示管理者对生产关心程度和对人的关心程度(图5-2)。

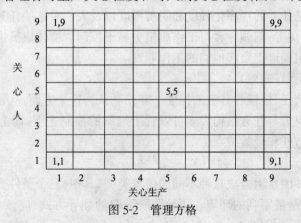

图5-2 管理方格

横坐标表示对生产的关心程度,纵坐标表示对人的关心程度。两条坐标轴分别划分为由1到9的9个小方格,作为关心程度的标尺。(1,1)小方格代表关心程度最小,(9,9)小方格代表关心程度最大。

在方格图上,布莱克和莫顿主要阐述了五种基本的极端类型方式。

1,1 贫乏型管理:领导者付出最小的努力完成工作,他们极少关心人或生产,只扮演"信使"的角色,把上级的信息传达给下属。

9,9 团队型管理:领导者无论对人员还是对生产都表现出最大可能的关心,通过协调和综合工作相关活动而提高任务效率与工作士气。

1,9 乡村俱乐部型的管理:领导者只注重支持和关怀下属而不关心任务效率。在他们促成的环境中,每个人都轻松、友好并且快乐,但谁也不关心要作出协同努力去实现组织目标。

9,1 任务型管理:领导者只重视任务效率,而不重视下属的发展和下属的士气。

5,5 中庸之道型:领导者对生产与人都具有中等程度的关心,维持足够的任务效率和令人满意的士气。他们不把目标定得过高,对人往往采用一种较仁慈的专断态度。

三、权变理论

第一个全面的领导模型是由菲德勒提出的,他的研究实际是行为理论的延续。菲德勒编制了"最不受欢迎员工尺度"来测度领导者对最不合作的下属的态度,借此衡量领导风格的倾向。如果上司对下属的优劣作出中肯的评价,他便是一个以人为重的领袖。但如果上司把下属批评得体无完肤,他便是一位以工作为重的领袖。

菲德勒认为领导者施加影响的能力取决于群体的工作环境、领导者的风格和个性,以及领导方法对下属的适合程度。人们之所以成为领导者,不仅仅是由于他们的个性,而且还由于各种环境因素以及领导与环境之间的相互作用。菲德勒提出,对一个领导者的工作最有影响的三个基本方面是职位权力、任务结构和上下级之间的关系。

(一)职位权力(强或弱)

职位权力指的是与领导人职位相关联的正式职权以及领导者从上级和整个组织各方面所取得的支持程度。当领导者拥有一定的明确的职位权力时,则更容易使下属遵从他的指导。

(二)任务结构(高或低)

任务结构指的是任务的程序化程度和明确程度以及人们对这些任务的负责程度。当任务明确,个人对任务负责,则领导者对工作质量更易于控制。群体成员也有可能比在任务含混不清的情况下更明确地担负起他们的工作职责。

(三)上下级关系(好或差)

领导者对下属信任、信赖和尊重的程度。菲德勒认为这个方面,从领导者的角度看是最重要的。因为职位权力与任务结构大多可以置于组织的控制之下,而上下级关系可影响下级对一位领导者的信任和爱戴。

(四)结论

菲德勒把这三种因素组合成八种不同的情景类型,其中,三个条件齐备的是领导最有利的环境;三者都缺的是最不利的环境。领导者所采取的领导方式,应该与情境类型相适应,才能获得有效的领导,如图5-3。

类型	I	II	III	IV	V	VI	VII	VIII
上下级关系	好	好	好	好	差	差	差	差
任务结构	高	高	低	低	高	高	低	低
职位权力	强	弱	强	弱	强	弱	强	弱

图5-3 菲德勒模型

菲德勒研究了1200个工作群体,他在分析结果中指出,当面对第Ⅰ、Ⅱ、Ⅲ、Ⅶ、Ⅷ这五种类型的情景时,采取"以任务中心"的任务取向型领导方式,效果较好;而对处于第Ⅳ、Ⅴ、Ⅵ这三种类型的情景时,则采用"以人为中心"的关系取向型领导方式,效果较好。

思 考 题

1. 管理中如何运用行为、态度、个性、知觉等知识?
2. 如何理解领导的含义?
3. 如何理解领导与管理的区别?
4. 怎样看待领导者的权力?
5. 请举例说明领导者应具备哪些基本技能。
6. 怎样看待领导的三种基本方式?
7. 举例评价特质理论。
8. 举例评价行为理论。
9. 举例评价权变理论。
10. 案例

康涅狄格互助保险公司的苏·雷诺兹

苏·雷诺兹今年22岁,即将获得哈佛大学人力资源管理的本科学位。在过去的两年里,她每年都在康涅狄格互助保险公司打工,填补去度假的员工的工作空缺,因此她在这里做过许多不同类型的工作。目前,她已接受该公司的邀请,毕业之后将加入互助保险公司成为保险单更换部的主管。

康涅狄格互助保险公司是一家大型保险公司,仅苏所在的总部就有5000多名员工。公司奉行员工的个人开发,这已成为公司的经营哲学,公司自上而下都对员工十分信任。

苏将要承担的工作要求她直接负责25名职员。他们的工作不需要什么培训而且具有高度的程序化,但员工的责任感十分重要,因为更换通知要先送到原保险单所在处,要列表显示保险费用与标准表格中的任何变化;如果某份保险单因无更换通知的答复而将被取消,还需要通知销售部。

苏工作的群体成员全部为女性,年龄跨度从19~62岁,平均年龄为25岁,其中大部分人是高中学历,以前没有工作经验,她们的薪金水平为每月1420~2070美元。苏将接替梅贝尔·芬彻的职位。梅贝尔为互助保险公司工作了37年,并在保险单更换部做了17年的主管工作,现在她退休了。苏去年夏天曾在梅贝尔的群体中工作过几周,因此比较熟悉她的工作风格,并认识大多数群体成员。她预计除了丽莲·兰兹之外,其他将成为她下属的成员都不会有什么问题。丽莲今年50多岁,在保险单更换部工作了十多年。而且作为一个"老太太",她在员工群体中很有分量。苏断定,如果她的工作得不到丽莲的支持,将会十分困难。

苏决心以正确的步调开始她的职业生涯,因此,她一直在认真思考一名有效的领导者应具备什么样的素质。

【问题】(1)影响苏成功地成为领导者的关键因素是什么?如果以群体满意度而不是以群体生产率定义成功,影响因素是否相同。

(2)你认为苏能够选择领导风格吗?如果可以,请为她描述一个你认为最有效的风格。如果不可以,请说明原因。

(3)为了帮助苏赢得或控制丽莲·兰兹,你有何建议?

第六章 激 励

学习目的与要求

1. 了解激励的基本原理；
2. 熟悉马斯洛的需要层次论和赫兹伯格的双因素激励理论；
3. 掌握激励在管理工作中的具体运用方法。

如前所述，管理的本质就是通过影响他人的能力，激发人们为组织提供有益贡献的工作热情，去实现管理者为组织制定的目标。在管理的领导职能中，领导者方面描述的是管理者如何指挥和协调部下为实现目标而努力的过程。对领导的对象——组织成员或下属来说，响应管理者领导行为的出发点，是他们内在的个体需求差异。因此，要实现组织的活动目标，必须设法让组织成员提供有效的工作贡献。这意味着管理者不仅要根据组织活动的需要和个人素质与能力的差异，将不同的人安排在不同的工作岗位上，为他们规定不同的职责和任务，还要分析他们的行为特点和影响因素，创造并维持一种良好的工作环境，以调动他们的工作积极性，改变和引导他们的行为。成功的管理者必须知道用什么样的方式有效地调动下属的工作积极性。

第一节 激励的原理

一、激励的概念与对象

1. 激励的概念

激励通常是和动机连在一起的。美国管理学家罗宾斯把动机定义为个体通过高水平的努力而实现组织目标的愿望，而这种努力又能满足个体的某种需要。因此，无论是激励还是动机，都包含三个关键要素：努力、组织目标和需要。一般而言，动机是指诱发、活跃、推动并指导和引导行为指向一定目标的心理过程。

所以，激励是指影响人们的内在的需求或动机，从而加强、引导和维持行为的活动或过程。

2. 激励的对象

从激励的定义看出，激励是一个适用于各种动机、欲望、需要、希望以及其他相类似的力量的一个通用术语。因而，激励的对象主要是人，或者准确地说，是组织范围中的员工或领导对象。激励的对象受到多种因素的影响。

正确认识激励的对象，有助于体现领导的管理学职能。从激励的内涵看，意味着组织中的领导者应该从行为科学和心理学的基础出发，认识员工的组织贡献行为，即认识到人的行为是由动机决定的，而动机则是由需要引起的。动机产生以后，人们就会寻找能够满足需要的目标，而目标一旦确定，就会进行满足需要的活动。从需要到目标，人的行为过程是一个周而复始、不断进行、不断升华的循环。通过认识激励的对象,可以认识到,需要是人类行为的基础,不同的需要在不同的条件下会诱发出不同的行为。

二、激励与行为

对激励对象的讨论说明,人类的有目的的行为都是出于对某种需要的追求。未得到满足的需要是产生激励的起点,进而导致某种行为。行为的结果,可能是需要得到满足,之后再发生对新需要的追求;行为的结果也可能是遭受挫折,追求的需要未得到满足,由此而产生消极的或积极的行为。

所以,激励是组织中人的行为的动力,而行为是人实现个体目标与组织目标相一致的过程。无激励的行为,是盲目而无意识的行为;有激励而无效果的行为,说明激励的机理出现了问题。例如,领导者打算通过增加额外的休息日来提高员工的劳动生产率,但结果可能有效,也可能无效,因为在一定的环境下,员工可能更愿意保持以往的工作日,希望提高薪水,而不是增加闲暇支出,这说明,激励与行为也有匹配的问题。

三、激励产生的内因与外因

如何对组织中的人或员工进行激励,是建立在对人的运动规律的认识基础上的。而人不是孤立存在的,是生活在特定的环境之中的。这个环境包括气候、水土、阳光、空气等自然环境和社会制度、劳动条件、经济地位、文化条件等社会环境。外界环境对人的影响是客观存在的。

因此,激励产生的根本原因,可分为内因和外因。内因由人的认知知识构成,外因则是人所处的环境,人的行为可看成是人自身特点及其所处环境的函数。显然,激励的有效性在于对内因和外因的深刻理解,并使其达成一致。

为了引导人的行为达到激励的目的,领导者既可以在了解人的需求的基础上,创造条件促进这些需要的满足,也可以通过采取措施,改变个人的行动的环境。这个环境被研究人员称为人的行动的"力场"。对企业而言,领导者对在"力场"中活动的员工行为的引导,就是要借助各种激励方式,减少阻力,增强驱动力,提高员工的工作效果,从而改善企业经营的效率。

四、需要的管理学意义

显然,激励的起点,是激发人未满足的需求,通过具体的手段,让人对未满足的需求产生某种期望值。因此,需要对管理学的领导职能来说,是能否发挥管理作用并影响组织成员完成组织目标的前提。

从领导方式看,下属的某些缺乏之感和求足之愿是领导者指挥下属和鼓励下属的行为基础。领导的目的,是通过他人的活动或投入,实现组织的目标。这种目标应该是下属个体目标和组织目标相结合的产物。因此,组织目标的有效实现,不仅是领导者运用权力影响下属的过程,而且还是领导者为下属创造发展空间以整合个人目标的过程。

在这里,领导者和下属的组织行为,都是一种通过行为来满足未实现的需求的过程。领导的需要,即可以是缘于对制度权力的渴望,也可能缘于实现自我价值的意愿。同样,下属未满足的需要也是多样性的。因此,对员工的激励能否有效,很大程度上取决于组织中领导者对下属的未满足需求的识别。

正是从需要这种人的动机导向出发,引出了关于如何激励的各种理论。按照各种理论形成的时期,可以分为早期的激励理论和当代激励理论。

五、X 理论和 Y 理论

这是关于人性的假设,由美国管理心理学家道格拉斯·麦格雷戈总结提出。管理者关于人性的观点是建立在一些假设基础上的,管理者正是根据这些假设来塑造激励下属的行为方式。管理者对人性的假设有两种对立的基本观点,一是消极的 X 理论;另一种是积极的 Y 理论。

X 理论认为:员工天性好逸恶劳,只要可能,就会躲避工作;以自我为中心,漠视组织要求;员工只要有可能就会逃避责任,安于现状,缺乏创造性;不喜欢工作,需要对他们采取强制措施或惩罚办法,迫使他们实现组织目标。Y 理论认为:员工并非好逸恶劳,而是自觉勤奋,喜欢工作;员工有很强的自我控制能力,在工作中执行完成任务的承诺;一般而言,每个人不仅能够承担责任,而且还主动寻求承担责任;绝大多数人都具备作出正确决策的能力。

麦格雷戈本人认为,Y 理论的假设比 X 理论更实际有效,因此他建议让员工参与决策,为员工提供富有挑战性和责任感的工作,建立良好的群体关系,认为这有助于调动员工的工作积极性。

第二节 早期的激励理论

这类激励理论,根据对人性的理解,着重突出激励对象的未满足的需要类型。有两种思路,一种是从社会文化的系统出发,对人的需要进行分类,通过提供一种未满足的需要的框架,寻求管理对象的激励效率,称之为需要层次论;另一种是从组织范围角度出发,把人的需要具体化为员工切实关心的问题,称之为双因素理论。这两种激励理论形成于 20 世纪 50 年代,是早期的激励理论。

一、需要层次论

这一理论是由美国社会心理学家亚伯拉罕·马斯洛提出来的,因而也称为马斯洛需要层次论。

需要层次论主要回答这样的问题:决定人的行为的尚未得到满足的需要是些什么内容?早在 20 世纪 30 年代著名的霍桑试验中,梅奥等研究人员就以工厂为研究对象,希望找出提高工人劳动生产率的手段,研究除泰勒从前倡议的经济利益刺激外,是否还有其他激励内容。结果发现,工人的劳动积极性的提高在很大程度上取决于他们所处的环境,既有车间又有工厂外的社会环境。为此,梅奥认为工人在劳动过程中被激励的前提,是作为"社会人"的人格状态而存在的人,而不仅仅是简单的"经济动物"。

马斯洛在这种意义上深化了包括霍桑试验在内的其他关于激励对象的行为科学研究,通过对需要的分类,找出对人进行激励的途径,即激励可以看成是对具体的社会系统中未满足的需要进行刺激的行为过程。

马斯洛的需要层次论有两个基本出发点。一个基本论点是人是有需要的动物,其需要取决于它已经得到了什么,还缺少什么,只有尚未满足的需要能够影响行为。换言之,已经得到满足的需要不再起激励作用。另一个基本论点是人的需要都有层次,某一层需要得到满足后,另一层需要才出现。

在这两个论点的基础上,马斯洛认为,在特定的时刻,人的一切需要如果都未能得到满足,那么满足最主要的需要就比满足其他需要更迫切。只有前面的需要得到充分的满足后,后面的需要才显示出其激励作用。

为此，马斯洛认为，每个人都有五个层次的需要：生理的需要、安全的需要、社交或情感的需要、尊重的需要、自我实现的需要。

生理的需要是任何动物都有的需要，只是不同的动物这种需要的表现形式不同而已。对人类来说，这是最基本的需要，如衣、食、住、行等。所以，在经济欠发达的社会，必须首先研究并满足这方面的需要。

安全的需要是保护自己免受身体和情感伤害的需要。它又可以分为两类：一类是现在的安全的需要，另一类是对未来的安全的需要。即一方面要求自己现在的社会生活的各个方面均能有所保证，另一方面，希望未来生活能有所保障。

社交的需要包括友谊、爱情、归属及接纳方面的需要。这主要产生于人的社会性。马斯洛认为人是一种社会动物，人们的生活和工作都不是孤立地进行的，这已由20世纪30年代的行为科学研究所证明。这说明，人们希望在一种被接受或属于的情况下工作，属于某一群体，而不希望在社会中成为离群的孤鸟。

尊重的需要分为内部尊重和外部尊重。内部尊重因素包括自尊、自主和成就感；外部尊重因素包括地位、认可和关注或者说受人尊重。自尊是指在自己取得成功时有一种自豪感，它是驱使人们奋发向上的推动力。受人尊重，是指当自己作出贡献时能得到他人的承认。

自我实现的需要包括成长与发展、发挥自身潜能、实现理想的需要。这是一种追求个人能力极限的内趋力。这种需要一般表现在两个方面。一是胜任感方面，有这种需要的人力图控制事物或环境，而不是等事物被动地发生与发展。二是成就感方面，对有这种需要的人来说，工作的乐趣在于成果和成功，他们需要知道自己工作的结果，成功后的喜悦要远比其他任何报酬都重要。

马斯洛还将这五种需要划分为高低两级。生理的需要和安全的需要称为较低级需要，而社会需要、尊重需要与自我实现需要称为较高级的需要。高级需要是从内部使人得到满足，低级需要则主要是从外部使人得到满足。马斯洛的需要层次论会自然得到这样的结论，在物质丰富的条件下，几乎所有员工的低级需要都得到了满足。

马斯洛的理论特别得到了实践中的管理者的普遍认可，这主要归功于该理论简单明了、易于理解、具有内在的逻辑性。但是，正是由于这种简捷性，也提出了一些问题，如这样的分类方法是否科学等。其中，一个突出的问题，就是这种需要层次是绝对的高低还是相对的高低？马斯洛理论在逻辑上对此没有回答。事实上，高低的需要被满足，是一种相对的过程。我国管理学者从这一问题出发，对马斯洛的需要本身进行了讨论，认为人类需要实际上具有多样性、层次性、潜在性和可变性等特征。

需要的多样性，是指一个人在不同时期可有多种不同的需要，即使在同一时期，也可存在着好几种程度不同、作用不同的需要。需要的层次性，应是相对排列，而不是绝对由低到高排列的，需要的层次应该由其迫切性来决定。对于不同的人在不同时期，感受到最强烈的需要类型是不一样的。因此，有多少种类型的需要，就有多少种层次不同的需要结构。需要的潜在性，是决定需要是否迫切的原因之一。人的一生中可能存在多种需要，而且很多是以潜在的形式存在的。只有到了一定时刻，由于客观环境和主观条件发生了变化，人们才发现，才感觉到这些需要。需要的可变形，是指需要的迫切性，从而需要的层次结构是可以改变的。

因此,只有在认识到了需要的类型及其特征的基础上,企业的领导者才能根据不同员工的不同需要进行相应的有效激励。马斯洛的需要层次论为企业激励员工提供了一个参照样本。

二、双因素理论

这种激励理论也叫"保健—激励理论",是美国心理学家弗雷德里克·赫兹伯格于20世纪50年代后期提出的。这一理论的研究重点,是组织中个人与工作的关系问题。赫兹伯格试图证明,个人对工作的态度在很大程度上决定着任务的成功与失败。为此,他在50年代后期,在匹兹堡地区的11个工商业机构中,向近2000名白领工作者进行了调查。在调查中,他用所设计的诸多有关个人与工作关系的问题,要求受访者在具体情景下详细描述他们认为工作中特别满意或特别不满意的方面。最后,通过调查结果的综合分析,赫兹伯格发现,引起人们不满意的因素往往是一些工作的外在因素,大多同他们的工作条件和环境有关,能给人们带来满意的因素,通常都是工作内在的,是由工作本身所决定的。

为此,赫兹伯格提出,影响人们行为的因素主要有两类:保健因素和激励因素。保健因素是那些与人们的不满情绪有关的因素,如公司的政策、管理和监督、人际关系、工作条件等。保健因素处理不好,会引发对工作不满情绪的产生,处理得好,可以预防和消除这种不满。但这类因素并不能对员工起激励的作用,只能起到保持人的积极性、维持工作现状的作用。所以保健因素又称为"维持因素"。激励因素是指那些与人们的满意情绪有关的因素。与激励因素有关的工作处理得好,能够使人们产生满意情绪,如处理不当,其不利效果顶多只是没有满意情绪,而不会导致不满。他认为,激励因素主要包括这些内容:工作表现机会和工作带来的愉快,工作上的成就感,由于良好工作成绩而得到的奖励,对未来发展的期望,职务上的责任感。这两类因素与员工对工作的满意程度之间的关系如图6-1。

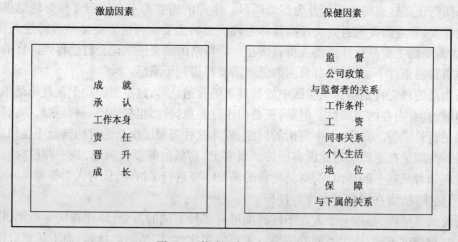

图6-1 激励因素与保健因素

赫兹伯格双因素激励理论的重要意义在于,它把传统的满意——不满意(认为满意的对立面是不满意)的观点进行了拆解,认为传统的观点中存在双重的连续体:满意的对立面是没有满意,而不是不满意;同样,不满意的对立面是没有不满意,而不是满意。这种理论对企业管理的基本启示是:要调动和维持员工的积极性,首先要注意保健因素,以防止不满情绪的产生。但更重要的是要利用激励因素去激发员工的工作热情,努力工作,创造奋发向上的局面,因为只有激励因素才会增加员工的工作满意感。

不过,正如马斯洛的需要层次论在讨论激励的内容时具有固有的缺陷一样,赫兹伯格的双因素理论也有欠完善之处。像在研究方法、研究方法的可靠性以及满意度的评价标准这些方面,赫兹伯格这一理论都存在不足。另外,赫兹伯格讨论的是员工满意度与劳动生产率之间存在的一定关系,但他所用的研究方法只考察了满意度,并没有涉及劳动生产率。

第三节 当代激励理论

前面两种激励理论出现于20世纪50年代,是早期的激励理论,对它们的一些明显不足之处进行补充,一般认为就构成了当代激励理论。在激励的内容理论方面,有一种比较有名的理论,就是要介绍的第三种激励理论——后天需要论,由美国管理学家大卫·麦克兰提出,是当代激励理论的代表。

后天需要理论认为,在人的一生中,有些需要是靠后天获得的。换句话说,人们不是生来就有这些需要的,而是通过生活经验能够学习的。有三种需要的研究最多,它们是:①成就的需要,指渴望完成困难的事情,获得某种高的成功标准,掌握复杂的工作以及超过别人;②依附的需要,指渴望结成紧密的个人关系,回避冲突以及建立亲切的友谊;③权利的需要,指渴望影响或控制他人,为他人负责以及拥有高于他人的职权的权威。

早期的生活阅历决定着人们是否获得这些需要。如果鼓励儿童做自己的事情,并且让他们接受强化培训,他们就会获得某种实现成就的需要;如果让他们加强形成温暖的人际关系,他们就会发展出某种依附的需要;如果让他们从控制别人那儿获得满足,那他们就会获得某种权利的需要。

麦克兰对人的需要及其在管理学上的意义研究了二十多年。他指出,有着强烈成就感需要的人,是那些倾向于成为企业家的人。他们喜欢把事情做得更好而超过竞争者,并且敢冒商业风险。另一方面,有着强烈依附需要的人,是成功的"整合者"。他们的工作是协调好组织中几个部门的工作。整合者包括品牌管理人员和项目管理人员,他们必须具有过人的人际关系技能,能够与他人建立积极的工作关系。不过,麦克兰指出,这种需要一直未能引起研究人员的足够重视。高归属需要者喜欢合作而不是竞争的环境,希望彼此间的沟通和理解。而有着强烈权利需要的人,则经常有较多的机会晋升到组织的高级管理层。例如,麦克兰对美国电报电话公司的管理跟踪研究了16年,结果发现,那些有着强烈的权利需要的人,更有可能随着时间的推移而逐步晋升。在这家公司,高层管理中有一半以上的人,对权利有强烈的需要。相比之下,有强烈的成就需要但没有强烈的权利需要的人,容易登上他们职业生涯的顶峰,只不过职位的组织层次较低。原因在于,成就的需要可以通过任务本身得到满足,而权利的需要只能通过上升到某种具有高于他人的权利层次才能得到满足。

总的来说,激励的内容理论突出了人们根本上的心理需要,并认为正是这些需要,激励人们采取行动。需要层次论、双因素论和后天需要论,都有助于管理人员理解是什么在激励人们。所以,管理人员可以设计工作去满足需要,并付诸适当的工作行为。

第四节 激励在管理中的运用

现代社会是日益计算机化的高科技社会，更是开放的社会，各项活动的计算机化和程序化的倾向，特别是互联网的发展和影响，并没有改变人的社会属性而使其成为孤独的个人，反而加强了人们之间的社会交流交往和社会角色的转换。人是社会人也是复杂的有个人需要的人，他渴望在社会组织中集体中获得归属感，并期望这个组织能给予他施展才华取得成功的机会，在实现组织目标的同时也能实现其个人的目标。正因如此，我们将任意一个组织的主管人员的基本任务定义为"设计和维护一种环境，使得身处此环境中的人们愿意与主管人员一起为组织目标的实现共同努力，作出贡献"。

但在大多数社会组织中，如各类企业、学校、医院以及政府机关中，主管人员总觉得其成员不是尽心尽力地在为组织工作。虽然主管很称职很卖力，但难有令人赞赏的卓越表现，总觉得工作很吃力，没有一件事情可轻易完成。主管的努力常常超过了下属成员的努力，下属的工作也许不错，但很少全身心地主动地去做事。他们只是正确地做事，很少关心做正确的事。而且只把眼光放在自己的狭窄职责范围内，很少考虑与整体的配合。主管要花很多时间鞭策下属，才能准时完成工作。在很多场合，主管觉得下属成员难得提出问题，更难提出真正有价值的解决问题的方法，或总是站在自己的立场上看问题，很少有团队观念。于是组织制定各种程序化的条文来约束人们的行为，结果是人们都按程序办事，越发地缺乏活力、缺乏主动性和创造性。主管把规章制度当作一种控制工具，而不是用协调来协助部属工作，这就无法充分发挥成员的潜力。如果下属觉得自己被过分控制，他就会费尽心机夺回或摆脱这种控制，这又会使主管更努力地维持这种控制，最后不得不用手段来操纵下属。主管应懂得没有一种控制制度完善到让人没有反对的余地，反对的方式之一是只做到最低的要求。照规定行事，以及其他类似的消极抵抗，几乎会使任何一种制度都失去作用——并且可能使主管人员更加强化控制，进而使下属更提不起干劲。造成这种现象的原因是：第一，主管人员在用人的指导思想上有偏颇；第二，组织没有明确的目标或者没有使员工理解组织目标与个人需要的关系；第三，在使用激励手段时对人性假设的失误。

一、用人的原则：不在于如何减少人的短处，而在于如何发挥人的长处

传统的用人观念是任用那些各方面都没有缺陷的人或彻底克服了其缺点的人。对于现代组织，这样做必然造成人才的浪费。

现实中，每个人都希望找到最能发挥自己才能的位置，主管人员也希望找到对某个岗位最合适的人选。但他们在这样做时，却对"最合适人选"的含义缺乏理性客观的认识。所谓最合适人选并不是指那些各方面都完美无缺的人，而是这个人的长处相对于某个位置或工作来说最合适。主管如果觉得某人是"惹麻烦的人"或"毫无本事的人"，多数情况下他没有看到或留意到这个人的长处，只记住了这个人的弱点，从而未对其长处善加利用（也许是不知道怎样利用）。

对于人的缺点，美国管理学家德鲁克的看法是：一个组织"倘若要使所用的人没有短处，其结果至多只是一个平平凡凡的组织"。人是优点和缺点的复杂有机体，优点突出的人其缺点也很明显。一般地，缺点是优点存在的条件，在一定环境中人的缺点与优点是可以转换的，关键是组织在选拔和用人时，应把重点放在怎样发挥人的长处上，在特定环境中扬长避短,使人们各得其所,各遂其志,人尽其才,才尽其用。清代诗人顾嗣协有诗云"骏马能历险,力田不如牛。坚车能载重,渡河不如舟。舍长以求短,智者难为谋。生材贵适用,慎勿多苛求"。《晏子春秋》中说"任人之长,不强其短;任人之工,不强其拙"。一个组织能容人之短,才能用人之长,才不会哀叹偌大的世界无可用之人。所以在对待用人的问题上,正确的态度应该是"世界上原本没有垃圾,只有放错了位置的财富"。也惟有如此,才能把员工的优点、长处和效能充分发挥出来。

二、使员工理解组织的目标

因经济利益上的、社会的和心理的原因,人们愿意在愉快的组织环境中工作,相互尊重,有知己的同事,有成功的机会等。但如果人们对组织的目标缺乏认识和理解,他们就会对自己的工作和整个组织的活动缺乏应有的关心,从而失去努力的方向和动力。这就需要管理人员去了解人们的需要和愿望,加强沟通,向他们推销组织的目标,让员工理解个人需要与组织目标的密切关系,看到自己的活动对组织的影响和重要性,以及在实现组织目标的过程中应承担的义务和责任,认识到自己是组织活动的参加者而不是旁观者,从而使他们自觉服从组织目标并放弃一些不切实际的个人需要。一个组织的目标(尤其是战略目标)对该组织的工作协调有很大的影响,目标是一切工作的依据,如果组织的战略目标没有达成一致,则工作就没有方向(虽然在不断进行,但也只是有效率无效果)。所以组织必须要有一个长远的战略目标,借以鼓舞成员,团结一致朝这个方向努力奋斗。当然组织目标应使成员感到他是在做有价值的事,使其在目标实现后有成就感。

这里的关键是主管人员要善于引导组织成员有效地领会组织目标,使其看到组织目标的实现也有助于个人需要的满足,从而对组织产生信任和依靠的感情,并培养起组织成员的团队精神,使每个人都愿意参与决策并对整体效益有责任感,这会使下属更能献身于工作,更有干劲更有成效,进而为组织目标的实现作出最大的贡献。培养成员责任感的最好方式就是使他们可以发挥影响力。参与制定决策和目标要比强制其执行决策和目标更能增加成员的参与感,而具有共同的责任和控制可使下属得到更多的挑战、满足和成就感,并获得更多的学习和成长机会,使其有更强的技术和管理能力,能从更高的高度和更广的角度去看待和解决组织目标实现过程中的问题。尤其是当这些解决办法是下属自己想出来的时候,他会觉得有责任去影响执行这种解决办法的人,这样就可产生人人进行控制的效果。

三、激励员工士气

激励是指通过有意识地设置需要,促进和诱导员工形成动机并引导其行为指向目标的活动。激励是否有效,其前提是对人性的假设是否符合组织的环境。

著名的人性假设理论有麦格雷格的 X 理论和 Y 理论。X 理论假设人的一切行为都是为了最大限度地满足自己的利益,工作动机是为了获取经济报酬。这种理论认为人是懒惰的,总想逃避工作;没有雄心大志;不愿负责任;缺乏自制力;只要有机会总为个人的目的打算;只有金钱和地位才能鼓励他们为组织工作。这种假设下的管理方式是强制和惩罚,即制定各种严密的规章,运用组织权力进行监督和控制,激励士气的手段只能是用金钱报酬刺激人们服从和作出功效。Y 理论假设人是勤奋的,在一定条件下工作如同游戏一样自然;人是有自制力的,强制和惩罚不是管理的惟一手段;人愿意发挥主动性和创造性,愿意负责任,并能将个人的目标与组织的目标相协调。这种假设下的管理方式是创造一个良好的工作和活动环境,使人们的主动性和创造性充分发挥出来。激励手段是通过融洽的沟通气氛培养员工的归属感、认同感、成就感,使员工在轻松的环境中以主人的姿态为组织工作。

显然,主管人员对组织中成员的人性假设的不同,会导致其采取不同的管理方式和激励行为,也会影响其管理和激励的有效性。这里的关键是主管人员通过有效的沟通,听取意见,正确地定义组织及其成员的性质、特点和需要,从而做出符合组织情况的人性假设,使组织中的鼓励工作和激励制度能适应员工多样的、多变的需要,使之起到维护纪律、鼓舞士气、挖掘潜力的作用。在一个组织中如果缺乏有效沟通,会使主管做出错误的人性假设,从而产生严重的问题。比如,如果下属不知上司的看法,就不会坦言自己的目标和抱负;如果害怕上司借机利用,就不会表示自己是否有能力担负起目前的职位和需要学习什么;如果担心受到责罚,就不会反对上司不恰当的建议等。当关系不坦诚时,主管可能不愿或害怕让下属担负整体的职责,不分派具有挑战性的工作,不提供教导和协助,不想密切地与下属一起工作,从而造成隔阂,形成不恰当的人性假设、管理方式和激励行为。实际上我们对下属的假设应建立在:大部分人都可以改变、学习和成长;主管和成员之间可以相互影响;大部分人都可以学习必要的技能等基础上。主管(尤其是组织中的高层主管)必须避免老是对下属下命令,这样才能维持沟通渠道的畅通,增加沟通机会。主管人员还要善于利用价值体系来激励员工,其价值体系的思想必须建立在最高的抽象层次上,而激励必须落实到日常的琐事中。在制定价值观念时,一方面要有高超的见解,知道如何激发员工热爱工作的情绪,让工作成为一种乐趣,另一方面要透过日常琐事把这种情绪灌输给所有的员工,这要求主管必须是思想者又是实践者。

四、发挥人力资源效能的准则

现代管理是以人为中心的管理,核心是处理人与人的关系。如果主管人员缺少集中体现其领导才干的人事方面的素质,缺少对人性的深刻的洞察,就不可能实现有效的管理。人力资源是一切资源中最宝贵、最具生产力的资源,早在19世纪20年代,英国杰出的管理学实践者和先驱、空想社会主义的创始人之一、也是现代人事管理创始人的罗伯特欧文就指出搞好人事管理能给雇主带来收益,这是每个主管人员的一项重要工作。欧文在给他的厂长们的一个指示中写道:"你们中许多人从自己长期的生产业务中体验到一种物质的、设计优良的、制作精美的机器的好处。如果说对无生命的机器状况给予关注尚能产生有利的结果,那么要是你们对构造奇妙得多的有生命的机器给予同等的关心,那还有什么不能指望的呢?"所以充分发挥人力资源的效能,最能体现管理的艺术性。为了使员工真正为组织所用,主管人员可用以下准则来改善自己的管理和激励行为:

(1)不要把员工看作是完成任务的工具,看作被管制的对象而进行严密监督、剥夺员工的自主权或事事都耳提面命。主管与员工只有分工的不同,在团体中相互间应该是合作的伙伴。对下属过度利用权力和控制,代价是很大的,亲自插手不如例行指导,这样不会引起下属的嫌恶和抗拒,也不会使问题失控。实际上增加下属所负担的责任,就是在增加控制。

(2)主管应及时向员工推销组织的目标、设想和计划,以利于员工树立努力的方向,建立归属感和信任感。长期规划可以使员工预知什么时候该做什么事,使其更具工作主创性,而主管则可以依据信息流和制度对员工的成效进行初步检核,而不必亲自探问和直接观察。主管应扮演好乐队指挥的角色,即指挥知道乐谱,他引导不同的演奏者做各种乐器的演奏,汇集为美妙的旋律。当然指挥本身必须具有音乐修养,再加上事先周详的准备,到了正式演出时就可以听出每位演奏者是否奏出适当的乐声。在共同努力的过程中,在任何情况下,不要伤害员工的自尊心。对员工要以礼相待,要耐心并善于听取意见,不要用刺激性的话语打断话多的工作人员。对于做出成绩的员工不要舍不得致谢,那种表扬会导致自我安慰和骄傲自满的观点是错误的,主管的表扬永远是激励人们努力勤奋工作的最有效因素。因为一个人不会把自己的生命出卖给你,但却会为了一条彩色绶带而把生命奉献给你,荣誉感会创造奇迹。

(3)主管人员应学会"无为而治",与下属之间有共有的责任和控制。还应学会如何善用成员的才干,激发他们的使命感,建立有效的团队。在培养下属的管理责任感时,还要协助培养下属使之有能力共同管理自己的部门,使控制不再成为主管一人的事。只有当下属具有管理能力时,共有的责任和控制才能导致卓越的成效。主管要会运用影响力,但不控制一切;会协助寻找答案,但本身并不提供一切答案;会参与解决问题,但不要求以自己为中心;会运用权力,但不掌握一切;会负起责任,但不会把别人挤在一边。应努力建立团队合作精神,使成员愿意为组织的整体运转负起责任。不要只做原则性的指示,要培养团队解决问题的能力,促使成员合作定出解决问题的方法,使成员能相互分享知识和专长。如果成员肯为整体的成效努力,解决方法就能得到充分执行,以此提高下属成员对工作和管理问题的责任感。

(4)要不断鼓励员工创新,如果条件许可应尽力提供这样的机会,只有不断创新,组织才有活力。要加强从技术、管理、人际关系、解决问题和创新能力等方面对成员的培养,了解下属在承担整体职责中遇到了那些困难,再有针对性地提供协助,要让他们有机会得到挑战和成长。组织中的大多数成员必须是创新者,而且必须支持尝试错误与失败,要有容忍失败的气度。

(5)要充分认识到每个人身上的优良品质总比不良品质多,过分完美并不见得好,主管人员要善于激励前者,抑制后者。主管要充分运用下属的才干,不要大包大揽,而是系统地发挥集体的智慧,使成员的才干具有协同效应,真正做到总体大于个体之和。应认识到下属身上的任何缺点和问题都是一种潜在的培养下属成长的机会,关键是善意对待之,以关心和帮助为着眼点,对于难缠的下属要多了解它的需求和目标,同时避免从反面来判断其人格。这样一方面使你的反馈能产生更大的影响力,一方面又不至于把他赶跑。主管如果与下属保持距离,就无法影响其行为,更无法了解其思想,最终导致"行为影响"和"行为意图"的混淆。

(6)尊重员工,使员工感觉到他是组织最需要的人,"被组织需要"是一种不可思议的神奇力量,它会激发员工表现得更优异。要将员工视为伙伴和朋友,充分尊重他们,给予他们尊严,将其看作组织核心竞争力的主要资源,"尊重每一个人"应成为组织的观念和经营哲学。虽然一个假设、一个信念、一个目标、一个价值观、一套价值体系或一套计划等,其中任何一项都可能使组织发展和壮大,但真正使组织壮大的是组织的文化、风格以及价值观。这些要素相辅相成,才使组织具有了不平凡的成效——激励寻常员工做出不寻常的成果,这将使寻常的员工变得非常杰出,并可强化他们的优点。

(7)信任是和谐、士气、团结的基础,是一笔宝贵的财富和资源,可以减少企业内部的监督成本,主管人员应充分发挥信任的效能,使之成为组织的核心竞争力之一。

(8)主管人员应建立一种机制使人人都有权有机会公开提出和解决因人或因事引起的

问题,要尽力避免主管和下属之间的"假对立关系"。如果由于差错而必须训斥某人,或在查处过失,采取某些措施之前,应尽量听取犯错误人的解释,与之充分沟通,因为多数人忌讳在同事和下属面前受到责备和训斥。对于已发生的错误,主管人员应主动多承担责任,对此管理学的格言是"世界上只有打败仗的将军,没有打败仗的士兵"。管理者是组织成功的荣耀的终极享受者,也必须而且一定是组织失败的责任的终极承担者。

【案例分析】

黄工程师为什么要走?

助理工程师黄天,一个名牌大学高材生,毕业后已经工作8年,于4年前应聘到一家大厂工程部工作,工作勤恳负责,技术能力强,很快就成为厂里有口皆碑的"四大金刚"之一,名字仅排在一号种子——厂技术部主管陈工程师之后。然而,工资却同仓库管理人员不相上下,夫妻小孩三口尚住在刚进厂时住的那间平房。对此,他心中时常有些不平。

张厂长是一个有名的识才老厂长,"人能尽其才,物能尽其用,货能畅其流"的孙中山先生名言,在各种公开场合不知被他引述了多少遍,实际上他也是这样做的。4年前,黄天调来报到时,门口用红纸写的"热烈欢迎黄天工程师到我厂工作"几个大字,是张厂长亲自吩咐人秘部主任落实的,并且交代要把"助理工程师"的"助理"两字去掉。这确实使黄天很受感动,工作更卖劲。

两年前,厂里有指标申报工程师,黄天属于条件申报之列,但名额却让给一个没有文凭、工作平平的老同志。他想问一下厂长,谁知,他未去找厂长,厂长却先来找他了:"黄工,你年轻,机会有的是。"去年,他想反映一下工资问题,这问题确实重要。来这里其中一个目的不就是想得高一点工资,提高一下生活待遇吗?但是,几次想开口,都没有勇气讲出来。因为厂长不仅在生产会上大夸他的成绩,而且,曾记得,有几次外地人来取经,张厂长当着客人的面赞扬他:"黄工是我们厂的技术骨干,是一个有创新的……"哪怕厂长再忙,路上相见时,总会拍拍黄工的肩膀说两句,诸如"黄工,干得不错","黄工,你很有前途"。这的确让黄天兴奋,"张厂长的确是一个伯乐"。此言不假,前段时间,他还把一项开发新产品的重任交给他呢,大胆起用年轻人,然而……

最近,厂里新建好了一批职工宿舍,听说数量比较多,黄天决心要反映一下住房问题,谁知这次张厂长又先找他,还是像以前一样,笑着拍拍他的肩膀:"黄工,厂里有意培养你入党,我当你的介绍人。"他又不好开口了,结果家没有搬成。

深夜,黄天对着面前一张报纸招聘出神。第二天,张厂长办公桌台面上压着一张小纸条:

"张厂长:

您是一个懂得使用人才的好领导,我十分敬佩您,但我决定走了。

黄天于深夜"

1. 问题分析

(1)根据马斯洛的理论,住房、评职称、提高工资和入党对于黄工来说分别属于什么需要?

(2)根据有关激励理论分析,为什么张厂长最终没有留住黄工?

2. 建议

(1)第一问题的要点

1)住房属于最基本需要,生理需要。

2)评职称、提高工资是安全的需要,希望未来生活有所保障。

3)入党是尊重的需要,即当自己作出贡献时能得到他人的承认。

(2)第二问题的要点

首先人的需要是多样性的、层次性的。既有精神上、心理上的需要,也应有物质上的需要。张厂长确实是重用黄工程师,并且给予多方面的精神鼓励,但是他并没有满足黄工程师的生理需要,如住房及安全需要,如提高工资等。再次,人是社会人,是需要激励的,作为企业的领导者只有在认识到了需要的类型及特征的基础上,才能根据不同员工的不同需要进行相应的有效激励,才能留住人才。张厂长正是因为没有认识到这一点,最终没有留住黄工。

思 考 题

1. 马斯洛的需要层次论的内容是什么?
2. 双因素激励理论有什么重要意义?
3. 请比较早期激励理论与当代激励理论的不同。

第七章 人际沟通

学习目的与要求
1. 理解沟通的含义、过程和作用；
2. 了解影响沟通的个人行为因素；
3. 掌握沟通的类型和方式；
4. 学会如何对组织沟通进行改善；
5. 明确沟通的原则；
6. 善于运用沟通的各种方法。

管理者每天的工作都离不开沟通。人际间的相互作用，与上司、下属和周围的人都要进行沟通，决策、计划、组织、领导和控制等管理职能的执行也都需要通过相互间信息的传递。为此，管理者必须十分重视人际间的联络，形成完善的联络渠道，建立规范的联络标准，掌握良好的联络行为，采取正确的联络方式。沟通是执行管理职能不可或缺的一个重要活动。

第一节 沟通概述

沟通活动是使组织活动统一起来的重要手段之一，无论企业、事业单位、公司、军队、个人之间，彼此的信息交流都是绝对必要的。任何一个管理者都必须对沟通活动给予高度重视，对沟通的性质有正确的认识。

一、沟通的定义

美国传播学研究者戈德哈伯对组织沟通进行过多年的深入研究，他对组织沟通下了这样的定义：组织沟通是由各种相互依赖关系而结成的网络，是为应付环境的不确定性而创造和交流信息的过程。这个定义包括五个方面的含义：过程、信息、网络、相互依赖和环境。

1. 过程

组织沟通是一个不间断的信息交流过程，永远随着组织存在下去，永远处于动态变化之中。

2. 信息

信息是沟通的内容。没有信息便无所谓沟通。这里所说的信息，不是一般意义上的消息、情报、资料，而是对完成组织目标和任务有意义的那部分内容。例如，对于一个组织来讲，外部环境信息、内部协调信息、组织成员个人需求信息等都是十分必要的。组织领导者不仅要掌握各方面大量的动态信息，还要不断丰富有关的静态信息，并将两方面结合起来，为沟通奠定基础。组织领导者还要善于分享信息，即在一定时间、一定范围之内，让信息及时地流通，使其发挥应有的作用。

3. 网络

组织沟通不是无规则进行的,它不仅要通过担任各种不同角色的组织成员,而且要经过以一定规则组织起来的网络才能进行。

4．相互依赖

组织是开放性系统,系统中各部分及其成员都与系统整体及其环境有着相互依赖关系,需要相互交流信息、相互影响。

5．环境

任何组织都是在一定的社会、政治、经济环境之下生存和发展的,作为开放性系统的组织要不断与所处的环境发生复杂多样的互动关系。

良好的组织沟通是疏通组织内外部渠道,协调组织内成员及部门之间的关系,完成组织目标的最重要的条件之一,还可以使组织内部成员之间、部门之间相互加深了解、融洽感情、增进友谊、激发斗志,从而使组织更加充满活力。

二、沟通的作用

沟通是组织管理过程的一个重要方面。如在计划过程中,沟通的作用表现在以下几方面:①有组织的计划过程需要在经理人员和其他人员之间广泛地沟通联络;②有效的沟通对执行预定计划有重要意义;③下属人员执行计划的情况的信息,对于确定是否达到计划目标是必不可少的,只有通过沟通才能将信息反馈回去。

对组织内部来说,沟通是使组织成员团结一致、共同努力来达到组织目标的重要手段。如果没有沟通,一个群体的活动也就无法进行,既不可能实现互相协调合作,也不可能作出必要而及时的协调和变革。因此,沟通对于协调组织的内部、外部以及各个部门、各个人之间的关系,从而有效地完成组织目标,有着重要的意义。通过有效的沟通,可以使组织内部分工合作更为协调一致,保证整个组织体系统一指挥,统一行动,实现高效率的管理;也可以使组织与外部环境做到更好的配合,增强应变能力,从而保证组织的存在与发展。所以,良好的沟通是组织达到协调状态的重要基础,是组织完成其目标的必要条件。

一般说来,沟通在管理中具有以下几方面的重要意义:

1．沟通是协调各个体、各要素,使组织成为一个整体的凝聚剂

每个组织都由数人、数十人,甚至成千上万人组成,组织每天的活动也由许许多多的具体的工作所构成,由于各个体的地位、利益和能力的不同,他们对组织目标的理解、所掌握的信息也不同,这就使得各个体的目标有可能远离组织的总体目标,甚至完全背道而驰。如何保证上下一心,不折不扣地完成组织的总目标呢？这就需要互相交流意见,统一思想认识,自觉地协调各个体的工作活动,以保证组织目标的实现。因而,没有沟通就没有协调,也就不可能实现组织的目标。

2．沟通是领导者激励下属、实现领导职能的基本途径

一个领导者不管他有多么高超的领导艺术水平,有多么灵验的管理方法,他都必须将自己的意图和想法告诉下属,并且了解下属的想法。领导环境理论认为,领导者就是了解下属的愿望并为此而采取行动,为满足这些愿望而拟订和实施各种方案的人,而下属要从领导者身上获得达到自己愿望或目的的希望。而这些"希望"的"获得"就需要通过沟通这个基本工具和途径。

3．沟通也是组织与外部环境之间建立联系的桥梁

组织必然要和顾客、政府、公众、原材料供应者、竞争者发生各种各样的关系,它必须按

照顾客的要求调整产品结构,遵守政府的法规法令,担负自己应尽的社会责任,获得适用且廉价的原材料,并且在激烈的竞争中取得一席之地,这使得组织不得不和外部环境进行有效的沟通。而且,由于外部环境永远处于变化之中,组织为了生存就必须适应这种变化,这就要求组织不断地与外界保持持久的沟通,以便把握成功的机会,减少失败的可能。

第二节 个人行为因素和沟通方式

因为沟通要涉及到两个或更多的人,因此所涉及的人之间的情感、动机、精神状况和态度等都会对沟通过程产生影响。一个人在沟通过程中的行为表现对沟通起着很大的影响作用。我们说的一个人在沟通中的行为表现主要是指其接受理解能力和所持的态度。

一、个人行为因素

1. 理解接受能力

理解接受能力是指一个人从环境中接受信息情报的整个过程中所表现出来的能力。

一个人的理解接受过程包括:听、看、感觉、视察分析和追踪等方面能力发挥的过程。为了说明问题,让我们先回答一下下列的问题。

(1)你今天看到的最后那个人穿的上衣是什么颜色的?

(2)你今天在无线电广播中听到的最后一支歌是什么歌?

(3)你最近买的那罐煤气究竟多少钱?

(4)你最近看的一次电视是在什么地方看的?在电视上你看到了哪些商品?

虽然我们日常都经常听到或看到这些事情,但是,恐怕大多数人都回答不出上述四个极为简单的问题。对于一个管理者来说,只要注意一下平时的市场预测、经济指数、信件、电话、报告、谈话等方式就不难回答上述这样简单的问题了。

观察分析就像过滤器一样。通过这个过滤器能辨别出哪些是有价值的,哪些是无用的信息情报。只有通过过滤,才能从环境纷杂的信息情报中获取自己真正所需的信息。只有进行观察、分析,才不至于在信息的汪洋大海中迷失自己的视线。

环境提供的信息情报必须经过自己的筛选,同时要对有价值的信息情报进行很好的组织。也就是说,要根据所收集到的信息情报进行系统的分类,以便于根据情报的紧迫程度加以分析研究。

2. 人的态度与沟通关系

这里的态度是指一个人对他所接触到的人与事物所采取的接受或反对的程度。每个人都接触到许许多多的事情或人,他对待这些事和人的态度自然也不一样。心理学家认为,人的态度包含着三个基本方面:第一是情感方面。也就是说,每个人都有自己所喜欢的人和事,也有自己不喜欢的人和事。例如,在学校学习的学生,有的人喜欢这类课程,而有的人喜欢那类课程。如果你选了一门你不喜欢的课程,自然你就要为之花出更多的精力和时间的代价。第二方面是知识方面的因素,也就是一个人对某事物或人的了解程度及其由此而产生的信任。例如,你不喜欢某门课,原因可能是:由于你对这门课太不了解,或是因为教师不理想,也可能因教材不好等等。然而,你的这些看法可能只是一种猜测,不一定真实。但是这些看法却影响着你对这门课的信任程度。第三方面是行为的倾向性。例如,你对那些不喜欢的课程,你就有可能在期中放弃掉,或考虑选学其他课程。对不喜欢的人,当然你也就不会与他交往过密了。

在管理的沟通过程中,管理者的态度起着很大的影响作用。例如,你是一个车间主任,下属向你要求请假去看望他生病的母亲。你采取什么态度呢?你的回答会直接产生积极或消极的作用。你的回答也会直接影响到你下属人员的情感和态度;在沟通的整个过程中都有一个态度的问题,管理者必须高度重视这个问题。

二、沟通方式

1. 口头沟通方式

口头沟通主要是指面对面的交谈、小组讨论、电话或其他情况下以讲话形式出现的沟通方式。口头沟通的主要优点在于:①口头沟通费时较少,可以迅速地相互交换彼此思想,迅速了解对方的反馈意见;②能够随时当面提出问题和回答问题,提高沟通效率;③口头沟通十分方便,用不着什么准备;④口头沟通时,彼此可以直接从对方脸部表情、手势和说话时的语气等表达方式了解对方的真实感情。另外,有些管理人员书面表达能力较差,而口头表达能力较强,因而比较愿意采用口头沟通方式。

然而,口头沟通也有其自身缺点:①口头讲话时可能会因思考不周而无法全面系统阐明问题或因遣词造句的疏忽而造成误解;②有些人还可能因口齿不清而影响沟通效果;③由于种种原因(如自身口头表达能力差,对信息发送者权威的敬畏等),许多信息接受者提不出应提的问题,因而只得到一些囫囵吞枣的或断章取义的信息,从而可能导致代价高昂的错误;④口头沟通如不作记录,则易造成事后口说无凭、容易遗忘等缺点。

2. 书面沟通方式

书面沟通信息往往显得比较严肃和正式,而且可以避免口头沟通带来的问题。书面沟通表达的优点在于:①用词比较准确,并便于归档保存,可供随时查阅;②书面沟通可以使许多人同时了解信息,提高信息传递速度和扩大信息传递范围;③它便于反复阅读、斟酌、理解。

书面沟通的缺点:①虽然书面形式沟通信息使人们有可能去仔细地推敲,但常常达不到预期的效果。写得不好会词不达意,反而需要事后用更多的书面和口头的信息来澄清,这样既增加了沟通的费用,也引起了混乱;②书面沟通也无法确知信息是否送达。一方面可能由于管理者对书面报告不重视,对书面的东西处理不及时,有的干脆不看一眼就归入档案;另一方面也可能由于有的书面报告千篇一律而受冷落,或书面文件堆积如山来不及处理而搁置起来;③书面沟通最大的弱点还是在于无法迅速得到对方真实的反馈意见。

3. 非语言沟通方式

除了使用口头、书面形式的沟通外,还可以使用其他含蓄的非语言沟通方式。人体是一个有力的、多样的表达工具,但却往往被人忽视或不受人注意。面部表情、各种手势动作,都可表示或帮助表示不同的感情或思想。笑表示喜欢;哭表示悲伤;大吼表示发怒;轻唱表示快活;耳语表示神秘;喋喋不休表示烦恼;音调可表示怀疑、惊叹和加重语气。各种不同的面部表情,如惊奇的目光、可怕的一瞥、懒散的哈欠、震惊的张嘴、难以信任的傻笑、怀疑的皱眉,都是有效的交往方式。微笑表示友爱、同情、赞赏,举手表示注意,直立正坐表示恭敬。只要身体语言运用得当,可以对沟通产生各种不同的影响。

示范、以身作则也是种很有效的沟通方式,下级对上级的要求远远大于他对同事和对他自己的要求,因此行动示范的沟通效果往往优于其他任何一种沟通方式。

第三节　组织沟通的类型

上述的沟通方式主要是指人际间的沟通,组织沟通方式更广泛,通常涉及的人也更多。组织沟通主要可分为正式沟通和非正式沟通两大类。

一、正式沟通

正式沟通是指通过正式的组织程序所进行的沟通。它是沟通的一种主要形式,一般与组织的结构网络和层次相一致。在正式沟通中根据信息的流向,又可分为自上而下的沟通、自下而上的沟通和横向沟通,它们分别又是组织内部纵向协调和横向协调的重要手段。

1. 自上而下的沟通

这是上级领导者或机构按照组织的隶属关系向下级机构的沟通。这种自上而下的沟通的主要目的是使雇员了解组织的经营目标,改变雇员的态度以形成与组织目标一致的观点并加以协调,从而消除雇员的疑虑和不稳定心理。

自上而下的沟通中常存在以下问题:

(1)信息的分享不够

在条块分割的封闭的组织结构中,上级组织对下级组织可能有发不完的文件、开不完的会议,以致造成信息泛滥。但到了基层单位或部门,情况可能发生完全不同的变化。领导可能并不认为与下级部门、与群众分享足够量的信息是"组织活力的源泉、组织关系的粘合剂、组织功能的润滑油、组织机体的防腐剂",他可能把上级的文件束之高阁,不予传达;也可能把"一班人"的讨论以"不够成熟"或"时机未到"为借口,列作组织一般成员了解之"禁区"。组织成员不知道领导在想些什么、做些什么、筹划些什么,是许多组织习以为常的严重事实。组织沟通的根本任务是消除组织和组织成员对于自身环境的"不确定性",而处于朦胧的不确定状态的人是无法行动的。

(2)信息冗余量过大

无休止的套话和老话是引起信息冗余量过大的直接原因。有些组织领导者讲话或做指示,套话连篇,不接触实际,不触及问题本质,话说了不少,但信息量很少。还有些领导者向下级部门、组织成员传达文件、布置工作时,总是照本宣科,造成组织成员对有的领导者的讲话产生反感,"上边做报告,下边嗡嗡闹",使沟通不能成功。

(3)信息精确度较低

较大组织的自上而下的沟通常要经过较多的层次,这就不可避免地会影响信息的精确度。这主要由于组织内各级领导者个人理解上的差异,会对同一信息赋予各不相同的意义,这种现象可以从他们对上级报告、文件的选择和解释上反映出来。所以,为确保信息的精确度,自上而下的沟通应多用"一杆子到底"的方法。

(4)动态信息过少

有的领导者不注意经常把"新鲜"的信息、变化了的信息告诉下级部门或组织成员,常常拖拖拉拉,一误再误。不失时机地向组织成员的大脑注入"新鲜"信息是保持组织活力的最重要的方法之一。组织与自身环境处于不停的相互影响和作用之中,组织成员有必要掌握与自身利益密切相关的动态信息,从而才能保证组织具有活力。

2. 自下而上的沟通

这是下级机构或人员按照组织的隶属关系与上级机构或领导者进行的沟通。这种沟通不仅是组织成员向领导、下级向上级反映自己的要求、愿望,提出批评、建议的正常渠道,而且可以对执行上级指令做出回馈反应,使上级了解其信息被接受和执行的程度,为上级修正指令和制定新的决策指令提供资料。

自下而上的沟通一般有两种形式:一是上级向下级征求意见,包括调查、召开座谈会、汇报会,设置意见箱、建立来信来访的接待制度、设立接待日制度、同下级进行一些不拘形式的闲谈等等。二是下级主动向上级反映情况,提出意见或建议。下级可以通过正式的途径向上级反映,也可以通过一些非正式途径。领导者对自下而上的沟通要态度谦虚,认真倾听各方面意见或建议,力争从这条渠道中获取尽可能多的真实信息,领导者还应明白,自下而上的沟通有时对信息的精确度也有影响,这是因为信息经过层层过滤之后可能扭曲和走样,以至到达领导者手中已不是正确而又准确的信息了。为此,要特别要求下级部门在自下而上的沟通中坚持实事求是,如实反映情况,不能报喜不报忧,更不能为迎合上级部门的需要而去歪曲事实,作虚假报告。要把这些作为组织纪律明确规定下来。

3. 横向沟通

这是组织中同级部门或同级领导者之间的沟通。它对于组织的全面协调和合作是十分必要的,所以是一个组织内经常采取的沟通形式。一个组织内各部门之间,总有或多或少的相互联系和依赖,经过有效的横向沟通之后,能够和谐同步地完成组织目标。横向沟通与上边所讲的两种纵向沟通不同,它不是通过命令、指示,而是通过协商、合作来解决问题的。例如,在组织的高层领导中,有主管生产或经营的,也有主管人事或财务的,他们之间必须经常相互沟通以便及时协调,才能有效地完成组织各方面的任务。

在实际组织沟通中,这些自上而下、自下而上和横向沟通往往是同时、交叉进行的。因此,当我们考察某个组织沟通的渠道时,应把不同走向的沟通联成一个网络,同时注意它们各自的作用和相互的影响。

二、非正式沟通

组织中除了正式沟通之外,还存在着非正式沟通。非正式沟通是指正式制定的规章制度和正式组织程序以外的各种沟通渠道。非正式沟通带有一定的感情色彩,它就像蜿蜒的小道似地在整个组织机构内盘绕着,其分支伸向各个方向,因而缩短了正式的垂直和水平交往的路线。

非正式沟通一般有四种方式。单线式是通过一长串的人把信息传递给最终的接受者。流言式是人积极主动地寻找和告诉任何别人。偶然式是一个不规则的过程,某 A 在这个过程中随机地把信息传递给别人(如 F、D、J 等),然后 F、D、J 又按同一方式告诉别人。集束式是某 A 把信息告诉经过选择的人,此人又依次把信息转告其他经过选择的人。在管理人员中间,大多数的非正式沟通都是按照这一类型进行的。

1. 非正式沟通的特点

非正式沟通的主要功能是传播职工(包括管理和非管理人员)所关心和与他们有关的信息,它取决于职工的社会和个人兴趣和利益,与组织正式的要求无关。与正式沟通相比,非正式沟通有下列几个特点:

(1)非正式沟通信息交流速度较快

由于这些信息与职工的利益相关或者是他们比较感兴趣的问题,再加上没有正式沟通那种程序,信息传播速度大大加快。

(2)非正式沟通的信息比较准确

据有关研究,它的准确率可高达95%。一般说来,非正式沟通中信息的失真主要来源于形式上的不完整,而不是提供无中生有的谣言。人们常常把非正式沟通(俗称小道消息)与谣言混为一谈,这是缺乏根据的。

(3)非正式沟通效率较高

非正式沟通一般是有选择地、针对个人的兴趣传播信息。正式沟通则常常将信息传递给并不需要它们的人。组织管理人员的办公桌上往往堆满了一大堆毫无价值的文件。

(4)非正式沟通可以满足职工的需要

由于非正式沟通不是基于管理者的权威,而是出于职工的愿望和需要,因此,这种沟通常常是积极的、卓有成效的,并且可以满足职工们安全的需要、社交的需要、自尊和尊重的需要。

(5)非正式沟通有一定的片面性

非正式沟通中的信息虽然一般比较准确,但有时也会被夸大、曲解,造成失真,因而需要慎重对待。

2. 怎样对待非正式沟通

不管人们怎样看待和评价非正式沟通,它都是客观存在的,并且在组织中扮演着重要的角色。管理人员应该怎样对待非正式沟通呢?

(1)管理人员必须认识到它是一种重要的沟通方式,任何否认的态度都会铸成大错,企图消灭、阻止、打击的措施也是不明智的。

(2)管理人员可以充分地利用非正式沟通为自己服务,管理人员可以"听"到许多从正式渠道不可能获得的信息,"知道"谁在传播这些信息,谁最喜欢这些信息,管理人员还可以将自己所需要但又不便从正式渠道传递的信息,利用非正式沟通进行联络。

(3)对非正式沟通信息中的错误通过非正式渠道进行更正往往效果更好。

3. 处理失真信息的常用方法

(1)采取不理睬的态度,相信"事久自然明"。这种方法往往需要较长的时间,有时会在短期内造成更大的混乱,因此较少被采用。

(2)采取进攻型的策略,指出失真信息的错误所在,并且尽可能地告诉所有的人。但是,这种方法有可能导致火上浇油,局面越发不可收拾。

(3)采取侧翼包抄的战术,不提及和重复错误信息,而用事实反驳。例如,组织里谣传某人在一次事故中一只手被截,为了澄清事实,管理人员可以公布每周事故报告,只需简要地说明本周没有发生任何事故即可。对比起来,这种方法比较有成效。但值得注意的是,在反驳谣言时,无论如何不能重复或直接引用谣言。在反驳中引用谣言,只会使人们相信谣言,甚至可能仅仅只听进错误的信息。

组织领导者对非正式沟通一定要引起充分的注意。非正式沟通如果运用得好,可以作为正式沟通的补充,有利于密切人们之间的感情,从而有助于完成组织目标。但非正式沟通运用得不好,也会涣散组织,从而给工作带来意想不到的危害。

第四节　组织沟通的障碍及其改善方法

如果听到主管人员说沟通经常出问题是他们最头痛的问题之一的话,恐怕是不会有人惊讶的。根据一项研究,约有80%的主管人员认为沟通中的问题是造成他们工作困难的原因。但是必须指出,表现在沟通上的问题往往是一些隐藏得更深的问题的征兆。譬如说,计划不善可能使人搞不清楚组织的活动方向。同样,组织结构设计不好也可能使各种组织关系难以畅通。评价工作成绩的标准含糊不清可能使主管者不能确知组织对他们究竟期望做些什么。所以,一个敏锐的主管人员在沟通出现问题之后,首先要寻找其原因,而不是急于采取措施。

一、沟通的障碍

除了在讨论社会系统内信息超负荷时提到的问题以外,还必须考虑沟通中的另一些障碍。其中,本章已经提到了一些,还有一些则必须单独列出,作进一步讨论。沟通中的第一类障碍主要是有关信息发送者的,第二类主要是有关信息的传递,第三类则主要是有关信息接收者的。

1．缺少沟通的计划

良好的沟通不是偶然得来的。人们往往是在事先对表达某个信息的目的未经思考、计划或说明的情况下就开始说话或写作了。但是如果能说明下达指示的理由、选择最恰当的渠道和适宜的时机,就能大大有助于对信息的理解,从而减少抵制变动的阻力。

2．未加澄清的假设

一个常被忽视但却很重要的问题是在沟通的信息中没有传递它所依据的基本假设。一位女顾客通知卖方公司说她打算参观一下公司属下的工厂。然后她假设公司会派人员去机场迎接她,为她订好旅馆,提供交通方便,并安排好参观工厂的全面计划,但卖方则可能假设,这位顾客到本地来主要是参加婚礼的,并顺便来工厂作例行访问。这种未予澄清的假设,无论责任在谁,都会引起混乱和徒伤感情。

3．语意曲解

沟通的另一种障碍是语意曲解。这种曲解可能是故意的,也可能是无意的。有些词会引起不同的反应。对有些人来说,"政府"这个词可能意味着干涉、财政赤字,但对另外一些人来说,它可能意味着帮助、平等和正义。

4．信息表达不佳

一个想法在信息发送者的脑子里不论有多么清楚,但在表达时,仍然可能受到用字不当、遗漏、条理不清、语序紊乱、陈腔八股、滥用术语、意思不全等毛病的影响。这种表达不清和不准的毛病造成的损失可能很严重,但这只要在表达信息时多加小心就能避免。

5．信息在传递途中的损失和遗忘

信息从一个人到另一个人的接连多次的传递之后,就会变得越传越不准确。因此组织往往使用多种渠道来传递同一个信息,健忘则是信息传递中的另一个严重问题。例如,某项研究发现,职工们只能记住接收信息的50%,而主管人员则只能记住60%。这一数据充分说明对一个信息有必要反复地传递和使用几种渠道传递。

6．听而不闻和判断草率

天底下的人是言者多而闻者少。每个人大概都见到过,有些人喜欢在别人谈话当中突然插进一些不相干的话题。原因之一是这些人脑子里正在想着自己的问题,如维护他们以我为中心的地位,或者使别人对自己有个好印象等等,而根本没在听别人的谈话内容。

聆听别人谈话需要注意力集中和自我约束。也就是说,要避免过分急于对别人的话作出评价。一般的倾向是急于要对别人的谈话作判断,表示赞同或反对,而不是设法了解谈话者的基本观点。不带评判地聆听别人的谈话却能提高组织的效能。譬如,以同情的态度聆听别人的谈话,可以使劳资关系较好些,也能更好地加强各主管人员之间的了解。具体地说,销售人员能够更好地了解生产人员的问题,而销售部门的主管人员也能够认识到过分严格的销售政策可能会引起销售额的大量减少。总之,以同情的态度聆听别人的谈话能够减少组织生活中常见的烦恼,并能导致较好的沟通。

7. 猜疑、威胁和恐惧

猜疑、威胁和恐惧都会破坏沟通。在这种气氛下,人们对任何信息都会持怀疑态度,猜疑可能是由于上级行为的矛盾所造成的,也可能是由于下属过去曾因诚实地向上级报告了不利的但却是真实的情况而受到惩罚的教训所造成的。同样,在威胁(不论是真实存在的还是想像的)面前,人们一般是语多保留、处处防卫和谎报情况。为此,需要一种信任的气氛,这样才有助于真实的信息情况畅通地流动。

8. 缺乏适应变化的时间

正如沟通的含义所示,沟通的目的常常是为了引起一些变化,而这又可能对职工有重大影响:如工作的时间、地点、工种、工作顺序的变化,或者是小组的组成和所用的技术的变化等。有些沟通的目的则旨在必须作进一步的训练、职业调整或职位安排等的变化。变化以不同的方式影响着人们,而这可能需要花相当一段时间才能充分认识到某个信息的涵意。因此,为了讲究效率,绝不应该在人们能够适应变化的影响之前,就强制变革。

二、沟通的改善

改善沟通的途径有好几个。首先是要对沟通的状况进行检查。检查的结果可以作为改革组织机构与系统的基础。其次是要应用沟通技术,重点是处理人际关系和耐心聆听等技术;

1. 沟通状况的检查

改善组织沟通的方法之一,就是对沟通状况进行检查,这是一种宏观的方法。这种方法是要审核沟通的政策、网络和活动。在审核时,可把组织的沟通看做为一组与组织目标的实现有关的因素。有意思的是,在这里沟通本身并不被认为是目的,而只是达到组织目标的手段,是时常被那些只注意人群关系的人所遗忘的。信息沟通系统的职能之一是把计划、组织、人员配备、领导和控制等管理职能拢集在一起。信息沟通系统的另外一个职能就是把组织与其外界环境联系在一起;

有四个主要的沟通网是需要加以审核的:

(1)在政策、规程、规定、上下级关系等方面与管理或工作任务有关的网络。

(2)与解决问题、召开会议和提改革建议等方面有关的创新网络。

(3)与表扬、奖励、晋升以及其他使组织目标和个人目标联系起来的各种工作有关的笼络人才的网络。

(4) 与组织的出版物、布告栏以及小道传闻等有关的信息构成的网络。

由此可见，沟通的检查工作是将沟通与许多关键性的管理活动联系在一起进行分析的工具。它不仅在发生问题的时候有用，而且也可以用来预防问题发生。检查的方式可以多种多样，可以包括观察、民间测验式的书面调查、面谈和对书面文件进行分析等。虽然对沟通系统进行初步的审查是非常重要的，但随后必须写出定期性的报告。

2. 沟通的技术和准则

在沟通的任何一个阶段（信息的发送者进行编码时，信息传递时，以及接收者在解码、了解信息时）都可能发生故障，当然，在信息传递过程中的每个部分一定又都会有"噪声"来干扰信息的有效沟通。

有效的沟通要求以信息发送者和接收者双方都熟悉的符号进行编码和解码。因此，主管人员（尤其是职能部门的专家）应当避免使用技术行话，因为这些行话只有专门学科的专家才会理解。

良好地进行沟通的一个重要方面就是仔细聆听。那些性急如火，从来不肯耐心地听人说话的主管人员，很少能对自己所管辖组织的工作状况有个客观的看法。拥有足够的时间、设身处地的为他人着想、集中精力听取别人传递来的信息，都是"理解"信息的先决条件。人们要求有人能听取他们的意见，要求别人对他们认真看待，要求得到别人的了解。因此，作为一个主管人员必须避免打断下属的谈话，不使他们处于随时提防的境地。

第五节 沟通的原则与方法

作为主管人员，除知晓沟通的形态与网络外，还必须掌握其原则和方法。

一、沟通的原则

1. 准确性原则

当信息沟通所用的语言和传递方式能被接收者理解时，沟通才具有价值。沟通的目的是要使发送者的信息准确地被接收者理解，这看起来似乎很简单，但在实际工作中，常会出现接收者对发送者非常严谨的信息缺乏足够的理解。信息发送者的责任是将信息加以综合，无论是笔录或口述，都要求用容易理解的方式表达。这要求发送者有较高的语言或文字表达能力，并熟悉下级、同级和上级所用的语言。这样，才能克服沟通过程中的各种障碍，对表达不当、解释错误、传递错误给予澄清。

2. 完整性原则

当组织中的主管人员为了达到组织目标，而要实现和维持良好的合作时，他们之间就要进行沟通，以促进他们的相互了解。在管理中进行沟通只是手段而不是目的。这项原则的一个特别需要注意的地方，即信息的完整性部分取决于主管人员对下级工作的支持。主管人员位于信息交流的中心，应鼓励他们运用这个中心职位和权力，起到这个中心的作用。但在实际工作中，有些上级主管人员忽视了这一点，往往越过下级主管人员而直接向有关人员发指示、下命令，使下级主管人员处于尴尬境地，并且违反了统一指挥的原理。

3. 及时性原则

在沟通的过程中，不论是主管人员向下级沟通信息，还是下级主管人员或员工向上级沟通信息以及横向沟通信息，除注意到准确性、完整性原则外，还应注意及时性原则。因为信息本身的作用就受到时间的限制。及时的信息可以使组织新近制定的政策、组织目标、人员配备等情况尽快得到下级主管人员或员工的理解和支持,同时可以使主管人员及时掌握其下属的思想、情感和态度,从而提高管理水平。

4. 非正式组织策略性运用原则

这一原则的性质是,只有当主管人员使用非正式的组织来补充正式组织的信息沟通时,才会产生最佳的沟通效果。非正式组织传递信息的最初原由,是出于一些信息不适合于由正式组织来传递。所以,在正式组织之外,应该鼓励非正式组织传达并接收信息,以辅助正式组织做好组织的协调工作,共同为达到组织目标作出努力。

一般说来,非正式渠道的消息,对完成组织目标也有不利的一面。小道消息盛行,往往反映了正式渠道的不畅通。因而加强和疏通正式渠道,在不违背组织原则的前提下,尽可能通过各种渠道把信息传递给员工,是防止那些不利于或有碍于组织目标实现的小道消息传播的有效措施。

二、沟通联络的方法

沟通中的方法是多种多样的,除了前面所述的沟通形态等具体的方法外,还应包括发布命令、会议制度、个别交谈等。沟通的方法运用要随机制宜,因人而定。

1. 发布指示

在指导下级工作时,指示是重要的。指示可使一个活动开始着手、更改或制止,它是使一个组织生机勃勃或者解体的动力。

(1)指示的含义

指示作为一个领导的方法,可理解为是上级的指令,具有强制性。它要求在一定的环境下执行任务或停止工作,并使指示内容和实现组织目标密切关联,以及明确上下级之间的关系是直线指挥的关系。这种关系是不能反过来的,如果下级拒绝执行或不恰当地执行了指示,而上级主管人员又不能对此使用制裁方法,那么他今后的指示可能失去作用,他的地位将难以维持,为了避免这种情况的出现,可在指示发布前听取各方面的意见,对下级进行训导,或将下级尽可能安排到其他部门工作。

(2)指示的方法

管理中对指示的方法应考虑下列问题。①一般的或具体的。一项指示是一般的还是具体的,取决于主管人员根据其对周围环境的预见能力以及下级的响应程度。坚持授权应明确主管人员倾向于具体的指示,而在对实施指示的所有周围环境不可能预见的情况下,大多采用一般的形式。②书面的或口头的。在决定指示是书面的还是口头的时候,应考虑的问题是:上下级之间关系的持久性、信任程度,以及避免指示的重复等。如果上下级之间关系持久,信任程度较高,则不必书面指示。如果为了防止命令的重复和司法上的争执,为了对所有有关人员宣布一项特定的任务,则书面指示大为必要。③正式和非正式的。对每一个下级准确地选择正式的或非正式的发布指示的方式是一种艺术。正确采用非正式的方式来启发下级,用正式的书面或口述的方式来命令下级。

2. 会议制度

管理中的领导职能的实质是处理人际关系,而人与人之间的沟通是人们思想、情感的交流,采取开会的方法,就是提供交流的场所和机会。会议的作用表现在:

(1)会议是整个组织活动的一个重要反映,是与会者在组织中的身份、影响和地位等所起作用的表现。会议中的信息交流能在人们的心理上产生影响。

(2)会议可集思广益。与会者在意见交流之后,就会产生一种共同的见解、价值观念和行动指南,而且还可密切相互之间的关系。

(3)会议可使人们了解共同目标、自己的工作与他人工作的关系,使之更好地选择自己的工作目标,明确自己怎样为组织作出贡献。

(4)通过会议,可以对每一位与会者产生一种约束力。

(5)通过会议,能发现人们所未注意到的问题,而认真地考虑和研究。

必须强调的是,虽然会议是主管人员进行沟通的重要方法,但决不能完全依赖这种方法。而且,会议要有充分准备,民主气氛浓厚,讲求实效,切忌"文山会海"的形式主义。

3. 个别交谈

个别交谈就是指领导者用正式或非正式的形式,在组织内外,同下属或同级人员进行个别交谈,征询谈话对象对组织中存在问题和缺陷的个人看法,对别人或对别的厂级,包括对主管人员的意见。这种形式大部分都是建立在相互信任的基础上,无拘无束,双方都感到有亲切感。这对双方统一思想、认清目标、体会各自的责任和义务都有很大的好处。

第六节 常用的沟通技能

每个组织的正常运行,不论管理者或被管理者,都要通过有效的沟通,才能准确表达或传递各种正确的信息,使组织在正常的运行中实现既定目标。而有效的沟通是依靠各种良好的沟通技能实现的。常用的沟通技能包括:人际交往技能、积极倾听技能、反馈技能、训导技能、冲突管理技能、谈判技能等。

一、人际交往技能

人际交往技能指一种调整和处理及维持人与人之间相互关系的一种能力。它是由自我意识控制情绪,自我激励和认知他人的情绪这两种特征构成的。

1. 自我意识

在你能处理他人的情感之前,重要的是通过自己感觉来认识自己的情感,使自己摆脱一种情绪不应该是对它的否定,相反,它是一种明确表达自己感受的方式,这样你就能对它做出恰当的反应。例如:与人即将发生争吵,显得很气愤,如果你能认识到自己处在气头上,你可以说:"让我再考虑一下这个问题,以后再谈"。

2. 控制情绪

控制情绪意味着用一种针对具体情况加恰当方式来表达它们。你可能不那么容易做到,因为情感经常来自于你的潜意识。情绪失控的表现是焦虑。控制情绪不是说我们感觉气愤、担心或焦虑,这些情绪是人的意识构成部分,如果我们不能找到表达它们的方式,就可能导致情绪低落或反社会行为,重要的是我们应控制它们而不是让它们控制我们。

3. 自我激励

自我激励是树立目标并努力实现它。不管你是运动员还是作家,天赋不能让你赢得比赛或者让你的小说出版。作家和运动员将告诉你在他们成功之前,他们所做的很多事情都是乏味的。使用激励的因素有积极思考和乐观主义。那些有强烈自我感觉的人在受到挫折后,能迅速地从挫折中恢复过来,他们不是思考失败,而是考虑能够改进的方式。

4. 认知他人情绪

认知他人情绪又称情感移入,即了解和分享他人情感的能力。它对人与人之间的相互关系是非常必要的。它来自于倾听人们的真正意思,并且很多是通过理解如手势和面部表情这样的形体语言,以及由一种特定的音调所意味的内容来感知的。

情感移入具有一种强烈的道德含义,能够认知和分享他人的痛苦,意味着你不会去伤害他人。例如:打扰和干涉孩子的人就是缺乏情感移入的人,与他人相互之间进行情感移入也意味着你能伸出手来帮助他们,因为你能感知他们所感受的感觉,他们不再孤单。

二、积极倾听技能

积极倾听技能指接收口头及形体语言信息,确定其含义和对此做出正确反应的能力。积极倾听技能主要表现在以下十二个方面:

(1)适当地使用目光接触;
(2)对讲话者的语言和非语言行为保持注意和警觉;
(3)容忍且不打断讲话者的讲话;
(4)使用非语言形式对讲话者表示回应;
(5)用不带威胁的语气来提问;
(6)解释、重申和概述讲话者所说的内容;
(7)提供建设性的反馈;
(8)对讲话者要情感移入(起理解讲话者的作用);
(9)显示出对讲话者有礼貌和感兴趣;
(10)展示关心的态度,并愿意倾听;
(11)不批评、不评价;
(12)敞开心扉。

三、训导技能

训导技能指领导对组织成员在沟通、述职中的影响和指导能力。表现在对问题的中立和客观的观点,建立工作程序,帮助成员取得进步,提出问题,把重点放在对问题的回答上,授予职责,鼓励社交性的相互接触。

1. 对问题的中立和客观性的观点

中立和客观是能够引导组织活动的重要原理,缺乏任意一种都会导致消极的结果。例如:当领导不中立时,他们就有把自己的观点或议程强加于组织成员之上的可能性。当客观性不存在时,组织成员就可能对问题的数据理解或与情况有关的标准意见不一致,并且不能对这个问题的解决办法达成一致的意见。没有中立和客观性,组织就不能发挥其最大的潜力。

2. 建立工作程序

每一个正式的组织运行都应根据指导组织活动的工作计划来进行,这个计划又称为组织工作程序,它详细地说明了组织应如何从事活动。例如:一个组织为实现某个项目首次开会,它的程序应为:召集成员先选出一个领导者,如果成员们相互不了解,在选出领导者之前,所有参加者都应先进行自我介绍。如果适当,也可要求成员们讲一讲各自为什么要加入此项目,以及希望在项目中完成什么,这样做该项目工作会更加有效。

3. 把重点放在对问题的回答上

为了完成任务,组织成员需要领导对问题做出回答,如果领导的职能是解决问题,那么就可以把注意力放在可能解决的方法上。一个有效的领导会把成员的注意力集中在对问题的回答上,并支持寻求解决办法的成员,最忌讳对问题模棱两可的问答。

四、冲突管理技能

有时冲突能使组织运行效率下降或停滞。当冲突出现时,组织领导必须介入,并且设法帮助成员解决,常用的方法有四种,即:避免、通融、协作、妥协。

1. 避免

有时组织者对不值得在上面花时间的小问题进行争论,领导应及时选择一个较早的时间并转移到下一个内容上会更有意义。解决简单问题的另一种方式是抛硬币。

2. 通融

当对问题持有一种立场的人们让步于另一种立场的人们时,就出现了通融。如果领导者认为存在通融的可能性时,就应该去尝试确定人们对自己所持的立场感到过于强烈。如果问题对一方不是特别重要,领导者就可以建议他们放弃。

3. 协作

在冲突中,领导应以大局考虑,寻求冲突各方通过共同努力以满足对方的需要,冲突各方就会停止攻击;相反,他们试图理解对方的观点,并且努力避免做出任何可能伤害相互关系的事情。

4. 妥协

在妥协中,每一边都必须放弃某些东西,以便得到它想要的,这就涉及到讨价还价,在这种讨价还价的过程中,每一方都提出各自将牺牲什么,只有每一方都认为所得到的是公平的,并且获得了部分胜利,妥协便实现了。

五、谈判技能

谈判技能指谈判双方在妥协的基础上各自获取满意成果的能力。谈判的成果是在双方相互多次沟通的过程中实现的,所以谈判技能的实质是沟通能力的具体表现,而最为直接的沟通方式为语言沟通。

语言沟通指人们用语言进行发送和接受所需信息的一种方法。成功的谈判都是谈判各方出色运用语言艺术的结果。它的技能包括听、问、答、叙、辩五个方面。

1. 听的技巧为

(1)专心致志,集中精力地倾听。

(2)通过记笔记来表达集中精力。

(3)有鉴别地倾听对手发言。

(4)克服先入为主的倾听做法。

(5)创造良好的谈判环境。

(6)注意不要因轻视对方而放弃倾听。

(7)不要为了急于判断问题而耽误倾听。

2. 问的技巧为

(1)发问应预先做好充足准备。

(2)不要急于提问。

(3)不要提阻止对方让步的问题。

(4)选择成熟时机,多次提问。
(5)选择自知答案问题发问,以验证对方态度。
(6)不要疑问式发问。
(7)提问后集中精力等待回答。
(8)要以诚恳地态度发问。
(9)提问句式尽量简短。

3．答的技巧为
(1)把握对方提问题的目的和动机。
(2)不要彻底加答问题。
(3)顾左右而言它,避重就轻。
(4)坦率地回答问题。
(5)答非所问。
(6)以问代答。
(7)重申和打岔。

4．叙的技巧为
(1)简洁、通俗、易懂。
(2)具体、生动。
(3)主次分明、层次清楚。
(4)客观真实。
(5)观点要准确。
(6)发现错误要及时纠正。
(7)重复叙述有时是必要的。

5．辩的技巧为
(1)观点要明确、立场要坚定。
(2)辩论思路要敏捷、严密,逻辑性要强。
(3)掌握大和原则,枝节不纠缠。
(4)态度要客观、公正,措辞要准确、犀利。
(5)辩论时应掌握好进攻的尺度。
(6)要善于处理辩论中的优、劣势。
(7)注意辩论中个人的举止和气度。

六、反馈技能

反馈技能指在沟通过程中,做为信息的发送者或接收者相互的反应能力。由于反馈技能影响沟通的效果,所以它对沟通是至关重要的。

反馈技能虽然对沟通的效果有着很重要的作用,但不是惟一的作用,因为沟通的信息效果在反馈的过程中,不受到环境(空间、距离和参加沟通的人数及参与的形式等诸多因素)的影响。面对面的反馈者或接收者有最大的反馈机会,特别是如果没有其他事务分神。在这种环境中,我们有机会知道他人是否理解并领会信息传达的意思。总而言之,沟通中包括的人越少、距离越短、反馈的机会越大,反之反馈的机会越少。而反馈技能越强,对环境的克服能力就越强,反馈的效果就越好,反之就越差。

思 考 题

1. 沟通作为一项管理工作的含义和作用是什么?
2. 简述不同的沟通方式各自的特点和适用性?
3. 正式沟通和非正式沟通的各自功能以及两者的联系?
4. 沟通过程中可能发生哪些障碍及如何克服?
5. 主管人员必须掌握沟通的哪些原则和方法?
6. 案例

A公司的企业员工意见沟通制度

A公司,是一家拥有12000余名员工的大公司,它早在20世纪20年代前就认识到员工意见沟通的重要性,并且不断地加以实践。现在,公司的员工意见沟通系统已经相当成熟和完善。特别是在20世纪80年代,面临全球性的经济不景气,这一系统对提高公司劳动生产率发挥了巨大的作用。

公司的"员工意见沟通"系统是建立在这样一个基本原则之上的:个人或机构一旦购买了A公司的股票,他就有权知道公司的完整财务资料,并得到有关资料的定期报告。

本公司的员工,也有权知道并得到这些财务资料,和一些更详尽的管理资料。A公司的员工意见沟通系统主要分为两个部分:一是每月举行的员工协调会议,二是每年举办的主管汇报和员工大会。

(1)员工协调会议

在开会之前,员工可事先将建议或怨言反映给参加会议的员工代表,代表们将在协调会议上把意见转达给管理部门,管理部门也可以利用这个机会,同时将公司政策和计划讲解给代表听,相互之间进行广泛的讨论。

(2)主管汇报

对员工来说,A公司主管汇报员工大会的性质和每年的股东财务报告、股东大会相类似。公司员工每人可以接到一份详细的公司年终报告。

这份主管汇报有20多页,包括公司发展情况、财务报表分析、员工福利改善、公司面临的挑战以及对协调会议所提出的主要问题的解答等。公司各部门接到主管汇报后,就开始召开员工大会。

(3)员工大会

员工大会都是利用上班时间召开的,每次人数不超过250人,时间大约3小时,大多在规模比较大的部门里召开,由总公司委派代表主持会议,各部门负责人参加。会议先由主席报告公司的财务状况和员工的薪金、福利、分红等与员工有切身关系的问题,然后便开始问答式的讨论。

这里有关个人问题是禁止提出的。员工大会不同于员工协调会议,提出来的问题一定要具有一般性、客观性,只要不是个人问题,总公司代表一律尽可能予以迅速解答。员工大会比较欢迎预先提出问题的这种方式,因为这样可以事先充分准备,不过大会也接受临时性的提议。

【讨论题】 请根据人际沟通的原则分析下列问题

1)A公司是怎样具体实施员工沟通制度的?
2)分析A公司的总体指导原则是什么? 依据是什么?

第八章 控 制

学习目的与要求
1. 了解控制的目的、作用和重要性;
2. 理解控制的基本过程;
3. 掌握控制的基本类型;
4. 说明有效控制的特征;
5. 熟悉一些常用的控制技术和方法。

第一节 控制概述

在现代管理系统中,人、财、物等要素的组合关系是多种多样的,时空变化和环境影响很大,内部运行和结构有时变化也很大,加上组织关系错综复杂,随机因素很多,处在这样一个十分复杂的系统中,要想实现既定的目标,执行为此而拟订的计划,求得组织在竞争中的生存和发展,不进行控制工作是不可想像的。

一、控制的含义

在管理的基本职能中,控制是要确保组织的所有活动在一定环境下和计划相一致,从而使这些活动更为有效。具体地讲,控制是通过制定计划或业绩的衡量标准,以及建立信息反馈系统,检查实际工作的进度及结果,及时发现偏差以及产生偏差的原因,并采取措施纠正偏差的一系列活动。

控制作为一项管理职能,是和其他的管理职能交织在一起的。在理解控制和其他管理职能的关系时,特别要注意的是,计划和控制是一个问题的两个方面。管理人员首先要制定计划,然后计划又成为评定行动及其效果是否符合需要的标准。计划越明确、全面和完整,控制效果也就越好。没有计划就无法衡量行动是否偏离计划,更谈不上纠正偏差。因此,计划是控制的前提,控制则是完成计划的保证。如果没有控制系统,没有实际与计划的比较,就不知道计划是否完成,计划也就毫无意义。因此计划和控制是密不可分的。

二、控制的重要性

复杂多变的系统中,组织缺少有效的控制就易产生错乱,甚至偏离正确的轨道。对组织来说,控制工作之所以必不可少,主要原因如下:

1. 组织环境的迅速变化

组织所处的环境是一个复杂、多变、不稳定的环境,在组织实现目标和计划的过程中,各种环境因素都可能发生变化,如顾客消费心理的改变、市场的转移、新材料和新产品的出现、新的经济法律法规的公布实施和国内外经济形势的改变等等,这些环境因素的变化使得组织原来建立的目标和制定的计划无法执行和实现。环境的变化,给组织带来了更多的机会和更严峻的挑战,组织必须建立一个控制系统来帮助管理者监察、预测对组织活动有重大影响的变化,从而制定相应的对策,作出反应。

2. 组织的复杂性

当今的组织越来越复杂,规模大,产品多种多样,有跨地区、跨国家的市场,分散化经营等等,为了保证各方的协调,就应有周密的计划和严密的控制系统。

3. 管理者的失误

组织的各项工作都是由管理者来执行的,而管理人员在执行工作的过程中,可能由于个人能力的限制或个人动机、个性等,会犯各种各样的错误,因此,需要有一个控制系统来减少这些错误,并对已发生的错误和失误及时纠正,以避免失误可能带来的严重后果,做到防微杜渐。

4. 授权中责任的体现

组织的各项工作是由各阶层的管理者共同完成的,管理者在授权过程中,其所承担的责任并不因授权而解除或减轻,因此在授权的过程中应建立一个控制系统以控制工作的进程。要使人们负责,必须确切知道职责是什么,绩效是如何考核的,以及评估过程中绩效标准是什么。如果没有一个有效的控制系统,管理者就无法检查下属工作的进程和结果,就可能失控。

三、控制工作的目的和作用

在现代的管理活动中,无论采用哪种方法来进行控制,要达到的第一个目的(也就是控制工作的基本目的)是要"维持现状",即在变化着的内外环境中,通过控制工作,随时将计划的执行结果与标准进行比较,若发现有超过计划允许范围的偏差时,则及时采取纠正措施,以使系统的活动趋于相对稳定,实现组织的既定目标。控制工作要达到的第二个目的是要"打破现状"。在某些情况下,变化的内、外部环境会对组织提出新的要求。主管人员对组织现状不满,就势必要打破现状,即修改既定的计划,确定新的管理控制标准,使之更先进、更合理。

在一个组织中,往往存在两类问题:

(1)经常产生的可迅速地、直接地影响组织日常经营活动的"急性问题";

(2)长期存在的影响组织素质的"慢性问题"。解决急性问题,多是为了维持现状。而打破现状,就须解决慢性问题。

在各级组织中,大量存在的是慢性问题,但人们往往只注意解决急性问题而忽视解决慢性问题。这是因为慢性问题是在长期的活动中逐渐形成的,产生的原因复杂多样。人们对于其存在已经"习以为常",不可能发现或者即使是已经发现了也不愿意承认和解决由于慢性问题所带来的对组织素质的影响。而急性问题是经常产生的,对多数人的工作和利益会产生显而易见的影响,故容易被人们发现、承认和解决。因此,要使控制工作真正起作用,就要像医生诊治疾病那样,重点解决慢性问题,打破现状,求得螺旋形上升。

第二节 控制的基本类型

控制的基本类型主要有事前、事中和事后控制以及直接和间接控制。事前、事中和事后控制一般也称为前馈、现时和反馈控制。

一、控制类型的划分

1. 事前、事中和事后控制

事前、事中和事后控制是指针对一项具体活动在活动开始以前、活动进行过程当中和活动结束以后的控制。这里的活动可以是指具有某种性质的一项总的活动,如某种产品的总的生产和销售活动,也可以是指某一项具体的分活动,如某一件(一批)产品(零件)的生产和销售活动。对一项总活动的控制必然要具体到对它的每一个完整的分活动的控制,因此事前、事中和事后控制必然存在着密切的内在联系。

2. 直接和间接控制

直接控制是指对于某一项活动(管理活动或者业务活动)采用直接执行该项活动控制标准的方式来进行的控制。同样,对某项活动的间接控制就是不直接执行该项活动的控制标准,而是以该项活动的服务对象对服务的客观评价为控制标准来控制该项活动。不管是直接控制还是间接控制,其控制的成果最终都取决于服务对象对服务的客观评价。

二、事前、事中和事后控制

(一)事前控制

事前控制主要是通过动态地保持计划本身的正确性,而使计划对其实施过程起到直接有效的控制作用。为了实现这一条,组织管理系统的所有职能,包括计划职能、组织职能、领导职能和控制职能都要积极给予配合,及时提供有可能导致计划修订的各种信息,并根据各方面的信息慎重地做好计划的重新修订工作和各项管理的调整工作。对计划所进行的动态调整既要依据组织的外部环境,又要依据组织的内部环境;既要在计划的抽象表现形式的各个层面上进行,又要在计划的具体表现形式的各个层面上进行。

1. 事前控制的标准

一般来说,上一层次计划是下一层次计划的目的,而下一层次计划则是上一层次计划的手段。事前控制的对象是作为手段的计划,其标准就是在其之上的作为目的的计划,作为目的的计划可以是组织宗旨、组织使命和目标、组织政策等抽象计划,也可以是较高层次的具体计划。

2. 事前控制的工作内容

(1)动态运用计划职能进行延续意义上的和非延续意义上的环境调查、分析和预测。在分析中特别要注重无先例事件和组织能动作用对计划的影响;

(2)动态运用计划职能对其他各项管理职能提供的计划落实和实施过程中的反馈信息;

(3)计划修订方案的提出、论证、比较和选择等;

(4)必要时调整已制定的计划,或者重新确定计划的各项前提条件。

3. 事前控制的重点

事前控制的重点一般指组织各类要素在计划意义上的动态调整(涉及所有各项管理职能和整个活动过程)和各类偶然事故的预防。

4. 事前控制的前提条件

(1)对计划和控制系统作出透彻的、仔细的分析,确定重要的输入变量;

(2)在组织的控制系统中建立事前控制子系统;

(3)要保持事前控制系统的动态性,事前控制系统的结构应动态反映客观情况,反映输入变量的变化情况;

(4)定期收集和输入受控变量的数据和信息;

(5)定期或不定期地对受控变量的原先假设进行求证分析,估计假设与实际之间的偏

差,并评价这些偏差对最终预期成果的影响;

(6)事前控制系统作用的有效发挥必须有措施保证,必须有所有各项管理职能的积极配合。

(二)事中控制

事中控制是在计划允许的范围以内,必要时也可以超出个别(局部)计划允许的范围,为保证整体计划的实施而对组织系统和组织外部环境进行协调。事中控制也包括为最大限度地减少无效劳动而对局部性的和阶段性的劳动成果进行筛选,反馈计划修订所需的各种信息。

1．事中控制的标准

事中控制的标准包括组织活动正常开展所依据的各项具体计划(过程安排)在控制点上的预期结果。特殊情况下或者紧急情况下也可以超越组织活动所依据的各项具体计划进行灵活性控制。

2．事中控制的内容

(1)针对实施计划的各项工作给予工作人员负责的指导;

(2)对计划实施过程进行仔细的检查和有效地监督;

(3)运用整个控制系统尽可能系统化地及时发现和纠正偏差;

(4)淘汰局部性和阶段性不合格劳动成果;

(5)向计划部门输送计划修订所需的各种内容。

3．事中控制的重点

事中控制的重点是在计划实施过程中所涉及到的各种因素,特别是直接涉及到的各种因素。

4．事中控制的前提条件

(1)完善的计划;

(2)严密的组织;

(3)精良的队伍;

(4)有效的指导;

(5)充分的激励;

(6)通畅的沟通。

(三)事后控制

事后控制包括在计划实施过程的终点对输出的劳动成果进行筛选控制,在整个计划完成以前向计划实施的输入端和执行过程反馈偏差信息,以及在整个计划完成以后向下一轮计划反馈总结信息。

1．事后控制的标准

事后控制的标准为计划实施过程终点上的预期成果,包括计划进度所要求的预期成果和总的预期成果。

2．事后控制的内容

(1)对输出的劳动成果进行检验和筛选;

(2)通过对偏差的分析,从输入端开始对计划实施过程进行动态地反馈控制;

(3)全部计划任务完成以后,通过总结对下一轮计划进行反馈控制。

3. 事后控制的重点

事后控制的重点是对输出的劳动成果进行计量、检验和筛选。

4. 事后控制的前提条件

(1)明确的计划目标,包括进度目标、最终目标和各种单项目标;

(2)有效的检验手段和检验方法;

(3)科学的偏差分析技术;

(4)快捷的信息传递通道;

(5)有力的纠偏手段;

(6)善于对总的计划实施情况进行概括和总结。

三、间接控制和直接控制

就管理工作本身来看,直接控制和间接控制的区别如下:

(1)间接控制着眼于发现管理者所管理的各项工作中出现的偏差,分析产生的原因,并追究其个人责任使之今后改进管理工作;

(2)直接控制着眼于培养更好的主管人员,使他们能熟练地应用管理的概念、技术和原理,直接以系统的观点来进行和改善他们的管理工作,从而防止出现因管理不善而造成的不良后果。

(一)间接控制

"间接控制"是以这样一些事实为依据的:即人们常常会犯错误,或常常没有察觉到那些将要出现的问题,因而未能及时采取适当的纠正或预防措施。他们往往是根据计划和标准,对比和考核实际的结果,追查造成偏差的原因和责任,然后才去纠正。实际上,在工作中出现问题,产生偏差的原因是很多的。所订标准不正确固然会造成偏差,但如果标准是正确的,则不肯定因素、主管人员缺乏知识、经验和判断力等也会使计划遭到失败。不肯定因素包括了不能肯定的每一件事情。例如,一个制造活塞计划的成功与否,不仅取决于已知的各项前提条件,而且还取决于这样一些不肯定因素:未来的世界状况;已知的和尚未发现的金属材料的竞争;以及会把现有最好的活塞发动机淘汰掉的新的动力技术的发展等等。对于这些不肯定因素造成的管理上的失误是不可避免的,故出现这种情况时,间接控制技术不能起什么作用。但对于由于主管人员缺乏知识、经验和判断力所造成的管理上的失误和工作上的偏差,运用间接控制则可帮助其纠正;同时,间接控制还可帮助主管人员总结吸取经验教训,增加他们的经验、知识和判断力,提高他们的管理水平。

当然,间接控制还存在着许多缺点,最显而易见的是间接控制是在出现了偏差,造成损失之后才采取措施,因此,它的费用支出是比较大的。此外,间接控制的方法是建立在以下五个假设之上的:①工作成效是可以计量的;②人们对工作成效具有个人责任感;③追查偏差原因所需要的时间是有保证的;④出现的偏差可以预料并能及时发现;⑤有关部门或人员将会采取纠正措施。

然而这些假设有时却不能成立:①有许多管理工作中的成效是很难计量的。例如,主管人员的决策能力、预见性和领导水平是难以精确计量的;对完成计划起关键影响作用的部门的工作成效是不能和非关键部门的工作成效相比拟的,即便是前者的工作成效大,也不能说明后者的工作难度一定低于前者。②责任感的高低也是难以衡量的。有许多工作,其成效不高,却与个人责任感关系不大或无关。例如,由于缺乏廉价燃料时不得不使用另一种昂贵的能源而使费用支出增加。③有时主管人员可能会不愿花费时间和费用去进行调查分析造成偏差的事实真象,这往往会阻碍对明显违反标准的原因进行调查。④有许多偏离计划的误差并不能预先估计到或及时发现,而往往是发现太迟以至难以采取有效的纠正措施。⑤有时虽能够发现偏差并能找到产生的原因,却没有人愿意采取纠正措施,大家互相推卸责任,或者即使能把责任固定下来,当事的主管人员却固执己见,不愿纠正错误。由此看来,间接控制并不是普遍有效的控制方法,它还存在着许多不完善的地方。

(二)直接控制

控制工作所依据的是这样的事实,即计划的实施结果取决于执行计划的人;销售额、利润率、产品质量等这些计划目标的完成情况,主要取决于直接对这些计划目标负责的管理部门的主管人员。因此,通过遴选、进一步的培训、完善管理工作成效的考核方法等,以改变有关主管人员的未来行为,是对管理工作质量进行控制的关键所在。

1．直接控制是相对于间接控制而言的,它是通过提高主管人员的素质来进行控制工作的。

直接控制的指导思想认为,合格的主管人员出的差错最少,他能觉察到正在形成的问题,并能及时采取纠正措施。所谓"合格",就是指他们能熟练地应用管理的概念、原理和技术,能以系统的观点来进行管理工作。因此,直接控制的原则也就是:主管人员及其下属的质量越高,就越不需要进行间接控制。

2．这种控制方法的合理性是以下列4个较为可靠的假设为依据的

(1)合格的主管人员所犯的错误最少;

(2)管理工作的成效是可以计量的;

(3)在计量管理工作成效时,管理的概念、原理和方法是一些有用的判断标准;

(4)管理基本原理的应用情况是可以评价的。

3．进行直接控制的优点

(1)在对个人委派任务时能有较大的准确性;同时,为使主管人员合格,对他们经常不断地进行评价,实际上也必定会揭露出工作中存在的缺点,并为消除这些缺点而进行专门培训提供依据;

(2)直接控制可以促使主管人员主动地采取纠正措施并使其更加有效。它鼓励用自我控制的办法进行控制。由于在评价过程中会揭露出工作中存在的缺点,因而也就会促使主管人员努力去确定他们应负的职责并自觉地纠正错误。

(3)直接控制还可以获得良好的心理效果。主管人员的质量提高后,他们的威信也会得到提高,下属对他们的信任和支持也会增加,这样就有利于整个计划目标的顺利实现。

(4)由于提高了主管人员的质量,减少了偏差的发生,也就有可能减轻间接控制造成的负担,节约经费开支。

第三节 有效控制的特征

控制机制的建立并不一定保证控制工作的有效性。在实际工作中会出现各种控制职能失调,并带来各种负面的影响与后果。管理者如何才能提高控制系统的有效性呢?有效的控制应是可理解的、精确客观的、及时的、合适与经济的、指示性的以及灵活的。

一、控制职能的失调

控制有激励作用,但是控制对行为的影响并非总是正面的。有时组织目标指引的方向与控制工作测量及反馈实践所引导行为的方向并不一致。这种现象在管理学中被称作"目标移置"。另一种潜在的职能失调是指控制工作可能带来的"负面因素",有时衡量与反馈非但没能激励人,反而使职工工作情绪低落,引起自卫性的行为。

(一)目标移置

人们对控制的反应往往是想要确认控制中的检测过程及测量记录是有效控制所必需的,但当他们的行为达到了这个结果,而控制所要达到的目标或目的却没有达到,这便叫做目标移置。如学校常以考分的高低来衡量学生的学业水平,但是有的学生为了得高分不择手段,甚至考试作弊,这样虽得了较高的考分,但与学习的目标是背道而驰的。又如交通警经常对违反交通规则的行为用罚款的手段来教育当事人并警示旁人,以维护交通安全,可是如果把罚款当任务来执行,或定有罚款指标,就属于目标移置,违背了原来的本意。

目标移置有许多形式,包括官僚主义行为、策略性行为和无效的数据报告。

1. 官僚主义行为

官僚主义行为的一大特点是僵化,如有的医院为了防止住院病人赖账,因此进院前都得先预付数千元住院费,然而,在遇到特殊的急救病人,在一时无法缴付预付款时,即使病人危在旦夕,仍把病人拒之门外,显然该医院的救死扶伤的目标被移置了。

2. 策略性行为

策略性行为,是指某些行为只是为了在一特定时期显示其工作成效,这些行为就被称作策略性的。例如,某些上级领导部门,到基层去检查工作都事前作了通知,定下了日期,下级部门为了应付这次检查而"兴师动众",表面文章做足,这样虽然检查是通过了,但过后却依然故我,我行我素。又如,有的房地产开发商把应于年底结算的若干处住宅的契据推迟到次年一月,以减少该年应予上报的收入,从而获得直接税收方面的好处,但却违背了对买主的承诺,也违反了规定的有关服务与开发的时间日程。

3. 无效的数据报告

不少管理者,在预算年度开始时,往往以上年实际支出为基准,再增列一笔金额,经巧妙装饰后,作为新计划提交上级领导审批,这种含有"水分"的预算申请,属无效数据报告。又如有的销售人员在作销售预测时,预先打了折扣,作较保守的估计,以便能轻松地完成指标,或在与实际成果比较时,有出色的业绩表现。有时,在控制系统对某些行为进行检测时,提供给该系统的信息本身可能都是虚假的,假记录、假数据常常导致了控制目标的移置。

(二)负面因素

控制不当不仅不能提高激励力,相反有时还会造成消极的影响。例如,某单位年终对职工考核,对他们的工作划分优、良、及格、不及格等若干等级,并把评等级的结果反馈给个人,然而此做法的效果并不理想,一些表现好的职工,因没被评上优等(名额有指标限制),在意识到自身的价值后纷纷离去,而留下的表现较差的职工,也丧失了工作热情。研究表明,批评性的反馈似乎格外挫伤积极性,有人曾分析了一项工作评价制度,其批评性的反馈对达到目的确实起到了消极影响。这种反馈使个人产生的防卫因素多于促进提高的动力。

总之,控制既能促进目标的实现,但也可能带来负面因素和目标移置。从某种意义上讲,控制系统的设计正是为了促进前者,抑制并避免后者。

二、有效控制的基本特征

管理人员所采取的控制方法必须根据预计的对象和具体任务来加以设计,有效的控制系统通常都具有以下基本特征:

(一)可理解性

所有的控制机制,无论是前馈控制、现场控制与反馈控制,对于应用或产生它们的管理者和职工而言,必须是易于理解的。在较高的管理层次,控制机制有时需用到数学公式、复杂的图表和大量的报告,看上去似乎很深奥,但它对于较高层的管理者来说,仍应是可理解的。基层管理部门的控制相对较为简单。例如,一线管理人员可以仅用一页纸的简单报表作为控制手段,这报表只需显示某一天中某部门工人的工作小时数和产品产量就够了。它应是简单、直接和可理解的。假如管理人员的控制机制对职工而言过于复杂,则应重新设计,使之不仅满足其需要,而且也能为职工所理解。

(二)精确性与客观性

控制系统必须是精确的,这道理似乎是显而易见的,然而,在现实生活中,许多管理人员的决策往往是基于不精确的信息。销售人员在估计销量时说些模棱两可的话,以随时能迎合主管上司的看法;生产车间的管理人员为了达到上级制定的目标隐瞒生产成本的上升;一些管理者为了取得领导的青睐虚报成绩。这些都有可能使上层管理者收到错误的信息,从而使不深入了解情况的高层管理人员采取不适当的行动。

控制系统提供的信息应尽可能地客观。虽然在管理中难免有许多主观因素,但是,在评定一个人的工作是否良好时,应尽可能地客观。当然要解释清楚什么是客观的控制,并非易事。当两个基层管理人员在汇报其部门人员情况时,一个汇报说:"成员的士气没问题,发牢骚也就是几个人,职工的离职情况已受到控制。"而另一汇报是:"职工缺勤率为0.4%,今年记录在案的投诉人次为16人(相对去年为24人),职工的离职率为12%。"这两份汇报哪一份更为有用是不言自明的。

当然,数字的客观性也不能代表一切,管理人员在做决策时还应看到数字背后的真正含义。如销售每月提高销量多少,上层管理部门对这类报告显然会感到高兴,但是,在销量提高的背后,也许是销售员擅自提供了折扣;对产品的功效作了不切实际的保证;或答应较早的交货期等。尽管控制系统为管理人员的评估和行动理想地提供了客观的信息,但管理人员必须谨慎适当地去解释它。

(三)及时性

控制机制必须能及时地指出问题,并迅速地向管理人员报告。管理人员知晓偏差情况越早,就越能快速地采取纠偏行动。

通常,管理者总是希望及早地了解所发生的偏差,甚至它们只是根据近似的数字或预先估测。对管理者来说,知道事情即将会出问题,总比它们已经失控要来得强。例如,某个设备安装项目,假如工期较紧的话,那么管理人员应要求以天或周为基准汇报工程进度,以及时掌握工程的进展情况。报告中应显示那些潜在的障碍,诸如某零部件的缺失,某工作的工人缺勤等会导致项目完工的拖期等因素。管理者需要及早地了解这类信息,以便在形势失控前采取必要的纠正步骤。这并非说管理人员应仓促下结论或采取偏激的行动,这里管理者对一项工作的知识和经验常常会起很大的作用,以帮助确定何时一项工作进展出了问题。

(四)合适与经济性

一个适合大公司的复杂控制系统对一个小部门而言就不一定需要。控制所支出的费用必须要有所值。虽然任何组织都需要控制,但控制系统的大小各异。不管管理者应用怎样的控制,它必须与涉及的工作相适合并是经济的。对于一项小任务的控制也不必像控制一个重大的资本投资项目那样精心设计。

控制系统的相对经济性是一个限制因素,这在很大程度上决定了管理人员只能在他们认为是重要的问题上选择一些关键因素来加以控制。例如,医院中的护士长对于麻醉剂的供应控制是经常性的且十分小心的,而对于绷带纱布的控制就较随意。又如,在一个小单位中,只有3个职工从事文员工作,显然就没有必要配备专职人员来检查他们打字或誊抄工作中的错误,可安排由他们负责自检或互检。相反,在一个拥有数百名职工的生产大量小件产品的部门中,就有必要配备专职检验员或质量控制专家来检验产品,通常还得搞抽样检验,因为在整个生产过程中,要对数量巨大的每件产品逐个进行检验是不可能的。所以,控制技术和控制方法如能以最小的费用来揭示造成实际偏离和可能偏离计划的原因,则它们就是有效的。

(五)指示性

一项控制技术只是在偏差发生时揭示它们还不够,控制机制还必须指出谁应对该偏差负责,以及偏差发生于哪一个确切的位置,假如在一项连续性的作业活动中涉及某一特定工作,那么管理人员就有必要在每一步骤结束后就检验各工作的绩效,并需在工作转向下一步作业前完成它。否则,等最终产品出来后,发现与标准不符,管理者就很难找准应在哪里采取纠偏行动。

(六)灵活性

灵活性是有效控制系统的又一明显特征,也就是说,控制系统在适应变化上应具有灵活性。当形势要求变化时控制机制必须允许变化,否则控制就会失败。例如,当一职工在执行工作任务的早期,遇到各种情况发生了巨大的变化,那么管理者应能认识到这点并随之调整计划和标准。如果该任务遇到了突发的困难,而情形又并非是职工所能控制的,则管理者就必须调整该职工的考绩标准。考虑了各种可能后拟订的计划,能使控制更具灵活性。

第四节　控制技术和方法

如何有效地运用控制技术和方法是成功地进行控制的重要保证。控制的技术和方法多种多样,本节将介绍一些常用的控制技术和方法。

一、管理信息系统

"管理信息系统"(缩写为MIS),就是向组织内各级主管部门(人员)、其他相关人员,以及组织外的有关部门(人员)提供信息的系统。更具体地说,我们可以把管理信息系统的定义表述如下:管理信息系统是一种由许多个人、各种机械装置以及有关程序所组成的用以从内源和外源两方面提供有关信息的结构性综合体。它通过提供作为决策依据的统一的信息来为一个组织的计划工作、组织工作、人员配备、指导与领导工作、控制工作,以及日常的作业服务。一个管理信息系统应当向主管部门提供四种主要的信息服务:确定信息需要、搜集信息、处理信息、使用信息。

MIS 出现至今,虽然只有三十多年历史,但它对社会各个方面产生的影响是十分巨大的。近年来,在技术进步和社会发展的推动下,MIS 正朝着水平更高、应用更广的方向发展。

1. 智能化

把人工智能,特别是专家系统技术融入 MIS,可以大大提高管理过程的效率和质量。作为这项研究的初级阶段,人们开始探讨建立以数据库、模型库和方法库为核心的新一代 MIS 决策支持系统(简称 DSS),并取得了许多理论和实践成果。

2. 网络化

计算机网络技术和分布数据处理技术的发展,为 MIS 的资源利用从集中控制向用户分散控制方向的发展创造了条件。近年来,许多有一定规模的 MIS 都是建立在计算机网络(局域网、广域网等)之上的,有的还把因特网引入企业内,建立了企业内部网络,实现了企业员工充分共享企业信息和应用资源的目标。

3. 集成化

管理自动化和生产过程自动化的结合,把企业的产品设计、业务管理和生产控制联成一体,可以实现生产过程的全盘自动化。这是 MIS 的又一个重要发展方向。当前,计算机集成制造系统就是这一研究方向的热门课题。

4. 商品化

MIS 软件的商品化一直是人们追求的目标。美国著名的 COPCS、MRPⅡ 等就是在长期应用实践中形成的商品化的管理软件包,受到用户广泛的欢迎。今后,随着计算机技术的不断进步和计算机应用实践的逐步深入,各类商品化的 MIS 软件包(包括 MIS 软件的生成系统、MIS 的开发工具软件 CASE 等)必将继续得到发展。

管理信息系统的最大特点是数据的集中统一。正是有了数据的集中统一,才使得信息真正成为一种资源,并且实现了信息资源的共享。这项工作是通过数据库系统实现的,数据库系统是管理信息系统的核心,也是其最显著的特征。

二、预算控制

预算是政府部门和企业使用最广泛的控制手段。预算就是用数字编制一定时期的计划,也就是用财务数字(如在投资预算和财务预算中)或非财务数字(如在生产预算中)来表明预期的结果,如政府部门通过金额来反映政府财政收支计划,企业通过金额和数量反映企业的各项计划。

一个组织可以有整个组织的预算,也可建立部门、单位及个人的预算。从预算的时间来说,虽然也可能有月度和季度的预算,但一般来说,财务上的预算多为一年期。另外,虽然预算一般都是用货币单位,如收入、支出和投资预算等,但是,有时也有用产品单位或时间单位来表示,如直接工时或产量等方面的预算。

预算控制是通过编制预算,然后以编制的预算为基础,来执行和控制企业经营的各项活动,并比较预算与实际的差异,分析差异的原因,然后对差异进行处理。预算的编制与控制过程是密切联系的。通过编制预算,可以明确组织及其各部门的目标,协调各部门的工作,评定各个部门的工作业绩,控制企业日常的经营活动。

1. 预算的种类及全面预算体系

预算的种类一般划分为业务预算、财务预算和专门预算三大类。各类预算还可以进一步细分，不同行业其具体内容有所差别。下面以制造业为例描述各种预算的内容。

(1) 业务预算

是指企业日常发生的各项具有实质性活动的预算，它主要包括销售预算、生产预算、直接材料采购预算、直接人工预算、制造费用预算、单位生产成本预算、销售及管理费用预算等等。

销售预算是编制全面预算的基础。企业首先应根据市场预测和企业生产能力的情况，确定销售目标，编制年度及季度、月份的销售数量、销售单价、销售金额及销售货款收款人情况。

生产预算是根据销售预算所确定的销售数量，按产品名称、数量分别编制。生产预算必须考虑合理的存货量。预计生产量＝预计销售量－预计期初库存量＋预计期末库存量。生产预算编制好后，为了保证均衡生产，一般还必须编制生产进度日程表，以便控制生产进度。

直接材料采购预算是根据生产预算所确定的生产量以及各种产品所消耗材料的品种、数量、单价，根据生产进度确定材料采购数量及现金支付情况。

直接人工预算是根据生产所需的工时，确定各种工种总工时和工资率及直接人工成本。

制造费用预算是根据销售量和生产量水平确定各种费用总额，包括制造部门的间接人工、间接材料、维修费及厂房折旧费等。

单位生产成本预算是根据直接材料、直接人工及制造费用预算确定单位产品生产成本。

销售及管理预算是根据销售预算情况及各种费用项目确定销售及行政管理人员薪金、保险费、折旧费、办公费及交际应酬费等。

(2) 财务预算

是企业在计划期内反映现金收支、经营成果及财务状况的预算，它主要包括现金预算、预计损益表、预计资产负债表。

现金预算是反映计划期内现金收入、现金支出、现金余额及融资情况，通过现金预算反映计划内企业现金流动的情况，控制现金的收支，做到合理理财。

损益表是根据现金预算而编制的，反映了企业在一定期间内的经营成果。企业可通过损益表了解自身的盈利能力。

资产负债表反映企业的资产、负债及收益情况，反映企业财务状况及偿债能力。

(3) 专门预算

是指企业不经常发生的、一次性的预算，如资本支出预算、专项拨款预算。

(4) 全面预算体系

全面预算是企业全部计划的数字说明，它包括业务预算、财务预算和专门预算，各种预算相互联系，构成全面预算体系。

2. 编制预算的新方法

以上介绍的预算一般是以预测的销售量为基础，在一定业务量水平下编制的预算，称为静态预算。但是，企业的环境不断变化，使得企业所预测的销售量比实际的销售量可能更高或更低，原编制的预算就无法使用。针对这种情况，可用下面的三种新方法。

(1) 弹性预算

弹性预算就是在编制费用预算时，考虑到计划期业务量可能发生的变动，编制一套能适应多种业务量的费用预算，以便分别反映各业务量所对应的费用水平。由于这种预算是随着业务量的变化作机动调整,本身具有弹性,故称为弹性预算。

编制弹性费用时,把所有的费用分为变动费用和固定费用两部分。固定费用在相关范围内不随业务量变动而变动,变动费用随业务量变动而变动。因此,在编制弹性预算时,只需要按业务量的变动调整费用总额即可,不需重新编制整个预算。

(2)滚动预算

滚动预算,或称永续预算,其特点是,预算在其执行中自动延伸,当原预算中有一个季度的预算已经执行了,只剩下三个季度的预算数,就把下一个季度的预算补上,经常保持一年的预算期,或者是每完成一个月的预算,就再增加一个月的预算,使预算期永远保持12个月。

编制滚动预算的优点是根据预算的执行情况,调整下一个阶段的预算,使预算更加切合实际和可行,并且使预算期保持一年,使企业保持一个稳定的短期目标,以免等预算执行完再编制新的预算。根据滚动预算的编制原理,企业可以把长远规划与短期目标结合起来,并根据短期目标的完成情况来调整长期规划,使企业的各项活动能够及时反馈,及时发现差异,及时处理。

(3)零基预算

零基预算是以零为基础编制的预算,其原理是:对任何一个预算(计划)期,任何一种费用项目的开支,都不是从原有的基础出发,即根本不考虑各项目基期的费用开支情况,而是一切都以零为基础,从零开始考虑各费用项目的必要性及其预算的规模。

其具体做法主要是:组织下属各部门结合计划期内的目标和任务,提出所需费用项目及具体方案、目的和费用数额;对每一项目方案进行成本—效益分析,对各个费用方案进行评价比较,确定轻重缓急,排出先后顺序;按照所确定的顺序,结合计划期间可动用的资金来源,分配资金,落实预算。

采用零基预算法,一切以零为起点,重新评价和计算,编制预算的工作量非常大。但零基预算考虑每项费用的效益,可以精打细算,减少不必要的开支,是事前控制的一种好办法。

三、非预算控制方法

有许多控制方法与预算没有直接关系,但也是非常有效的控制方法。下面是几种常用的方法。

1. 亲自观察法

亲自观察法是一种常用的控制方法。它是指管理者对重要管理问题的实际调查研究获取控制所需的各种信息,或亲自观察员工的生产进度、倾听员工的交谈来获取信息,或者亲自参加某些具体工作,通过实践来加深对问题的了解,获得第一手资料。亲自视察不仅可以直接与下属沟通,了解他们的工作、情绪、工作成绩,发现存在的问题,而且能激励下属,有利于创造一种良好的组织气氛。这种方式也可称为"走动管理"。

2. 报告

报告是用来向实施计划的主管人员全面地、系统地阐述计划的进展情况、存在的问题及原因、已经采取了哪些措施、收到了什么效果、预计可能出现的问题等情况的一种重要方式,有助于对具体问题的控制。在拟订和评价报告时,应明确两个问题:报告的目的是什么?向谁报告?

3. 统计报告法

统计报告法要求企业具备良好的基础工作,有健全的原始记录和统计资料,使用统计方法对大量的数据资料进行汇总、整理、分析,以及各种统计报表的形式及分析报告,自下而上向组织中有关管理者提供控制信息。管理者通过阅读和分析统计报表及有关资料,找出问题、分析问题并解决问题。

4. 管理审计法

管理审计,或叫内部审计,是指企业内部的审计人员对企业的会计、财务、人事、生产、销售等方面的工作作定期和不定期的独立评价。通过管理审计,可以检查和比较客观地评价企业的各项管理工作,确定哪些方面有问题,应采取纠正措施。由此可见,管理审计可为企业管理部门提供各种控制信息。

5. 比率分析法

比率分析法,通过一些比率分析企业的一些实际情况,如流动比率可以反映一家公司的偿债能力和经营的风险程度,存货周转率可反映企业存货周转速度,投资报酬率反映企业运用投资的效果等等。比率可以简单明了地反映企业的各种活动,可以利用比率作为控制的一种手段。例如,企业的负债比例应尽量控制在60%以下,企业财务风险就较小。

除了以上这些方法,比较有效的控制方法还有在生产控制中常用的计划评审法、盈亏分析法和线性规划,在库存管理中常用的定量库存控制法、定期库存控制法、经济批量控制法以及在质量管理中提倡的全面质量管理方法等等。

思 考 题

1. 控制职能相对于管理的其他职能的主要特点是什么?
2. 事前、事中以及事后控制的区别和联系是什么?
3. 如何理解有效控制所具有的基本特征?
4. 如何有效地运用控制技术和方法?
5. 案例

西湖公司的控制系统

西湖公司是由李先生靠3000元创建起来的一家化妆品公司。开始只是经营指甲油,后来逐步发展成为颇具规模的化妆品公司,资产已达6000万元。李先生于1984年发现自己患癌症后,对公司的发展采取了两个重要的措施:①制定公司要向科学医疗卫生方面发展的目标;②高薪聘请雷先生接替自己的职位,担任董事长。

雷先生上任后,采取了一系列措施,推行李先生为公司制定的进入医疗卫生行业的计划:在特殊医疗卫生业方面开辟一个新行业,同时开设一个凭处方配药的药店,并开辟上述两个新部门所需产品的货源、运输渠道。与此同时,他在全公司内建立了一条严格的控制措施:要求各部门制定出每月的预算报告,要求每个部门在每月初都要对本部门的问题提出切实的解决方案,每月定期举行一次由各部门经理和顾客代表参加的管理会议,要求各部门经理在会上提出自己本部门在当月的主要工作目标和经济来往数目。同时他也非常注意人事、财务收入和降低成本费用方面的工作。

由于实行了上述措施,该公司获得了巨大的成功。到20世纪80年代末期,年销售量提高24%,到1990年达到20亿元,然而,进入90年代以来,该公司逐渐出现了问题:1992年出现了公司有史以来第一次收入下降、产品滞销、价格下跌。主要原因有:①化妆品市场的销售量已达到饱和状态;②该公司制造的高级香水一直未打开市场,销售状况没有预测的那样乐观;③国外公司挤占了本国市场;④公司在国际市场上出现了不少问题,推销员的冒进,得罪经销商,公司的形象没有很好地树立。等等。

雷先生也意识到公司存在的问题,准备采取有力措施,以改变公司目前的处境,他计划要对国际市场方面进行总结和调整,公司开始研制新产品。他相信用了大量资金研制的医疗卫生工业品不久可以进入市场。

【讨论题】 请根据控制的基本特征分析下列问题

(1)雷先生在西湖公司里采取了哪些控制方法?

(2)假设西湖公司原来没有严格的控制系统,雷先生在短期内推行这么多控制措施,其他管理人员会有什么反映?

(3)就西湖公司的目前状况而言,怎样建全控制系统?

第九章 管理理论发展展望

学习目的与要求
1. 了解管理发展趋势；
2. 了解"老三论"和"新三论"的主要内容；
3. 理解管理创新的含义。

第一节 管理理论发展趋势

管理活动每天都在进行,管理理论和管理实践所面临的问题日益复杂,管理理论与实践呈现出新的发展趋势,推动着管理学走向未来。人类正经历从工业社会转向"后工业社会"或信息社会,电子、通讯、能源、交通、材料、生物、航天技术等迅速发展,电子计算机部分代替脑力劳动,大多数人的工作是处理信息而不是生产产品,经济将建立在信息基础之上。经济、科技、社会、文化、政治各方面环境的演变,都对管理产生着影响。

客观环境的变化使管理问题没有太多机会采取"例行化"的解决办法,这将迫使主管人员不断寻找新的解决方法。环境的变化使人们的工作性质、价值观、工作态度等发生了变化。从事制造业或直接生产的人员将显著减少,代之而增加的是从事营销、金融保险、交通运输、通讯、文化、卫生保健、社会福利、教育、娱乐以及政府工作等的人员。这些岗位需要较高的教育水平和专业训练,人们就需要更长的时间接受教育和培训,否则难以胜任工作。未来的主管人员会越来越多地受到法律、法规的影响,法律意识越来越强。

管理理论将在以下几个方面发展:
1. 对系统理论的进一步研究
2. 有效的组织结构的新形式

未来的组织规模将日益庞大和日益复杂,部门的划分将会更细,各部门的专业化程度也将更高,将会有较高的独立性和自主权,并将会作为一个独立的单位对外开放;未来组织的层次将会有所减少。由于人们科学文化水平的提高,先进技术的应用,特别是智能电子计算机的应用可代替部分手工劳动和脑力劳动,组织中的沟通及组织与外界的沟通将远比目前来得方便、快速和有效,可减少大量的信息中间周转,因而不但组织的层次将会有所减少,而且中层主管人员数量也将会有一定的减少,组织将逐步地从金字塔结构向蜂腰形的结构转变。

3. 人本管理理论

未来组织中的各类成员的比例将会发生重大的改变,管理人员和业务专家的比例将会大大提高,他们对组织的影响力也必将增强。人们希望工作有乐趣,能够发挥专长和能力,能够体现其价值及成就。未来的管理方法最大的改变在于进行民主的管理,成员都是组织的主人,他们将积极参加各类活动,进行自我控制,并为组织活动出谋划策,自觉地为实现组织目标而努力。

4. 管理变革理论

德鲁克曾说,一个创新的组织应该是能将创新精神制度化,并培养一种创新习惯的组织。这方面能力的高低,则是取决于管理,而与行业、规模或历史无关。如何激发引导并实现有效的创新,将成为管理学的一大研究内容。

5. 战略管理理论

未来的组织,目标将会增多,将来的重点,将是满足其中若干项目标,而非使其中某一目标达到最佳结果,未来组织活动的范围已不是仅限于本地区、本国家,而是整个世界。组织不仅要同地区内、国家内的其他同类组织竞争,而且也要和国外的同类组织竞争,也就更需要对战略问题进行研究。

6. 组织学习理论(见第一章第二节学习型组织理论)

第二节 "老三论"与"新三论"

20世纪中叶,系统科学有了突破性的发展。在原来系统论、信息论、控制论的基础上,又出现了耗散结构理论、协同论和突变论。可以说人类对宇宙规律的认识发展到了一个崭新的阶段。比如,如果你做的项目是设计制造一种新的电脑桌,使用起来更方便舒适,或许还附加其他一些办公功能,那么你设计制造过程中有牛顿力学的知识就足够了,根本用不到爱因斯坦的相对论。可是如果你的产品,这种新型电脑桌提供给宇航中心控制室,使用者们所做的航天项目就必须用爱因斯坦的公式而非牛顿的公式来计算宇航飞行器的轨道。因为对于高速运动的物体,体现牛顿时空观的伽利略变换已经不适用,根据牛顿的公式计算太空中对接的飞行器会出现几百米的偏差!这个例子说明对那些高精尖的项目如宇航、外太空探测、生命科学等领域的进展会用到一些系统论的最新成果。

复杂科学包括控制论、信息论、系统论和耗散结构论、突变论、协同论,以及相变论、混沌论、超循环论等其他新的科学理论。这些理论主要是研究和揭示复杂系统的有关特性,如非线性、混沌、突现、自组织、非还原性等。复杂科学是国外20世纪80年代提出的研究复杂性和复杂系统的科学,特点是:

(1)研究对象是复杂系统,如植物、动物、人体、生命、生态、企业、市场、经济、社会、政治等系统;研究方法是定性判断与定量计算相结合、微观分析与宏观综合相结合、还原论与整体论相结合、科学推理与哲学思辨相结合,其所用的工具包括数学、计算机模拟、形式逻辑、后现代主义分析、语义学、符号学等;研究深度不限于对客观事物的简单描述,而更着重于揭示客观事物构成的原因及其演化的历程,并力图尽可能准确地预测其未来发展。虽然至今人们还没有对复杂性概念有一个统一的界定,复杂科学理论的构建也尚未完成。

(2)自量子力学和相对论以来,复杂科学作为新近发展起来的一门科学,将在自然科学领域中引发第三次革命,其触角已触及到数理科学、生命科学、地球科学、环境科学、信息科学、社会科学以及管理科学等领域,成为当代最活跃的前沿学科之一。复杂科学的出现,不仅重新构建了现代科学的研究体系,而且改变了人们的思维方式,为现代科学技术的发展提供了新思路、新方法,对各类学科都具有普遍的方法论意义。

自20世纪80年代,人们开始把系统论、信息论和控制论称为"老三论",把突变理论、耗散结构理论和协同学(超循环理论)称为"新三论"。

耗散结构理论是1969年由比利时学者普利高津(I·Prigogine)创立的,按照耗散结构论的观点,一个处于非平衡态的开放系统,通过不断地从外界环境中获取物质和能量而带进"负熵流"(即与外界进行信息交流),可以从原来无序状态转变为有序状态,使系统形成具有某种功能的新的层次结构,这种非平衡态下的有序结构就叫做耗散结构。一个开放型的耗散结构系统(如人体系统、经济系统、教学系统等),从外界环境吸收物质和能量而带进"负熵流"的功能特性称为系统的耗散性。

例如,教学过程是在一定的环境中沿着一定的教学目标轨迹演化的过程,是教学系统内各要素相互作用、协同发展并与教学环境相关联而不断形成耗散结构的动态过程。教学环境包括社会、家庭、教学集体、教学行政管理和后勤保健等方面,在不同的教学环境中,教学系统内各子系统之间的相互联系和作用的方式不尽相同,因而教学系统的运行结果也有所不同。教学系统从属于社会这个大系统,它从社会环境中输入的主要是待培养教育的学生,同时也要输入物质、能量等信息。通过一段时间的教学作用,学生们各方面的素质得到了一定提高,即认知、情感和动作各领域的活动水平相对上移或发展,教学系统就把业已成才或合格的学生输送给社会即分配到有关对口单位参加实践工作。因此,教学系统是对人才进行加工、培育的开放系统,在与环境发生关系和相互作用过程中必定会产生耗散效应,教学系统是通过耗散过程中的涨落而从无序状态变为有序状态的。

由杰出的西德理论物理学家哈肯(Hermann Haken)教授于20世纪70年代提出的协同学是一种应用广泛的现代系统理论,它在自然科学与社会科学之间架起了一座桥梁。协同学继耗散结构论之后进一步指出,一个系统从无序向有序转化的关键并不在于其是否处于平衡状态,也不在于偏离平衡有多远,而在于开放系统内各子系统之间的非线性相干作用。这种非线性相干作用将引起物质、能量等资源信息在各部分的重新搭配,即产生涨落现象,从而改变系统的内部结构及各要素间的相互依存关系。一个由大量子系统组成的复杂系统,在一定的条件下,它的子系统之间通过非线性相干作用就能产生协同现象和相干效应,该系统在宏观上就能形成具有一定的功能的自组织结构,出现新的时空有序状态。

例如,教学是一个由教师、学生、教学目标、教学信息和教学媒体等诸要素组成的开放系统,教学目标起着支配教学活动的作用。教学系统中各部分的协调性、同步性、竞争性和协同作用,以及系统与环境之间的相互作用是实现教学过程有序的条件。由于教学系统与教学环境相互作用中存在着耗散结构,必定伴随着涨落现象,所以教学系统内部的协同作用和涨落现象,必然导致系统宏观有序。

在教学过程中,教学系统内部各要素之间在宏观上经常不断地发生变化,系统的微观状态在一段时间内也会因各状态参量的变化和相干作用出现波动,从而涨落就不可避免地发生了。涨落使得系统功能发生变化,使整个系统结构失去稳定性。但经过一段时间演化,由于系统内各要素之间相互作用的机制发生变化,教学中的快、慢参量因相互制约而相对稳定地协同运动,又有可能达到一新的稳定状态。从稳定到不稳定,从有序到无序;又从不稳定到稳定,从无序到有序,周而复始,螺旋式地沿着预定的目标发展是教学系统运转的方式。系统的整体功能是由各个要素的性质和功能以及各要素间相互作用的方式决定的,教学系统的运行与各个子系统的运行及它们之间"匹配"与否直接相关,按照协同学的观点,为增大教学系统的功效,提高教学质量和效率,必须十分重视教学系统各个要素之间的相互联系,教师与学生要有明确一致的教学目标,教学各方必须加强配合、协同合作,才能促使教学系统和谐、健康地向前发展。

"新三论"中的耗散结构和协同学主要强调了系统的一种无序和有序的状态,一种平衡和非平衡的状态。从哲学的角度看,矛盾是事物发展的动力,教育系统中的有序和无序,平衡和非平衡彼此矛盾,推动了教育系统的发展。无序和不平衡是相对的,是微观的,暂时的无序和不平衡才能促使整个系统走向宏观的有序和平衡。可以从微观的角度上合理的调整教师、学生、教学媒体和学习内容之间的作用关系,适当控制这些子系统的耗散结构和涨落过程,使系统在宏观上达到一种平衡和有序。

第三节 管理创新

一、维持与创新

如前面各章内容所述,管理主要包括下述内容:

(1)确立系统目标,即人们从事某项活动希望达到的状况和水平;
(2)制定并选择可实现目标的行动方案;
(3)分解目标活动,据此设计系统所需要的职务、岗位,并加以组合,规定他们之间的相互关系,形成一定的系统结构;
(4)根据岗位工作的要求,招聘和调配工作人员;
(5)发布工作指令,组织供应各环节活动所得的物质和信息条件,使系统运行起来;
(6)在系统运转过程中,协调各部分的关系,使他们的工作相互衔接、平衡地进行;
(7)检查和控制各部门的工作,纠正实际工作中的失误和偏差,使之符合预定的要求;
(8)根据内外条件的变化,寻找并利用变革的机会,计划并组织实施系统的变革和发展。

上述管理工作其核心是:维持与创新。任何组织系统的任何管理工作无不包含在"维持"或"创新"中。维持和创新是管理的本质内容,有效的管理在于适度的维持与适度的创新的组合。

作为管理的基本内容,维持与创新对系统的存在都是非常重要的。维持是保证系统活动顺利进行的基本手段,也是系统中大部分管理人员,特别是中层和基层的管理人员要花大部分精力从事的工作。原来基于合理分工、职责明确而严密衔接起来的有序的系统结构,会随着系统在运转过程中各部分之间的摩擦逐渐地从有序走向无序,最终导致有序平衡结构的解体。管理的维持活动是要严格地按预定的规划来监视和修正系统的运行,尽力避免各子系统之间的摩擦,或减少因摩擦而产生的结构内耗,以保持系统的有序性。没有维持,系统的目标就难以实现,计划就无法落实,各成员的工作就有可能偏离计划的要求,系统的各个要素就可能相互脱离,各自为政,各行其是,从而整个系统就会呈现出一种混乱的状况,所以,维持对于系统生命的延续是至关重要的。

但是,仅有维持是不够的。任何社会系统都是一个由众多要素构成的、与外部不断发生物质、信息、能量交换的动态、开放的非平衡系统。而系统的外部环境是不断变化的,这些变化必然会对系统的活动内容、活动形式和活动要素产生不同程度的影响;同时,系统内部的各种要素也在不断变化。系统若不及时根据内外变化的要求,适时进行局部或全局的调整,则可能被变化的环境所淘汰,或为改变了的内部要素所不容。这种为适应系统内外变化而进行的局部和全局的调整,就是管理的创新。

任何社会经济系统,不论是谁创建了它,不论创建的目的是什么,一旦它开始存在,它首先必须追求的目标是维持其存在,延续其寿命,实现其发展。但是,不论系统的主观愿望如何,系统的寿命总是有一定期限的。系统自诞生到消亡的寿命周期一般要经历孕育、成长、成熟、蜕变、消亡五个阶段。

系统的社会存在是以社会的接受为前提的,是因为该系统提供了社会需要的某种贡献。孕育期的系统限于自身的能力和社会的了解,提供社会所需要的贡献的能力是有限的;随着系统的成长与成熟,它与社会的互相认识不断加深,所提供的贡献与社会需要的贡献倾向和谐。而一旦系统不能跟上社会的变化,其产品或服务不再被社会需要,或内部的资源转换功能退化,系统向社会的索取超过对社会的贡献,系统会逐步被社会抛弃,趋向消亡。

系统不断改变或调整取得和组合资源的方式、方向和结果,向社会提供新的贡献,是创新的主要内涵和作用。

维持与创新是相互联系的,对系统的生存发展是不可或缺的。创新是维持基础上的发展,而维持是创新的逻辑延续;维持是为了实现创新的成果,而创新则是为更高层次的维持提供依托和框架。任何管理工作,都应围绕着系统运转的维持和创新而展开。只有创新没有维持,系统会呈现无时无刻无所不变的无序状态,而只有维持没有创新,系统则缺乏活力。卓越的管理是实现维持与创新最优组合的管理。

二、创新的含义

企业面对的环境是不断变化的,面对变化,企业越来越重视创新。创新不仅仅是技术的创新,还是观念和管理的创新。企业要创新就要进行战略上、结构上和人员上的调整,调整会使企业发生新的变化。企业创新越多,变化越多,管理创新就越重要。

管理创新是管理理念及在这种理念指导下的具体管理活动的创新,包括管理的职能、原则、要素、方法、理论等的创新。

1. 创新的特点

(1)它是针对未来的需要

这种需要可能业已存在,但所采取的解决方法未能令人满意,例如过去的交通运输工具,在速度、舒适及安全等方面,不能适应将来的需要。另外,也有许多需要是过去所没有的,例如防治污染、节省能源消耗等等。组织的存在价值,就在于能对这些未来需要有所贡献。

(2)它是行动导向

创新不仅指产生新的学说、新的知识或新的发明,而且指新学说、新知识、新发明等指导下的实践活动及其影响。

2. 创新的类别与特征

系统内部的创新可以从不同的角度去考察。

(1)从创新的规模以及创新对系统的影响程度来看,分为局部创新和整体创新

局部创新是指在系统性质和目标不变的前提下,系统活动的某些内容、某些要素的性质或其相互组合的方式,系统的社会贡献的形式或方式等发生变动;整体创新则往往改变系统的目标和使命,涉及系统的目标和运行方式,影响系统的社会贡献的性质。

(2)从创新与环境的关系来看,分为防御型创新与攻击型创新

防御型创新是指由于外部环境的变化对系统的存在和运行造成了某种程度的威胁,为了避免威胁或由此造成的损失,系统在内部进行的局部或全局性调整;攻击型创新是开发和利用未来环境可能提供的某种有利机会,为谋求系统的发展,而主动对系统的战略和技术进行的调整。

(3)从创新发生的时期来看,分为系统初建期的创新和运行中的创新

系统的组建本身就是社会的一项创新活动,系统的创建者在一张白纸上绘制系统的目标、结构、运行规划等蓝图,这本身就要求有创新的思想和意识,创造一个全然不同于现存组织的新系统,寻找最满意的方案,取得最优秀的要素,并以最合理方式组合,使系统进行活动。但是,创新活动更大量地存在于系统组建完毕开始运转以后。系统的管理者要不断地在系统运行过程中寻找、发现和利用新的创业机会,更新系统的活动内容,调整系统的结构,扩展系统的规模。

(4)从创新的组织程度上看,分为自发创新与有组织的创新

任何社会经济组织都是在一定环境中运转的开放系统。环境的任何变化都会对系统的存在和存在方式产生一定影响,系统内部与外部直接联系的各子系统接受到环境变化的信号以后,必然会在其工作内容、工作方式、工作目标等方面进行调整,以应付变化或适应变化的要求。系统内部各部分的自发调整可能产生两种结果:一种是各子系统的调整均是正确的,从整体上说是相互协调的,从而给系统带来的总效应是积极的,可使系统各部分的关系实现更高层次的平衡;另一种情况是,各子系统的调整有的是正确,而另一些则是错误的——这是通常可能出题的情况,因此,从整体上来说,调整后各部分的关系不一定协调,给组织带来的总效应既可能为正,也可能为负。鉴于创新的重要性和自发创新结果的不确定性,有效的管理要求有组织地进行创新,即制度化地计划和组织创新活动,使整个系统内的创新活动有计划有组织地展开。只有有组织的创新,才能给系统带来预期的积极的比较确定的结果。有计划、有目的、有组织地创新,取得成功的机会要远远大于自发创新。

三、创新的内容

1. 管理目标的创新

组织必须通过满足社会需要获取利润的活动来谋求生存和发展。要适时地根据市场环境和消费需求的特点及变化趋势对目标加以整合,每一次调整都是一种创新。

2. 管理技术的创新

管理活动属于社会活动,但要善于利用技术领域中的创新成果。企业的技术创新主要表现在要素创新、要素组合方法的创新以及产品创新三个方面。

(1)要素创新

要素创新包括材料、设备、人事创新三类。

1)材料创新的内容包括:开辟新的来源,以保证企业扩大再生产的需要,开发和利用量大价廉的普通材料,替代量少价昂的稀缺材料,以降低产品的生产成本;改造材料的质量和性能,以保证和促进产品质量的提高。

2)设备创新包括提高企业生产过程的机械化和自动化的程度;通过将先进的科学技术成果用于改造和革新原有设备,延长其技术寿命,提高其效能。

3)人事创新包括不断提高人的素质,注重人力的继续教育,用新技术、新知识去培训、改造和发展他们,使之符合技术进步后的生产与管理的要求;取得合格的新的人力资源。

(2) 要素组合方法的创新

要素的组合包括生产工艺和生产过程的时空组织两个方面。

生产工艺是劳动者利用劳动手段加工劳动对象的方法,包括工艺过程、工艺配方、工艺参数等内容。工艺创新既要根据新设备的要求,改变原材料、半成品的加工方法,也要求在不改变现有设备的前提下,不断研究和改进操作技术和生产方法,以求使现有设备得到更充分的利用,使现有材料得到更合理的加工。工艺创新与设备创新是相互促进的,设备的更新要求工艺方法做出相应的调整,而工艺方法的不断完善又必然促进设备的改造和更新。

生产过程的组织包括设备、工艺装备、在制品以及劳动在空间上的布置和时间上的组合。空间布置不仅影响设备、工艺装备和空间的利用效率,而且影响人机配合,从而直接影响人的劳动生产率;各生产要素在时空上的组合,不仅影响在制品、设备、工艺装备的占用数量,从而影响生产成本,而且影响产品的生产周期。因此,组织应不断地研究和采用更合理的空间布置和时间组合方式,以提高活动效率。

(3) 产品创新

生产过程中各种要素组合的结果是形成企业向社会贡献的产品。企业是通过生产和提供产品来求得社会承认、证明其存在价值的,也是通过销售产品来补偿生产耗费、取得盈余,实现其社会存在的。产品是企业存在的生命,企业只有不断地创新产品,才能更好地生存和发展。产品创新主要包括品种和结构的创新。

3. 制度创新

制度创新从社会经济角度来分析企业系统中各成员间的正式关系的调整和变革。制度是组织运行方式的原则规定。企业制度主要包括产权制度、经营制度和管理制度三个方面的内容。

(1) 产权制度是决定企业其他制度的根本性制度,它规定着企业最重要的生产要素的所有者对企业的权力、利益和责任。

产权制度主要指企业生产资料的所有制。目前存在的相互对立的两大生产资料所有制——私有制和公有制。企业产权制度的创新应朝着寻求生产资料的社会成员"个人所有"与"共同所有"的最适度组合的方向发展。

(2) 经营制度是有关经营权的归属及其行使条件、范围、限制等方面的原则规定。

它表明企业的经营方式,确定谁是经营者,谁来组织企业生产资料的占有权、使用权和处置权的行使,谁来确定企业的生产方向、生产内容、生产形式,谁来保证企业生产资料的完整性及其增值,谁来向企业生产资料的所有者负责以及负何种责任。经营制度的创新方向应是不断寻求企业生产资料最有效利用的方式。

(3) 管理制度是行使经营权、组织企业日常经营的各种具体规则的总称,包括对材料、设备、人员及资金等各种要素的取得和使用的规定。

产权制度、经营制度、管理制度这三者之间的关系是错综复杂的。一般来说,一定的产权制度决定相应的经营制度。但是,在产权制度不变的情况下,企业具体的经营方式可以不断进行调整;同样,在经营制度不变时,具体的管理规则和方法也可以不断改进。而管理制度的改进一旦发展到一定程度,则会要求经营制度作相应的调整;经营制度的不断调整,则必然会引起产权制度的变革。因此,反过来,管理制度的变化会反作用于经营制度,经营制度的变化会反作用于产权制度。

企业制度创新的方向是不断调整和优化企业所有者、经营者、劳动者三者之间的关系,使各个方面的权力和利益得到充分的体现,使组织的各种成员的作用得到充分的发挥。

4. 组织机构和结构的创新

企业系统的正常运行,既要求具有符合企业及其环境特点的运行制度,又要求具有与之相应的运行载体,即合理的组织形式。因此,企业制度创新必然要求组织形式的变革和发展。组织创新的目的在于更合理地组织管理人员的努力,提高管理的效率。

5. 环境创新

环境创新不是企业为适应外界变化而调整内部结构的活动,而是指通过企业积极的创新活动去改造环境,去引导环境朝着有利于企业经营的方向变化。例如,通过企业的公关活动,影响社区、政府政策的制定;通过企业的技术创新,影响社会技术进步的方向;等等。就企业来说,环境创新的主要内容是市场创新。市场创新主要是指通过企业的活动去引导消费,创造需求。

思 考 题

1. "新三论"和"老三论"各主要指哪些理论?
2. 管理中的维持和创新活动的关系是怎样的?
3. 创新的主要内容有哪些?

结 束 语

　　管理学是一门系统地研究管理过程的普遍规律、基本原理和一般方法的科学。它是从社会普遍存在的管理活动中概括出来的一般规律,包括一般的原理、理论、方法和技术,从而构成了管理学(或称一般管理学)。它适用于社会活动中各行各业的不同组织。"管理原理"是管理专业的基础课程之一。管理学具有作为一个独立的学科所应有的四个特点:①一般性。它有别于其他种种专门的管理学,例如企业管理学、生产管理学、质量管理学等等,管理学不是各种专门管理学的简单相加,而是对他们的概括抽象提炼和综合,属于基础性学科。②多学科性。属于边缘学科。③历史性。管理学是对前人管理实践、经验、思想和理论的总结概括和发展。④实用性。管理学为各行业管理者提供从事管理工作的理论、原则、方法。就像孙子兵法,其理论、原则、方法具有很强的实用性,这种实用性应体现在实践中。但学生无法在短期内去实践,所以需要教师在教学中借助案例教学,分析总结前人的成功经验、失败教训、基本应用方法等,以此来弥补实践的不足。

参 考 文 献

1. (美)斯蒂芬·P·罗宾斯.管理学.北京:中国人民大学出版社,1996
2. 杨文士,张雁主编.管理学原理.北京:中国人民大学出版社,1994
3. (美)理查德 L·达夫特.管理学.北京:机械工业出版社,1998
4. 周三多主编.管理学.北京:高等教育出版社,2000
5. 李晓光主编.管理学原理.北京:中国财政经济出版社,2004
6. 林正大.高层经理人的八项修炼.北京:中国社会科学出版社,2003
7. 余世维.职业经理人常犯的 11 种错误.北京:中国社会科学出版社,2003
8. (英)John Harrison.资源与运营管理(下册).天向互动教育中心编译.北京:中国广播电视大学出版社,2003